财经类专业课程改革"十四五"规划教材

基础会计

主　编○王治　王帆　赵浩

图书在版编目(CIP)数据

基础会计 / 王治,王帆,赵浩主编. --上海：立信会计出版社,2024.7. -- ISBN 978-7-5429-7635-2

Ⅰ. F230

中国国家版本馆 CIP 数据核字第 2024B0Q621 号

策划编辑	王斯龙
责任编辑	王斯龙
助理编辑	汤　晏
美术编辑	吴博闻

基础会计

JICHU KUAIJI

出版发行	立信会计出版社
地　　址	上海市中山西路 2230 号　邮政编码　200235
电　　话	(021)64411389　传　真　(021)64411325
网　　址	www.lixinph.com　电子邮箱　lixinaph2019@126.com
网上书店	http://lixin.jd.com　http://lxkjcbs.tmall.com
经　　销	各地新华书店
印　　刷	常熟市人民印刷有限公司
开　　本	787 毫米×1092 毫米　1/16
印　　张	18
字　　数	438 千字
版　　次	2024 年 7 月第 1 版
印　　次	2024 年 7 月第 1 次
书　　号	ISBN 978-7-5429-7635-2/F
定　　价	49.00 元

如有印订差错,请与本社联系调换

本书编委会

主 编
王 治　王 帆　赵 浩

副主编
林琼珍　刘 颖　陈莹莹

主要编写人员（排名不分先后）
胡玉萍　周 玲　陈淑贞　谭 凤　陈苏瑶
王亚荣　施松涛　陈 冰　曹秀芳　姚振邦
陈晓妍　高 颖　潘 皖　许志铃　邹聪华

前　　言

习近平总书记在全国高校思想政治工作会议上指出,做好高校思想政治工作,要用好课堂教学这个主渠道。"基础会计"本质上是会计乃至财经商贸类专业极为重要的思维启蒙课程,主要目标是呈现会计学基本逻辑和操作技法,对学生今后专业学习及未来职场发展有着巨大影响。长期以来,传统基础会计教材着重专业知识和实操,专业逻辑与人文精神脱节,理论概念与知识趣味脱节。探索思政与专业相结合的基础会计教材是一项紧迫课题。本教材恰恰是这一课题的成果与反映,全书分为十个项目,项目一介绍了会计发展及会计职业;项目二、三讲述了会计的基本理论、基本方法和基本技能等;项目四介绍了工业企业的基本经济业务核算;项目五至项目十涵盖了包括建账、填制凭证等会计岗位的实际工作流程。本教材适用于财经专业学生,主要具有以下特点。

一、体现课程思政

本教材以教育部 2020 年 5 月发布的《高等学校课程思政建设指导纲要》为基础,结合基础会计教学特点,精心提炼思政要点,将"立德树人"切实落地融入教材具体内容。本教材打破原有教材格局,将习近平新时代中国特色社会主义思想和社会主义核心价值观融入教材,以价值塑造、知识传授和能力培养为主线,以中华传统文化为补充,以思政案例为手段,多层次、全方位育人,探索具有思政特色的会计专业教材的编写方法。

二、融合在线资源

本教材充分运用网络平台,链接原创文章"王治的随心所语"系列《会计报表与人生认知》,将世界观、人生观、价值观和我国优秀的传统文化自然生动地融入专业知识,形式别具一格,令读者耳目一新。

三、创新编写理念

本教材以项目为主线,以模拟工业企业的相关资料为背景,采用真实的单证账表,完成其一个月的各项会计工作。按日常会计凭证填制、日常会计账簿登记、期末处理、编制会计报表等工作步骤划分任务,指导学生按实际工作流程和步骤依次完成相关内容,教、学、做有机结合。学生通过完成工作任务的具体实践,掌握主要会计岗位的基本知识、操作方法和技能,建立会计工作的整体思维框架。同时,本教材系统提炼会计能力要求和价值导向,实训设计按照"价值塑造、知识传授和能力培养"三个维度展开,既相互独立又相互联系,将精神塑造悄无声息地融入专业培养。

  本教材在编写过程中,融入了编者丰富的人生阅历和职业感悟,并参考了同类教材和相关文章,在此我们向相关作者表示衷心感谢!由于编写时间仓促,加之编者水平有限,本教材可能存在不足之处,敬请广大读者朋友批评指正。

编者

2024 年 7 月

目 录

项目一　认识会计行业 ·· 001
　　任务一　会计发展概述 ·· 002
　　任务二　认识会计职业 ·· 006
　　任务三　会计法规及职业道德 ·································· 015

项目二　会计总论 ·· 020
　　任务一　会计概述 ·· 021
　　任务二　会计基本假设 ·· 026
　　任务三　会计核算基础 ·· 028
　　任务四　会计信息质量要求 ···································· 030
　　任务五　会计方法 ·· 033

项目三　会计核算基本原理 ······································ 037
　　任务一　会计要素及会计等式 ·································· 038
　　任务二　会计科目与账户 ······································ 053
　　任务三　复式记账原理及应用 ·································· 065

项目四　工业企业基本经济业务核算 ······························ 078
　　任务一　工业企业基本经济业务概述 ···························· 079
　　任务二　筹资过程业务核算 ···································· 080
　　任务三　供应过程业务核算 ···································· 084
　　任务四　生产过程业务核算 ···································· 093
　　任务五　销售过程业务核算 ···································· 104
　　任务六　企业财务成果核算 ···································· 112
　　任务七　资金退出企业核算 ···································· 120

项目五　编制会计凭证 ·· 123
　　任务一　会计凭证概述 ·· 124
　　任务二　原始凭证 ·· 125
　　任务三　记账凭证 ·· 138
　　任务四　会计凭证的传递与保管 ································ 149

项目六　设置和登记会计账簿 ·· 155
  任务一　会计账簿概述 ·· 156
  任务二　会计账簿的使用登记规范 ·· 159
  任务三　错账更正与对账 ·· 176
  任务四　结账及账簿的更换与保管 ·· 180

项目七　财产清查 ·· 186
  任务一　财产清查概述 ·· 187
  任务二　不同方式下的财产清查 ·· 189
  任务三　财产清查结果的处理 ·· 199

项目八　编制会计报表 ·· 208
  任务一　认识会计报表 ·· 209
  任务二　编制资产负债表 ·· 212
  任务三　编制利润表 ·· 219
  任务四　编制现金流量表 ·· 226
  任务五　编制所有者权益变动表 ·· 233
  任务六　会计报表附注 ·· 236

项目九　会计账务处理程序 ·· 239
  任务一　会计循环及账务处理程序 ·· 240
  任务二　记账凭证账务处理程序 ·· 241
  任务三　科目汇总表账务处理程序 ·· 243
  任务四　汇总记账凭证账务处理程序 ·· 247
  任务五　日记总账账务处理程序 ·· 251
  任务六　多栏式日记账账务处理程序 ·· 253
  任务七　通用日记账账务处理程序 ·· 256

项目十　会计档案管理 ·· 261
  任务一　会计档案概述 ·· 262
  任务二　会计档案的归档保管 ·· 264
  任务三　会计档案的借阅和销毁 ·· 266
  任务四　会计电子档案管理 ·· 268

附录　业务核算案例 ·· 275

参考文献 ·· 278

项目一　认识会计行业

爱国,是人世间最深层、最持久的情感,是一个人立德之源、立功之本。孙中山先生说,做人最大的事情,"就是要知道怎么样爱国"。我们常讲,做人要有气节、要有人格。气节也好,人格也好,爱国是第一位的。我们是中华儿女,要了解中华民族历史,秉承中华文化基因,有民族自豪感和文化自信心。

——2018年5月2日,习近平总书记在北京大学师生座谈会上的讲话

 **教学目标**

知识目标

了解会计产生与发展历程;熟悉会计基本工作规范、会计岗位及工作要求;掌握会计法规及职业道德。

技能目标

运用会计思维独立思考会计问题;熟练掌握现代会计岗位所需技能。

素养目标

在会计职业生涯中做一名合格的会计人,学习中"坚定政治方向",培育良好的职业道德,养成"克己复礼""廉洁守法"的品格作风。

 **案例导学**

引例1

会计的"工匠精神"

早在公元前2198年,大禹为公益事业构建了最早的国家税赋制度,有了税赋制度自然就有了会计、审计工作。在绍兴的会稽山,大禹集合全国的诸侯,召开了中国历史乃至世界历史上第一次会计、审计工作大会,创立了会计、审计制度。

商朝的甲骨文及后续文字中也有关于会计事项的记载,"会"字甲骨文书写如图1-1所示,"计"字古文书写变化如图1-2所示。

图1-1　"会"字甲骨文书写

解析:"会"字,上"合",下"曾"(通"增"),有增加、聚合和汇总之意。

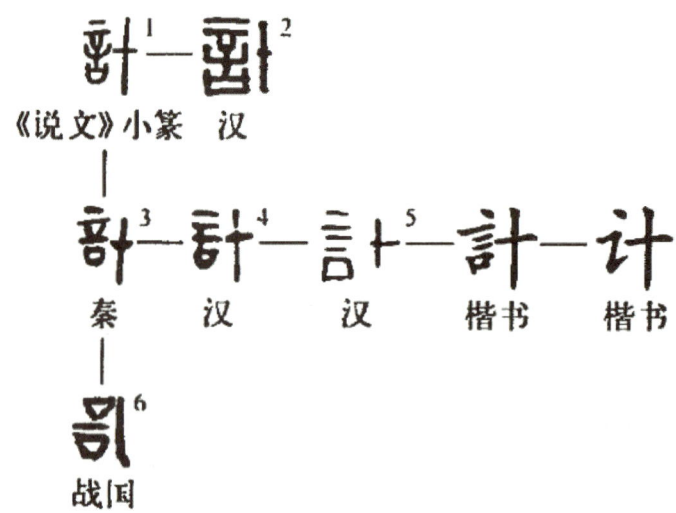

图 1-2 "计"字古文书写变化

解析:"计"字左"言",右"十"。"十"字,表示汇合加总,进行计算,古时直言曰"言",难言曰"语",故"计"字包含务必要求准确,不虚假乱造之意。

引例 2

会计的"古代称谓"

我国从周朝就有了专设的会计官职。西周设立"司会"一职对财务收支活动进行"月计岁会",又设司书、职内、职岁和职币四职分理会计业务,其中司书掌管会计账簿,职内掌管财务收入账户,职岁掌管财务支出类账户,职币掌管财务结余。

两汉时九卿官职之一的"大司农"掌管租税、钱谷、盐铁和国家财政收支。

三国时期,设度支尚书掌管全国财赋的统计与支调,下设副使、判官等。

唐朝会计的最高主管机构为度支部,职掌财政预算和全国的会计核算。其首席官为度支郎中,下属有员外郎一人,主事二人,令史十六人,书令史三十三人,计史一人,及掌固四人。

宋朝建立了中国会计史上第一个独立的政府会计组织——"三司会计司",总核天下财赋收入。

元明两朝基本上沿用唐宋的会计方法,不过此时民间逐渐认识到会计的重要性,会计运用的范围扩大。

思考:会计还有什么其他称谓?生活中为什么离不开会计?会计的具体工作是什么?

任务一 会计发展概述

会计产生与发展的历程大致可以划为古代会计、近代会计和现代会计三个阶段。古代会计阶段在原始社会末期至 15 世纪,古代会计中的"结绳记事"如图 1-3 所示。近代会计阶段在15世纪至20世纪30年代,近代会计理论提出者卢卡·帕乔利如图1-4所示。现代会计阶段在20世纪50年代至今,本教材主要介绍现代会计的发展。

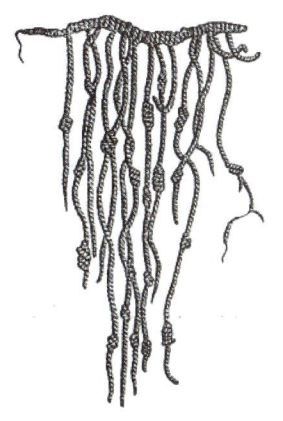

图1-3 古代会计中的"结绳记事"

图1-4 近代会计理论提出者卢卡·帕乔利

一、现代会计发展

20世纪50年代之后,全球经济的高速发展带动了信息技术在会计领域的广泛应用,迎接我们的是一个全球化、信息化的崭新知识经济时代。在知识经济时代下,会计的目标也从主要为企业内部管理人员提供决策依据,转变为为企业外部利益相关者提供依据,同时对会计信息质量提出了更高的要求。现代会计发展主要体现出以下几个特点。

1. 会计发展规范化

经济全球化使得各国企业交流愈加密切,企业管理的难度也随之而来,需要规范的管理制度来约束企业的行为,而会计核算作为企业管理的重要手段,也必须建立统一的核算制度用于规范会计行为,于是一系列的会计工作管理机构相继成立。1973年,美国财务会计准则委员会(FASB)正式成立,独立、全面地负责美国会计准则的制定工作,最早进行财务会计概念体系的研究,为制定各种财务会计和报告准则奠定基础。随后法国、德国、澳大利亚、日本陆续成立相应的会计准则研究和制定机构。这些机构的成立,大大推进了会计理论研究的深入。

会计工作是经济管理工作的重要基础,也是我国经济发展中的重点工作。自1985年制定《中华人民共和国会计法》(以下简称《会计法》)以来,我国逐步实现了会计工作的改革,其中的重大成果便是逐步形成了我国的企业会计准则体系,该体系包括《企业会计准则——基本准则》(以下简称基本准则)、具体准则和会计准则应用指南和解释等。基本准则是在1992年发布的《企业会计准则》的基础上,借鉴国际惯例,结合我国实际情况进行修订并在2006年2月15日初次发布,同时颁布的还有38项具体准则,这标志着我国企业会计准则体系的形成。2014年1月至7月,财政部陆续发布、新增了8项企业会计准则,特别是2017年新颁布了1项具体准则,真正做到了与国际会计惯例接轨。截至目前,已经发布了42项具体准则,建立了我国完整的会计理论体系,对会计实务发挥着无可替代的指导作用。

2. 会计向管理方向发展

伴随着现代化的企业管理需要,管理会计从传统的财务会计中分离出来,逐渐形成了两足鼎立的形势。管理会计的出现改变了会计的职能,会计不再只是"账房先生",而是负责数据收集和整理,并借助于人工智能、机器人流程自动化和分布式账本技术帮助企业实现降本增效,在现代业财融合中承担推动者和执行者的角色。

管理会计同一般的财务会计不同,管理会计的主要工作包括会计预测、会计决策、财务计划、会计控制、会计检查、会计考核和会计分析等,其目的是帮助企业更好地进行决策和改善经营。因此管理会计区分于财务会计的特点在于其不仅可以解析过去,还能够控制现在,筹划未来。解析过去是指管理会计将基于财务会计的基础数据通过一系列工具进行信息深加工和再利用。控制现在是指管理会计通过一系列的指标体系,能及时修正在执行过程中出现的偏差,使企业的经营活动可以按照最初设定的决策顺利地进行,从而为后续服务。筹划未来所体现的是管理会计预测与决策的职能,有了资料和数据再加上各种科学的系统工具,就可以产生用于未来决策的价值信息。

会计与高效能人士7个习惯

习惯1:积极主动,价值创造

主动是指不靠外力督促而自动或者刻意把握,是向内求的行为驱动力。主动的意义在于实现自我管理与价值创造。当代会计人的主动是走出财务部,用自身的专业技术去参与业务决策,帮助业务部门更好地理解财务,实现业财融合。

1-1 思想感悟

3. 会计依托于信息技术

伴随着经济活动的增长,会计核算及管理数据日益庞大,借助于高科技的进步,现代会计愈加依靠信息技术。信息技术的融入能够减少人工核算的错误,提升效率,降低企业成本,充分实现会计计量、报告、监督的职能。

会计系统是企业为了记录分析、分类汇总、报告企业的业务活动而建立的程序,主要经历了手工台账阶段、电算化会计阶段、信息化会计阶段、智能化会计阶段。当前处于信息化会计向智能化会计过渡的阶段,最主要的代表是ERP财务软件(如金蝶、用友)以及财务共享系统。会计系统发展阶段如图1-5所示。

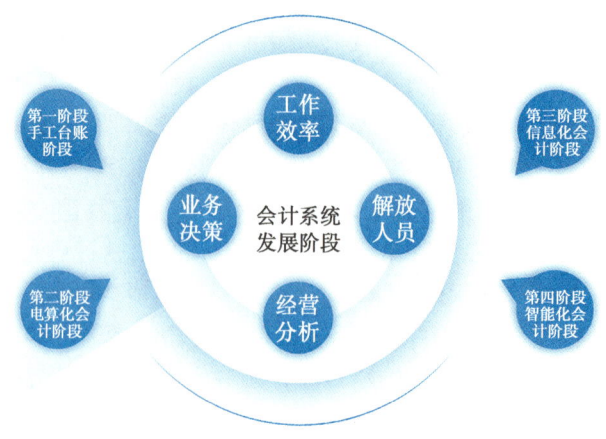

图1-5 会计系统发展阶段

二、"人工智能"时代下的会计

会计发展在于创新,智能化会计就是会计创新的体现。智能化会计依托于人工智能技术的发展而发展。随着人工智能时代的到来,AI 的应用越来越广泛,财务会计与财务管理领域先后产生了业财一体化软件、财务机器人等应用工具。而通过对这些智能化产品的应用,财务会计可以实现传统会计工作的拓展和延伸,比如由计算机代替人工来完成记账等;同时 AI 技术的使用能够帮助企业实现大数据分析,实现财务会计工作的拓展。

随着人工智能技术研究的不断深入,人工智能的各种应用渗透到会计工作的方方面面。人工智能在会计领域的运用主要有:①机器视觉和机器学习的自动录入与验证,如发票查验真伪,自动记账;②构建财务大数据分析平台对公司内部财务状况、生产经营状况、行业状况进行数据挖掘,经过数据处理后呈现给受众;③财务风险智能控制,对财务数据进行整理,利用决策树、向量机、深度学习等算法发现财务数据中的异常值和潜在风险并存档,加强企业对财务风险的判断。

人工智能技术使得财务处理和核算工作逐渐实现智能化,传统会计模式下机械重复且耗时的记账、登账、核算等会计工作逐渐被高效、快捷的智能财务软件所代替,因此,企业对财务会计核算人员的需求就会不断降低,对于会计人员来说,这是一项巨大的挑战。随着大数据技术的不断应用,当前企业处于信息爆炸的时代,会计决策所需要的数据量极其庞大,企业对管理会计人员的需求逐渐增加,因此会计人员应提升自身能力,充分学习和运用人工智能技术,做到主动适应潮流,从而实现管理会计和财务会计的融合。

 思政德育

【关键词】 "爱国主义""坚定政治方向""维护国家安全""大力发展数字经济"

1-2 会计与哲学

【政策方向】

(1)中共中央、国务院于 2023 年 2 月印发的《数字中国建设整体布局规划》指出,要推动数字技术与实体经济深度融合,加快数字技术创新应用,一要构筑自立自强的数字技术创新体系,二要筑牢可信可控的数字安全屏障。

(2)在国家层面,由于近年来信创备受重视,ERP 作为信创软件的重要组成,所服务的客户大多是行业龙头,运行的均是这些企业的核心数据,直接关系到国家安全和企业安全,为此加快数字技术创新应用为数字中国建设提供坚实基础。

 **情境**

华为宣布成功实现 MetaERP 研发替换,耗时三年投入数千人

2023 年 4 月 20 日,华为宣布实现自主可控的 MetaERP 研发,并完成对旧 ERP 系统的替换。为了表彰在此项目中做出重大贡献的相关团队和个人,华为在东莞溪流背坡村园区举办了"英雄强渡大渡河"MetaERP 表彰会。

2023年2月,华为创始人任正非在"难题揭榜"火花奖公司内外的获奖者及出题专家座谈会上透露,4月华为的MetaERP将会宣布,完全使用自己的操作系统、数据库、编译器和语言……做出了自己的管理系统MetaERP软件,"MetaERP已经历了公司全球各部门的应用实战考验,经过了公司的总账使用年度结算考验,我们公司的账是业界中很复杂的,已成功地证明MetaERP是有把握推广的。许多设计工具也上华为云公开给社会应用,逐步克服了断供的尴尬。"

ERP(Enterprise Resource Planning)是最关键、最重要的企业级IT应用。据了解,华为自1996年引入MRPⅡ、并持续迭代升级ERP版本。ERP作为华为企业经营最核心的系统,支撑了华为20多年的快速发展,每年数千亿元产值的业务,以及全球170多个国家业务的高效经营。

面对外部环境的压力和自身业务挑战,华为决定启动对旧有ERP系统替换,并开启研发自主可控的MetaERP系统。作为华为有史以来牵涉面最广、复杂性最高的项目,华为投入数千人,联合产业伙伴和生态伙伴攻坚克难,研发出面向未来的超大规模云原生的MetaERP,并成功完成对旧有ERP系统的替换。

据介绍,截至目前,MetaERP已经覆盖了华为公司100%的业务场景和80%的业务量,经历了月结、季结和年结的考验,实现了零故障、零延时、零调账。

华为董事、质量与流程IT部总裁陶景文表示:"面对包含ERP在内等企业作业和管理核心系统的断供停服,我们不仅能造得出来,还换得了,用得好,现在终于可以宣布,我们已经突破了封锁,我们活了下来!"

陶景文表示:华为MetaERP实现了全栈自主可控,基于华为欧拉操作系统、GaussDB等根技术,联合众多伙伴,采用了云原生架构、元数据多租架构、实时智能技术等先进技术,能够有效提高业务效率,提升运营质量。华为将继续围绕"极简架构、极高质量、极低成本、极优体验"的目标,在ERP、PLM等领域,和伙伴一起打造自主可控、更加高效安全的企业核心商业系统。华为轮值董事长、CFO孟晚舟表示:"技术的每一次跨越,不仅需要以匠心精神日积月累,更需要秉承开放精神推动认知的跃升。MetaERP的建设,需要合作伙伴的共同投入。只有开放才能创新,只有合作才能繁荣。"

【思考】
华为自研ERP能够为国内ERP市场带来多大可能性,属于机遇还是挑战?对于国内会计领域有多大影响?企业应该如何维护自己的数据安全?

资料来源:节选自澎湃新闻客户端《华为宣布成功实现MetaERP研发替换,耗时三年投入数千人》。

任务二　认识会计职业

一、会计职业

(一)会计职业的含义

会计职业即会计行业从业人员所从事的工作,广义上指的是所有会计从业人员所从事的工作,狭义上指的是拥有一定会计专业资质的群体所从事的工作,如注册会计师,中级会计师等。

按照从事的工作类型可以将会计从业人员划分为以下三类。

(1)"做会计的",从事企业财务核算、税务核算的人员。

(2)"查会计的",从事企业审计、企业内部控制的人员。

(3)"管会计的",从事财务管理、财务咨询的人员。

会计与高效能人士7个习惯

习惯2:要事第一,自我管理

要事维度有二:一是时间,二是范围。从范围来看,要事的影响体现在广度和深度上。而注重细节、清晰思维是认知广度、深度和高度的基础。会计人员需要具备逻辑严密、思路清晰、严谨细致、不急不躁、注重细节的"匠心精神",这正是甄别要事的能力体现。

1-3 思想感悟

(二)会计职业发展方向

会计职业发展方向根据工作类型主要可以划分成财务方向、审计方向、税务方向、会计实施方向、教育教研等。财务方向按照发展路径可以划分成:

第一阶段:会计助理、出纳。

第二阶段:费用会计、成本会计、收入会计、往来会计、会计专员。

第三阶段:主办会计、总账会计。

第四阶段:财务经理、财务主管。

第五阶段:财务总监。

第六阶段:首席财务官。

1-4 会计人员应具备的五大能力

会计与高效能人士7个习惯

习惯3:不断更新,自我提升

学习的本质是自我更新,自我精进。有企业评价称"CFO是CEO的后备人选",要求财务经理人要具有总经理的素养。而大部分财务人员都是财务科班出身,要达成此境界,乐于学习、勤于学习是必不可少的晋身之阶。

1-5 思想感悟

(三)会计岗位介绍

1. 财务部下会计岗位设置

会计作为企业发展必不可少的一部分,企业应当设置相应的会计人员组成部门进行管理,即财务部。财务部主要负责企业资金管理、资本营运、会计核算、成本管理、财务分析工作等。

本项目将以富强公司为企业背景。富强公司财务部根据工作的需要,本着"高效、精简"的原则,按照各职能岗位职责的要求配置合适人员。其财务部组织架构如图1-6所示。

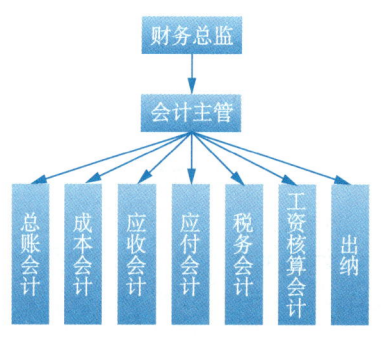

图 1-6　财务部组织架构

2. 会计职业素养

1）基本素养要求

（1）终身学习。法律法规和相关行业政策的不断变化要求会计从业者具备自主的学习能力，及时学习和掌握最新的专业内容，做到"活到老，学到老"，以便更好地开展工作。

（2）合作交流。财务人员在工作中不仅需要和内部各业务部门人员交流，还需要与外部人员打交道，承担着"纽带"的作用，因此需要具备熟练的沟通交流能力。

（3）灵活应变。财务工作不是一成不变的，各个企业在各个时间段都会有各种不同的情况，因此财务人员必须具有创新能力，能够灵活应对工作中的各种核算、税务、财务管理问题。

（4）整理分析。财务工作需要面对大量的数据和信息，财务人员必须运用合理方法进行快速整理，并能够形成与经营成果等相关的报告。

2）岗位职责要求

（1）熟悉会计原理、会计科目、核算流程。

（2）对单据准确性、完整性进行审核。

（3）编制凭证、复核凭证。

（4）编制会计报表。

（5）盘点资金、资产。

（6）管理会计档案。

（7）熟练操作 ERP 系统及办公软件。

3）职业道德要求

以社会主义核心价值观为引领，做到爱国守法、爱岗敬业、诚实守信、客观公正、自律廉洁、保守秘密。

实训 1-1　自我认知测试

https://www.16personalities.com/ch

二、出纳岗位职业技能

(一)出纳岗位介绍
岗位名称:出纳员。
岗位注释:出即支出,纳即收入。
直接上级:会计机构负责人、会计主管人员。
岗位性质:办理现金收付和银行结算业务。
岗位职能:负责管理公司日常备用现金;负责公司日常现金收付业务;负责管理公司银行存款账户及办理银行款项收付工作;负责保管及整理公司资金收付的有关单据;登记现金和银行存款日记账;保管重要物品,如空白支票、印章、相关软件和密码、U盾、保险柜钥匙等;负责公司工资的发放;完成上级安排的其他工作。

(二)出纳岗位基本技能
依据在工作中的岗位职责,出纳应当具备三类基本技能:出纳现金业务、出纳银行业务、出纳核算业务。

1. 出纳现金业务

出纳现金业务是出纳依据现金控制规范执行的与现金相关的工作内容。

企业现金控制规范的要求主要是:明确本单位现金开支的范围;制定各种报销凭证,规定报销手续,确定各种现金支出的审批程序;做好空白收据和发票的保管等。

出纳现金业务主要包括:备用金提取;现金缴存;现金的借支、现金的报销及现金的交回;支付现金业务(如以现金支付的付款申请)。

【例1-1】 提取备用金

2023年8月1日,富强公司出纳张玉发现保险柜中的现金余额不足,在确定银行账户上资金充足后,申请提取备用金5 000元,得到批准后开出现金支票并完成提取。现金支票(支付密码器生成的密码为1488-60027931-0062)如图1-7所示。

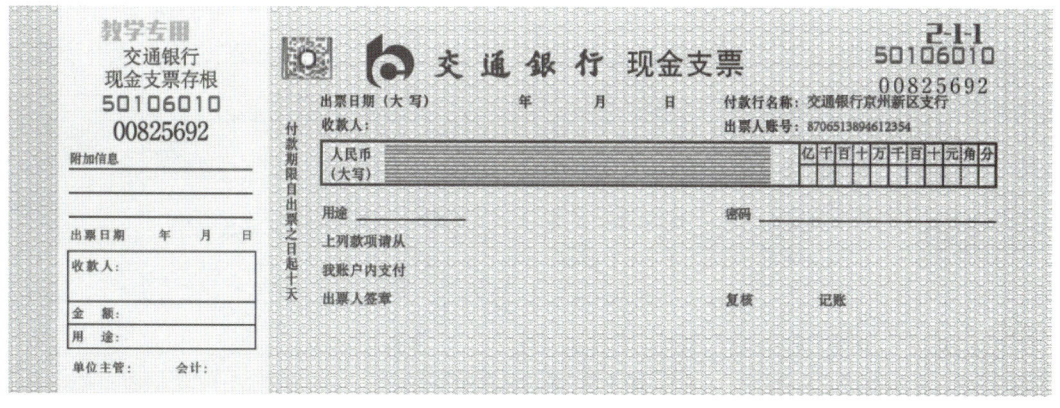

图1-7 现金支票

> **业务流程**

(1)出纳发现现金余额不足,根据业务需要和账上资金情况向主管做出提现申请。

(2)领导审核无误后,出纳签发现金支票。

注意:禁止签发空头支票,注意出票日期、金额大小写、盖章等。支票不能有涂改痕迹,否则作废;现金支票正面需盖财务专用章和法人章,印章清晰,缺一不可。现金支票用途根据实际业务填写,如备用金等。

(3)出纳在办理取现业务时,最好将生成的支付密码记录在其他地方,等到了银行柜台后再填写密码;如果付款单位已将密码填在支票上,携带时务必要格外小心,及早到银行办理完毕。

(4)出纳携现金支票去银行开户行柜台提现。

现金支票领用可以登记备查簿备查,以保证支票的主要信息及时被记录和跟踪,但不是必需流程。

取现业务流程如图 1-8 所示。

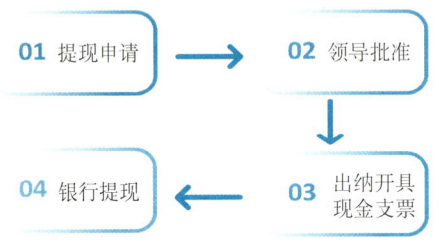

图 1-8 取现业务流程

【例 1-2】 收到员工赔偿款

2023 年 8 月 31 日,公司对仓库货品进行盘点,发现原材料晶体导管损坏一批,损失金额 3 000 元。经查明 2 500 元为仓库受潮损坏,500 元为仓管员刘宇保管不善导致。公司决定由刘宇赔偿金额 500 元。刘宇交来现金 500 元,出纳清点无误后开具收款收据给刘宇。空白收据如图 1-9 至图 1-11 所示。

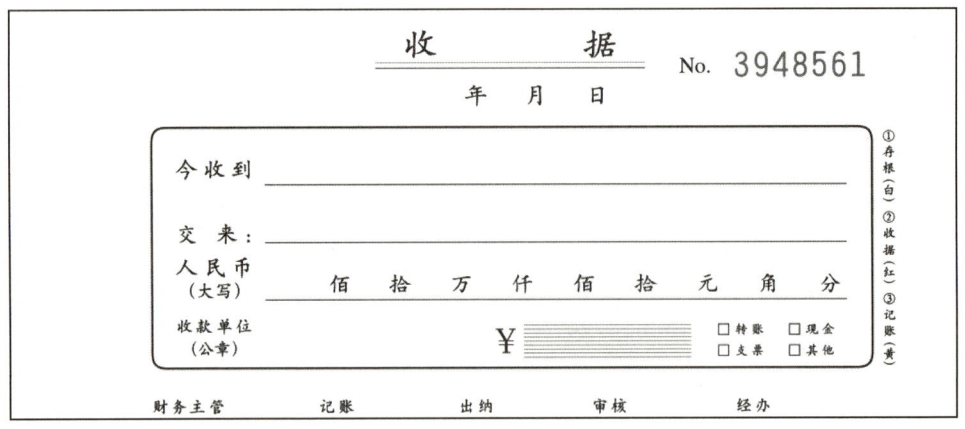

图 1-9 收据(第一联)

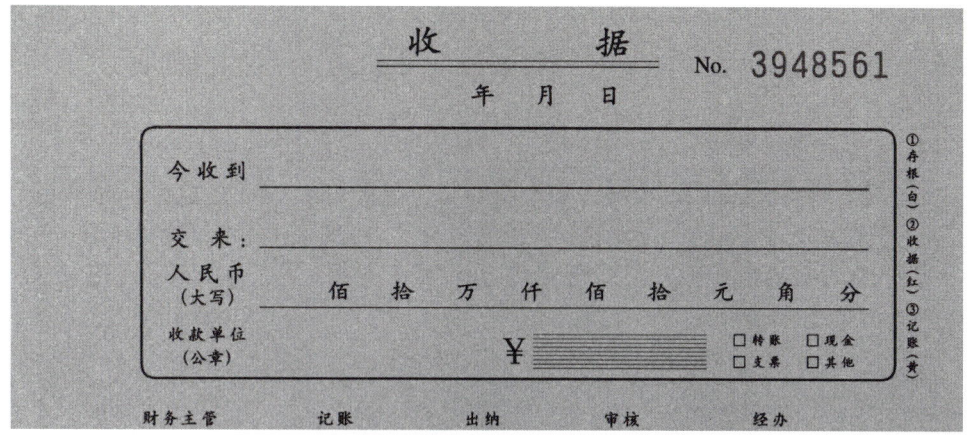

图 1-10　收据(第二联)

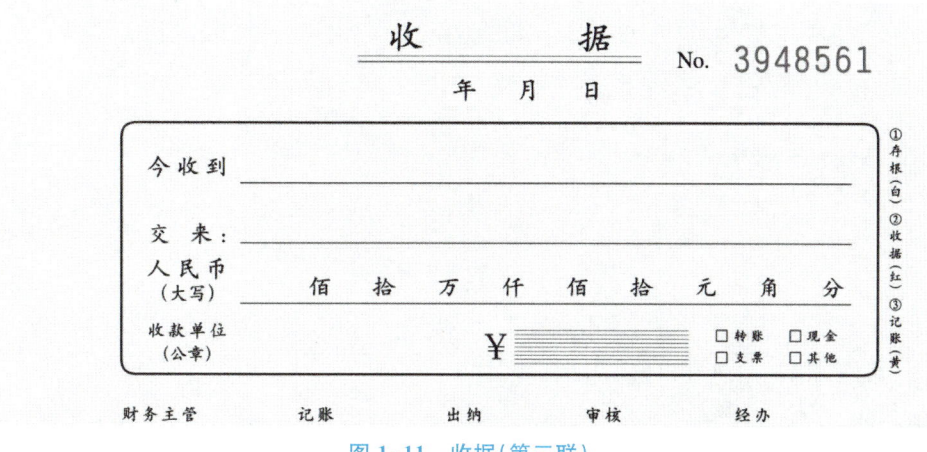

图 1-11　收据(第三联)

> **业务流程**

(1) 收到款项时,出纳应该根据相应的资料确定款项是否合理,比如罚款通知书、押金合同、发票等。

(2) 清点现金无误后,出纳需要开具收款收据给交款人。业务流程图如图 1-12 所示。

收款收据一般为一式三联,第一联为存根联;第二联为交款人回执:一般加盖企业财务专用章(没有办法取得财务专用章时公章也可以);第三联为会计记账依据。出纳需在第一联、第三联加盖"现金收讫"印章。

图 1-12　业务流程图

2. 出纳银行业务

出纳银行业务是出纳处理与银行结算相关的业务以及涉及的银行账户管理业务。

出纳银行业务根据银行结算的方式可以划分成票据方式和非票据方式。票据方式主要有汇票、本票、支票,非票据方式主要是信用卡、电子支付等。目前电子支付是比较常见的方式。

银行账户管理包括账户开立、账户存取款、余额查询和对账、费用管理、账户解冻和冻结、账户信息变更、账户注销等。

【例 1-3】 收到货款进账(转账支票方式)

2023 年 9 月 12 日,富强公司收到客户南京诚信贸易有限公司货款 50 000 元,对方以转账支票支付,公司出纳张玉到银行办理进账。空白转账支票如图 1-13 和图 1-14 所示,进账单(回单)如图 1-15 所示。

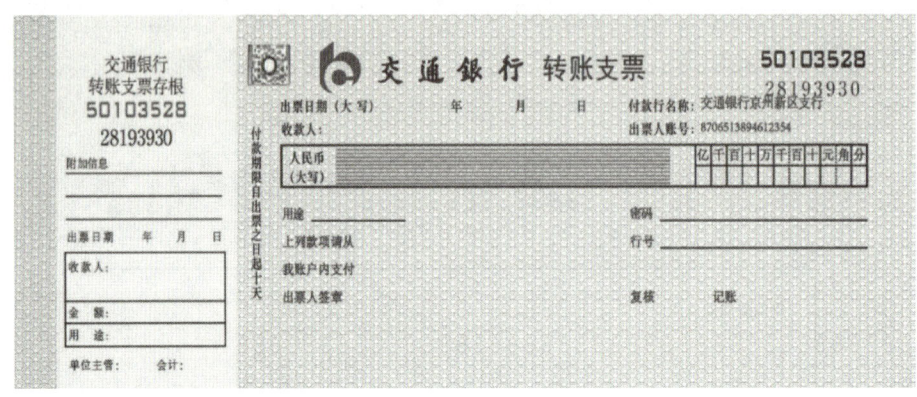

图 1-13　转账支票正面

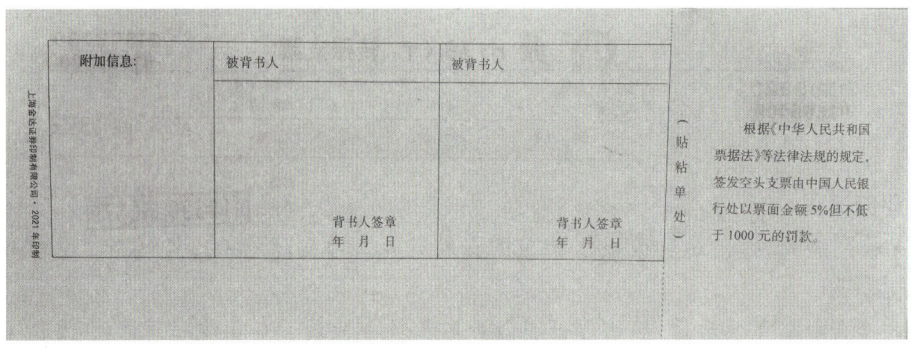

图 1-14　转账支票背面

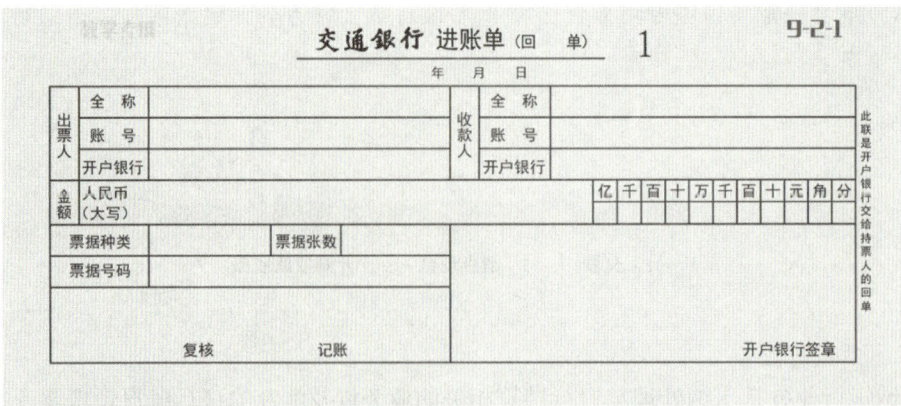

图 1-15　进账单(回单)

➢ 业务流程

(1) 出纳审核转账支票,主要检查公司名称、金额、对方公司印章等是否正确清晰。

(2) 出纳审核无误后,在转账支票背面背书人处填写开户银行名称,背书人签章框内加盖银行预留印鉴,财务专用章和法人章,填写业务办理日期。

(3) 出纳填写进账单后,拿着转账支票和进账单到银行办理入账。

业务流程图如图 1-16 所示。

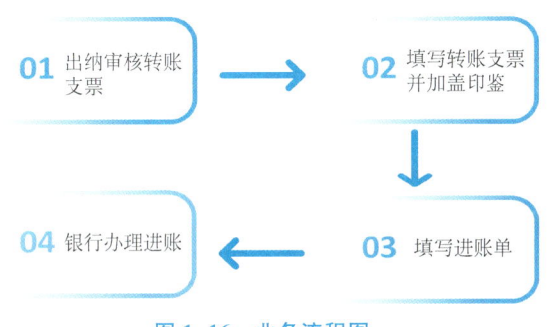

图 1-16　业务流程图

3. 出纳核算业务

出纳核算业务是审核与现金收支相关科目的收付款记账凭证,依据收付款记账凭证进行现金日记账及银行存款日记账的登记。

现金日记账是登记每天现金收支情况的账簿,银行存款日记账是反映企业银行存款每日收支情况的账簿,出纳需要逐日逐笔登记本日现金日记账及银行存款日记账。

【例 1-4】　登记现金日记账

2023 年 9 月 14 日,富强公司出纳张玉向员工李强预支差旅费 2 000 元,据此登记现金日记账并进行日结。现金日记账如表 1-1 所示。

表 1-1　现金日记账　　　　　　　　　　第_____页

2023年		凭证		摘要	对方科目	借方	贷方	余额	√
月	日	种类	号数			千百十万千百十元角分	千百十万千百十元角分	千百十万千百十元角分	
				月初余额				1 2 1 8 1 0	

【例1-5】 登记银行存款日记账

2023年9月22日,富强公司出纳张玉通过网银支付盛强公司货款48 000元。据此登记银行存款日记账并进行日结。银行存款日记账如表1-2所示。

表1-2 银行存款日记账　　　　　　　　　　第_____页

开户银行:交通银行京州新区支行

账　　户:8706513894612354

2023年		凭证		摘要	对方科目	借方	贷方	余额	√
月	日	种类	号数			千百十万千百十元角分	千百十万千百十元角分	千百十万千百十元角分	
				月初余额				60000000	

温馨提示:

纸质的日记账已经很少使用了。现在的实务操作中,企业通常会运用电子表格或财务软件建立现金日记账和银行存款日记账来记录每笔收支业务。

三、会计岗位职业技能

(一) 会计岗位说明

会计岗位说明如表1-3所示。

表1-3 会计岗位说明

工作职责	职责细分
1. 会计核算工作	(1) 审核有关原始凭证,并依据会计准则和制度编制记账凭证 (2) 汇总会计凭证,发现问题及时解决,定期编制总账科目汇总表并进行试算平衡 (3) 根据原始凭证、记账凭证及科目汇总表登记明细账和总分类账 (4) 定期配合有关部门进行盘点,认真核对原始凭证、记账凭证、各级明细账、日记账及总分类账
2. 编制会计报表	配合主管编制现金流量表、资产负债表、利润表等会计报表
3. 纳税申报	(1) 根据国家税收法规和企业的相关规定,负责按月进行纳税申报 (2) 计算、统计税收,编制相关报表 (3) 办理相关税务手续
4. 财务分析	(1) 做好企业的财务分析,配合主管编写财务状况说明书,为企业制订经营政策提供依据

(续表)

工作职责	职责细分
4. 财务分析	(2) 配合主管进行各种财务预测、市场容量预测、市场占有率预测和市场价格预测等，为企业投资决策和生产经营活动提供可靠的依据
5. 会计档案管理	(1) 对相关会计凭证、会计账簿、会计报表和其他会计资料进行科学分类，造册登记，统一管理 (2) 按照会计档案制度的规定进行会计档案的移交工作，在移交档案部门时，认真编制移交清册，确保移交手续完整

(二) 会计岗位基本技能

会计人员必须具备一定的实操能力才能应对会计工作带来的挑战。会计实操能力主要包括做账、报税、报表等，其中做账作为基础的技能是会计人员必须掌握的。

做账是指对企业的会计核算进行账务处理，主要包括：熟悉会计法规、会计准则及相关政策；熟练掌握凭证、单据、发票处理等技巧；熟练运用财务软件及办公软件操作；了解会计核算建账、入账、对账、结账流程并进行实操；对公司各类账簿进行管理。

以下是几种会计核算的常见情景。

【情景 1】 报销办公用品

2023 年 8 月 12 日，富强公司行政部李娜购入办公用品一批，取得普通发票一张，购货清单一份，金额 695 元，报销单经过相关负责人审批完成，出纳人员审核完毕完成付款。该公司会计赵大海收到相关单据，他需要如何进行账务处理？

【情景 2】 预付材料采购款

2023 年 8 月 15 日，富强公司向南京立康电子科技有限公司采购材料一批，按照合同约定预付 50% 货款（货款金额：226 000 元），货款已通过网银支付并取得银行回单。这笔业务该如何进行账务处理？

【情景 3】 收到客户货款

2023 年 8 月 20 日，富强公司收到福州天绿贸易有限公司上个月未付货款（销售货品：学习台灯，销售金额：100 000 元，收款方式：首三余七），对方通过银行转账 70 000 元。这笔收款业务应该如何进行账务处理？

任务三　会计法规及职业道德

一、会计法规体系

(一) 会计法规体系定义

会计法规体系的制定离不开国家法律规范体系即法的渊源。法的渊源指法是由何种国家机关，依照什么方式或程序创制出来的，并表现为何种形式、具有何种效力等级的规范性法律文件。我国法的渊源主要是以宪法为核心的各种制定法，包括宪法、法律、行政法规、地方性法规、经济特区的规范性文件、特别行政区的法律法规和规章、国际条约、国际惯例等。

我国的会计法规体系由会计法律，会计行政法规，会计部门规章以及会计规范性文件构成。会计法规体系如图 1-17 所示。

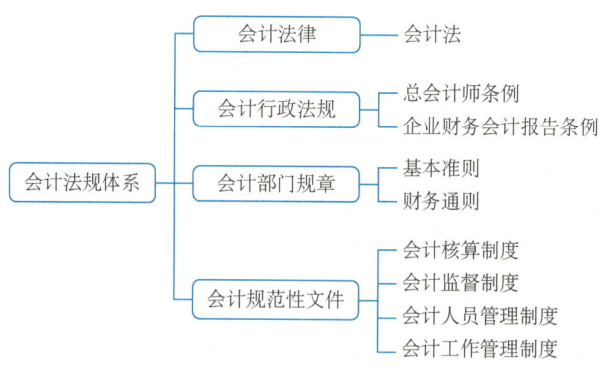

图 1-17　会计法规体系

（二）会计法规体系内容

目前会计法规体系最常使用的内容包括了《会计法》《企业会计准则》和《企业会计制度》等会计核算方面的法规。

1.《会计法》

《会计法》是会计法律规范体系中层次最高、最具有法律效力的法律规范，是会计工作的根本大法，是制定其他会计法律法规、会计规章制度的依据，也是指导我国会计工作的最高准则，其他任何会计法律法规都不得与之相违背。

《会计法》的发展主要经历以下四个阶段。

1) 第一阶段:诞生阶段

我国第一部《会计法》诞生于 1985 年 5 月 1 日，标志着我国会计工作从此走上了法治化轨道。

2) 第二阶段:第一次修订

1993 年 12 月 29 日《会计法》进行了第一次修订，体现和适应了社会主义市场经济体制下会计工作的新要求。

3) 第三阶段:第二次修订

1999 年 10 月 31 日《会计法》进行了第二次修订，此次修订从会计核算、会计监督到会计法律责任都有较大变动和创新，突出了"会计资料真实、完整"这一新要求。

4) 第四阶段:第三次修订

2017 年 11 月 4 日《会计法》进行了第三次修订，此次修订涉及的内容全面，体现的理念新颖，反映了会计环境的变化和实践创新，对提高会计质量、促进会计行业健康发展有重要的促进意义。

5) 第五阶段:第四次修订

2024 年 6 月 28 日，十四届全国人大常委会第十次会议表决通过关于修改会计法的决定，自 2024 年 7 月 1 日起施行。新会计法修订强调了会计信息化建设的重要性，鼓励依法采用现代信息技术开展会计工作。此次会计法的修改，保持现行基本制度不变，重点解决会计工作中的突出问题，进一步加强财会监督，加大对会计违法行为的处罚力度，切实提高会计信息质量，更好维护社会公共利益。

2.《企业会计准则》

《企业会计准则》是以《会计法》为指导，作为会计人员从事会计工作遵守的基本原则，是从事会计工作的规则和指南，也是会计核算工作的规范。

《企业会计准则》分为基本准则、具体准则和应用指南（应用指南属于会计规范性文件）三个层次，包括基本准则1项，具体准则42项，应用指南38项。

基本准则是概括组织会计核算工作的基本前提和基本要求，是说明会计核算工作的指导思想、基本依据、主要规则和一般程序。基本准则一共分成十一章，分别是第一章总则、第二章会计信息质量要求、第三章资产、第四章负债、第五章所有者权益、第六章收入、第七章费用、第八章利润、第九章会计计量、第十章财务会计报告、第十一章附则。

具体准则是按照基本准则的内容要求，针对各种经济业务作出的具体规定。例如《企业会计准则第1号——存货》《企业会计准则第6号——无形资产》《企业会计准则第9号——职工薪酬》等。

应用指南是根据基本准则、具体准则制定的，用以指导会计实务的操作性指南。

3.《企业会计制度》

根据《会计法》第八条的规定：国家实行统一的会计制度。国家统一的会计制度由国务院财政部门根据本法制定并公布。

国家统一的会计制度是指国务院财政部门根据本法制定的关于会计核算、会计监督、会计机构和会计人员以及会计工作管理的制度。

最新颁布的《企业会计制度》就体现了统一性的特点。按照《企业会计制度》的要求，各行业在会计核算的一般原则上实现了高度统一；在会计科目的使用和会计报表的项目、内容上实现了高度统一；在会计处理办法和程序上实现了高度统一。各行业根据《企业会计准则》的要求，参照分行业会计制度，结合企业的具体情况，制定本企业会计制度正确进行账务处理。

二、会计职业道德要求

（一）职业道德概述

1. 会计职业道德的概念

会计职业道德是指在会计职业活动中应当遵循的、体现会计职业特征的、调整会计职业关系的职业行为准则和规范。

2. 会计职业道德的特征

会计作为社会经济活动中的一种特殊职业，除具有职业道德的一般特征外，还具有一定的强制性和广泛的社会性。

（二）会计人员职业道德规范

财政部目前发布《会计人员职业道德规范》，推进会计诚信体系建设，提高会计人员职业道德水平。

1. 坚持诚信，守法奉公

牢固树立诚信理念，以诚立身、以信立业，严于律己、心存敬畏。学法知法守法，公私分明、克己奉公，树立良好职业形象，维护会计行业声誉。

2. 坚持准则，守责敬业

严格执行准则制度，保证会计信息真实完整。勤勉尽责、爱岗敬业，忠于职守、敢于斗争，自觉抵制会计造假行为，维护国家财经纪律和经济秩序。

3. 坚持学习，守正创新

始终秉持专业精神，勤于学习、锐意进取，持续提升会计专业能力。不断适应新形势新要求,与时俱进、开拓创新,努力推动会计事业高质量发展。

会计与高效能人士7个习惯

习惯4：双赢思维,利己利他

双赢是人际交往中基于互敬、寻求互惠、互相成就的一种共同体理念。诚信是双赢的前提。诚信是健康社会一切制度和规则得以确立和运作的基础,是良好的经济和社会秩序的根基,人类文明的立足点与支撑点。三百六十行,行行有诚信。

1-6 思想感悟

会计与高效能人士7个习惯

习惯5：知彼解己,移情沟通

知彼解己的本质是换位思考,立足对方角度审视问题,换位理解对方的想法、需要和顾虑。业财融合是新时代财务工作转型的必由之路,对于业财双方,解己易,知彼难。为解决这一困境,当代财务人员应努力做到深入业务展开流程,积累业务知识及其运行规律,涉猎广泛,自信面对业务,做到解己更知彼。

1-7 思想感悟

 思政德育

【关键词】 "文化自信""职业道德""遵纪守法""反腐败"

【政策方向】

1. 文化自信,是更基础、更广泛、更深厚的自信。在5 000多年文明发展中孕育的中华优秀传统文化,在党和人民伟大斗争中孕育的革命文化和社会主义先进文化,积淀着中华民族最深层的精神追求,代表着中华民族独特的精神标识。

我们要坚持道路自信、理论自信、制度自信,最根本的还有一个文化自信。党的十八大以来,习近平总书记反复强调文化自信,作出许多深刻阐述。

2. 习近平总书记在党的二十大报告中对坚定不移全面从严治党作出一系列重要部署,发出新征程上坚决打赢反腐败斗争攻坚战持久战的动员令。

 **情境**

83次造假,老会计贪污了128万元

"我不缺钱,可现在一家人的生活都被我给毁了。要不是因为炒股,我也不会犯下这样的错误。"浙江省建德市委统战部原部务会议成员戚秀娟在审讯室里泪流不止。作为一个老会计,她算错了自己的"人生账"。

2020年12月,当地法院对戚秀娟案公开审理,长年以简朴形象示人的戚秀娟被指控贪污128万余元。更让人吃惊的是,这笔犯罪数额背后是83次作案。

在当地人眼里,统战部是个清水衙门,"没啥工程项目、没啥油水"。2010年开始,戚秀娟职务从办公室副主任升到了部务会议成员,一直兼任统战部的会计。她还兼任侨联专职

副主席、市知联会秘书长和市新联会秘书长,知联会和新联会的会计实际上也是她在负责。

戚秀娟有十几年的乡镇工作经历。当年连办公桌的桌腿坏了,她都让同事用砖头垫着接着用。同事眼里的她"从不乱花单位一分钱",统战部的财务工作由她负责,领导和同事都觉得放心。

然而,生活中的戚秀娟却有一个令她沉迷其中的爱好,那就是炒股。看着别人炒股赚钱,她也想进入股市赚点零花钱。但是精打细算的她怕投资失败,不愿意动用自己的家庭资金。她想到了拿公款来满足自己的这个"爱好":亏掉了,钱也不是自己的,只需要把单位账面做平就行。

2013年至2020年,戚秀娟连续作案,不放过任何一笔小钱,从千余元到十万元,蚂蚁搬家式地贪污,先后83次作案将128万余元的公款放进了自己的口袋。其中,大部分钱款被她用来炒股。

"我的父亲还健在,并没有去世,这笔慰问金我没有收到。"

"我去年没有生病住院啊,统战部没有派人来慰问过我。"

"我没有领到过这1万元的补贴。"

这是案件取证过程中,办案人员从证人那里听到最多的话。

戚秀娟多次冒用他人名义,以慰问金、护理补贴等形式骗取公款40万余元。找到这些相关人员核实取证后,办案人员唏嘘不已。大家没想到,戚秀娟竟然会为了骗取1千元的慰问金而编造他们亲人去世、生病住院的谎言。

股市指数跌宕起伏,戚秀娟并不具备投资眼光。很快,她股市账户上50余万元股本(含早期家庭投入的股本)赔掉了。以慰问金名义骗取的公款非但没有赚钱,还难以弥补在股市中的亏损。

戚秀娟又把目光投向统战部和知联会的活动经费。她伪造了种类繁多的活动,包括趣味运动会、专题调研活动、读书活动、考察活动等,签订虚假合同、涂改报销单数额、虚开发票,先后套取80多万元。据办案人员统计,到案发时她股市亏损达60多万元,剩余资金在她投案自首后主动退缴。

"本想着用公家的钱来炒股,亏了钱也不会太心痛,哪里想到却亲手毁了自己美好的生活。"然而,这些迟来的悔恨也不能让她逃避法律的制裁,戚秀娟最终因贪污犯罪被建德市人民法院判处有期徒刑三年零两个月。

【启示】

"德高为师,身正为范",这是对于教师职业品德高尚的赞誉,而作为一名会计人员也必须时刻注意自己的言行举止,用良好的行动树立榜样,切记"别伸手,伸手必被抓"。

资料来源:节选自中央纪委国家监委网站《以案为鉴|83次造假,老会计贪污了128万》。

项目小结

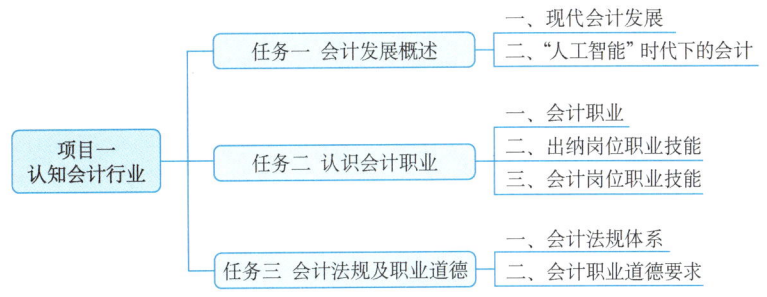

项目二　会计总论

"理国要道,在于公平正直"。老百姓讲"一碗水端平",如果不端平、端不平,老百姓就会有意见,就会有怨气,久而久之社会和谐稳定就难以实现。

——2014年1月7日,习近平总书记在中央政法工作会议上讲话

教学目标

知识目标

理解会计的概念及作用;理解会计的对象;掌握会计基本假设;掌握会计信息质量要求。

技能目标

能够概括会计工作性质、工作内容、工作过程和主要工作载体;能够熟练区分权责发生制和收付实现制;能够依据所学知识判断不同会计信息质量要求。

素养目标

树立严谨的工作态度和一丝不苟的工作作风;养成"责任意识";加强道德修养。

大学生的"生意经"

每年的9月开学季,民族大学城就有来自全国各地的新生报到。据统计,民族大学城共有学校12所,每年新生人数约6万人。小李和小张是民族城市学院会计系的大四学生,两人发现了商机,决定共同出资2 000元并向家里借款6 500元组成初始经费,购买一批生活用品在民族大学城进行流动售卖。

两人租赁了学校附近的仓库用于存放物品,而后收集了各个学校的开学日期,并租赁了货车一辆(租金每日300元)用于跑单。9月8日至18日两人在各个学校穿梭,每天早出晚归。为了及时了解经营情况,两人每天都会记录收入和支出的现金。

收支流水账单如表2-1所示。

表2-1　收支流水账单　　　　　　　　　　　　　　　　　　　　　单位:元

日期	收入	支出	备注
2023年09月01日	8 500		出资
2023年09月05日		−7 000	购买用品

(续表)

日期	收入	支出	备注
2023年09月05日		−1 000	仓库租金
2023年09月08日	2 200		1 200元现金,1 000元支付宝
2023年09月08日		−100	吃饭、饮料等
2023年09月09日		−300	购买花束支出
2023年09月10日	1 000		800元现金,200元支付宝
2023年09月10日	900		教师节卖花收入(现金)
2023年09月10日		−90	吃饭
2023年09月11日	1 800		800元现金,1 000元支付宝
2023年09月11日		−110	吃饭
2023年09月14日	2 000		1 200元现金,800元支付宝
2023年09月14日		−120	吃饭、饮料等
2023年09月16日	1 600		1 000元现金,600元支付宝
2023年09月16日		−100	吃饭、饮料等
2023年09月18日	1 600		900元现金,700元支付宝
2023年09月18日		−300	吃大餐
2023年09月18日	1 200		多余用品退厂家

有了持续的资金流入后,两人又有了新的想法,决定成立"哥俩好零食店"进行宿舍零食贩卖,毕竟生活用品的购买旺季只有开学这几天,不是长久之计。9月20日,"哥俩好零食店"成立。经过一段时间的运营,"哥俩好零食店"经营业绩持续增长,两人也成了学校里的名人。

思考: 小李和小张的生意是盈利还是亏损呢?小李和小张这样记录现金收支合理吗?会计上又该如何记录这些事项呢?

任务一　会计概述

一、会计的定义

会计是以货币为主要计量单位,通过记账、算账、报账等一系列程序,对单位的经济活动进行完整、连续和系统的核算和监督,并向有关方面提供财务信息的一种经济管理活动。

简单来说,会计就是通过一定方式方法把单位每笔经济业务通过数字方式记录下来,最终形成反映企业财务信息的汇总报表的过程。

(一) 会计是经济管理活动

企业经营生产的目的在于创造价值,创造价值的过程就是创造利润的过程。著名战略学家迈克尔·波特提出的价值链模型将企业活动划分成基本活动和支持性活动,如图2-1所示,而会计作为支持性活动对企业经营生产起到支撑作用,同时会计核算往往涉及单位的各个部门,所以从本质上看会计其实就是企业经济管理活动的一部分。

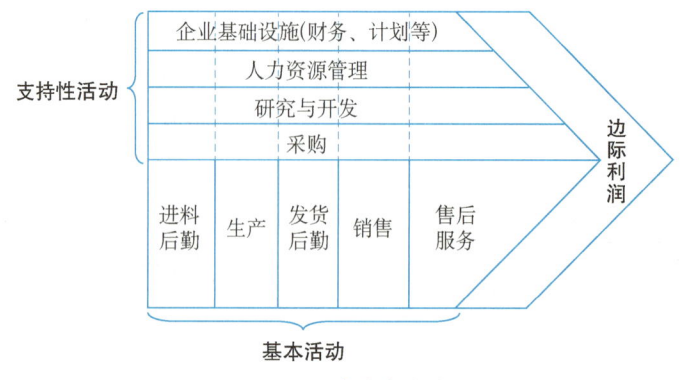

图2-1 波特价值链

从会计工作职能来看,会计也是围绕着企业的经营管理展开,不仅为企业管理提供各种财务信息,也为企业管理决策提供支持,如企业预算制定和分解、项目可行性分析、投资决策方案选择等。

(二) 会计以货币为主要计量单位

经济活动的计量离不开货币,会计自然也离不开货币,所以会计对于经济活动的记录是以货币作为主要计量单位的(如元、角、分等)。当然经济活动并不一定以货币计量,还可以劳动计量单位(如工作日、工时等)、实物计量单位(如千克、米、件等)衡量,但最终的结果必须按货币计量单位综合加以计算。

(三) 会计核算必须是完整、连续和系统的

在会计核算中,完整是指会计核算对属于会计内容的全部经济业务都必须加以记录,不允许遗漏其中的任何一项;连续是指对各种经济业务应按其发生的时间,按顺序、不间断地进行记录和核算;系统是指对各种经济业务要进行分类核算和综合核算,并对会计资料进行加工整理,以取得系统的会计信息。

(四) 会计拥有一套专门的核算方法

为充分发挥会计核算和监督的职能,会计必须拥有一套科学完整的核算方法,通过一些会计技术方法来进行专门核算和报告,并依法实现监督管理。会计的技术方法包括设置会计科目、复式记账、填制和审核凭证、登记账簿、财产清查、编制财务会计报告等。

二、会计的作用

(一) 有助于企业加强管理,提高效益

会计最有效的展现结果就是提供财务会计报告。财务会计报告可以帮助企业全面系统地了解当期的经营成果和财务状况,为企业管理提供参考,促进企业的可持续发展。此外,会计还能够在企业综合决策、风险控制、实现财务纪律等方面发挥作用。会计可以帮助企业评估各种投资决策,有助于企业做出有利的投资决策;会计可以帮助企业识别财务风险,制定合理的控制机制和防范措施,避免企业遭受损失;会计可以让企业清楚地认识自身的财务

状况和经济趋势,以此来及时补充资金,严肃财务纪律。

通过真实地反映企业的财务信息,参与经营决策,会计工作能够在加强企业经营管理、提高经济效益方面发挥积极作用。

(二) 有助于提供有用的信息,提高企业透明度

根据会计准则和相关信息披露规范的要求,会计信息透明度就是采取普遍认可的方式,通过各种公共媒体的传播,帮助信息使用者及时、方便地获取全面、稳健、公允、相关、真实、可比、及时、重要的会计信息,并据此了解和评价企业财务状况、经营成果、风险状况的程度。

为了帮助信息使用者做出正确的决策,会计需要提供简洁准确的信息数据,使信息使用者能够全面了解企业财务状况、经营成果和现金流量等情况。

(三) 有助于考核管理层的履责情况

企业经济活动不仅需要考虑内部经营者,还需要关注外部与企业有经济利害关系的投资人、债权人和政府有关部门。管理层作为企业经营的代理人,既然接受了所有投资者和债权人的投资,就有责任按照其预定的发展目标和要求,合理利用资源,加强经营管理,提高经济效益,接受考核和评价。

定期反映经营成果和财务状况的报表以及一系列的财务对比指标,能够及时反映企业的盈利情况、债务情况,通过这些量化指标衡量管理层业绩情况,不仅能够反映管理层的履责情况,还能据此监督管理层对存在的问题进行修正,做到"有则改之,无则加勉"。

三、会计的职能

会计的职能是会计在经济活动中具有的功能。会计最基本的职能是核算和监督。同时还具有预测经济前景、参与经济决策、进行经济控制、评价经营业绩等职能,会计职能如图 2-2 所示。

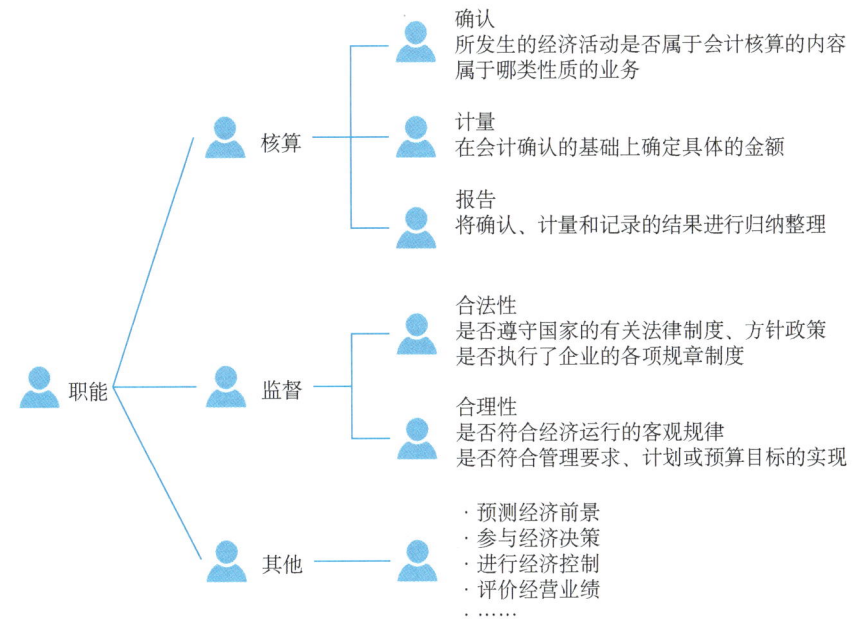

图 2-2 会计职能

(一)核算

会计的核算职能也称为反映职能,是会计最基本的职能,是以货币为主要计量单位,对特定主体的经济活动进行确认、计量和报告,从而向使用者提供信息的功能。会计核算贯穿经济活动的全过程,会计核算所产生的会计信息应具有连续性、系统性、全面性、综合性的特点。

(二)监督

会计的监督职能也称为控制职能,会计在其核算过程中,能够按照一定的目的和要求,对经济活动的合法性、合理性进行审查。会计监督包括事前监督、事中监督和事后监督。

事前监督是相关的经济活动实施以前所进行的监督,它是一种积极的、预防性的监督。它可以预防企业决策失误,避免不必要的损失和浪费,防止错弊。事中监督是对正在发生的经济活动过程及其核算资料进行审查,并据以纠正经济活动过程中的偏差和失误,使其按预定计划进行。事后监督是对已经发生的经济活动及其核算资料进行审查。

(三)会计核算和会计监督的关系

会计核算和会计监督的关系密切、相辅相成、辩证统一。核算和监督职能共同组成了会计基本职能。会计核算作为会计监督的基础,没有核算提供的各种数据,监督就失去了意义。会计监督是会计核算的保障,会计监督可以有效预防财务造假、违反会计法规等影响会计核算质量的现象,有效地保护了信息使用者的权益最大化。

随着经济的发展和会计理论水平的提高,会计职能在不断地充实,新的职能不断派生。目前,会计除了上述两个基本职能外,还具有预测经济前景、参与经济决策、进行经济控制、评价经营业绩等职能。

四、会计的对象

会计的对象是指会计核算和监督的内容。会计核算和监督的内容并不是企业发生的所有活动,只有特定主体能够以货币表现的经济活动,才是会计核算和监督的内容,也就是会计的对象。以货币形式表现的经济活动通常又称为价值活动或资金运动。因此,会计核算和监督的内容即会计对象就是资金运动。

资金运动包括了资金投入、资金循环与周转(即运用)和资金退出的运动过程。对于任何单位来说资金运动所包括的内容都是一样的,但具体运动形式是不一样的。这里以制造业为例说明资金运动的原理,如图2-3所示。

从图2-3中可以看出,资金运动是一种周而复始的循环运动。在供应、生产、销售三个阶段中,货币资金依次转化为储备资金、生产资金、成品资金,最后又回到货币资金,在这期间跟随着企业生产经营活动不断进行资金的循环。工业企业的资金运动过程大体包括以下几个阶段。

(一)资金投入

企业通过投资者投入和债权人借入取得资金来源,形成货币资金。

(二)资金循环与周转

资金循环和周转分成供应、生产、销售三个阶段。

(1)供应过程。企业在完成必需的资金筹集后,便进入供应过程。在供应过程中,企业运

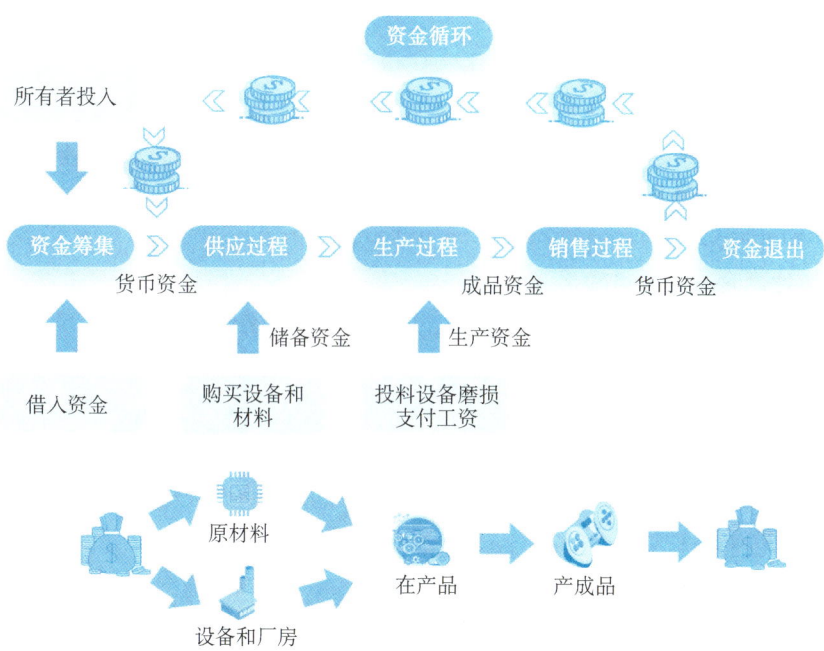

图 2-3 资金运动

用一部分货币资金购建机器厂房等固定资产和购买原材料等生产储备资料,形成储备资金。

(2) 生产过程。企业完成必要的物资储备后,便可进入生产阶段。在生产过程中,劳动者借助于劳动手段将劳动对象加工成特定的产品,期间发生的材料费用、制造费用、人工费用将计入产品成本。企业的生产资金来源:一是原材料等生产储备资料所占用的那部分储备资金随着生产的耗用逐渐转化成生产资金;二是机器厂房等固定资产折旧参与生产资金的运转;三是企业还需要用一部分货币资金来支持生产,用于支付工资和经营管理中必要的开支等。

(3) 销售过程。随着产品生产过程的深入,完工产品退出生产车间进入成品库房,企业的生产资金又逐渐转化为成品资金。产成品入库,即进入销售过程。在销售过程中,企业通过销售产品收回资金,商品转化为货币资金形态。

(三) 资金退出

在资金的周转过程中,有一部分资金开始退出企业,用来偿还债务、向国家上缴税金以及向所有者分配利润等(不包括支付给员工的工资),这部分资金离开企业,退出资金的循环与周转。

 温馨提示:

高管跳槽、老板生病、签订合同都不属于会计核算的对象。

任务二　会计基本假设

会计基本假设又称为会计基本前提，是企业组织会计工作必须具备的前提条件，是会计确认、计量和报告的前提，也是对会计核算所处时间、空间范围等做出的合理设定。

会计工作必须基于会计假设展开，会计假设起到了指引作用，为后面的会计核算提供了灵魂，会计核算则将会计假设变成了现实。

会计基本假设包括会计主体、持续经营、会计分期和货币计量。

一、会计主体

会计主体是指会计人员服务的特定单位或组织，是企业会计确认、计量和报告的空间范围。换言之会计主体假设解决了会计人员为谁服务、核算谁的业务、核算范围是什么的问题。会计主体如图 2-4 所示。

2-1　会计主体

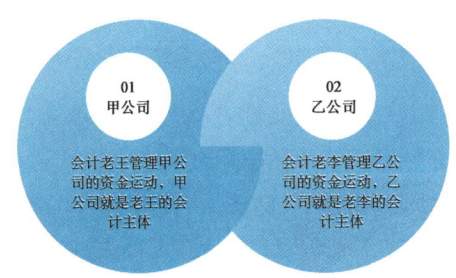

图 2-4　会计主体

会计主体不同于法律主体。法律主体必然是会计主体，但会计主体并不一定是法律主体。会计主体可以是一个独立的法律主体，如企业法人，也可以不是一个独立的法律主体，如企业内部相对独立的核算单位（企业的分公司、企业设立的事业部）、由多个企业法人组成的企业集团等。

二、持续经营

持续经营是指会计主体在可以预见的未来，会按照当前的规模、状况和既定的目标持续经营下去，不会大规模削减业务，也不会停业。持续经营是会计确认、计量和报告的时间范围，为会计核算的开展提供了正常的业务经营。

企业在会计确认、计量和报告时，应当以持续经营为前提，只有保证企业存续，企业的债权债务才能正常保证和履行。企业持有的资产才能按既定的经营目标正常营运，企业负有的债务才能按既定合约条件正常偿还，会计计量的历史成本属性才能发挥作用，多期分摊的费用支出才能合理计量等。

当然，企业不能始终保证其永久和持续经营，在经济条件下，企业破产清算的风险依然存在。如果企业存在破产、清算的处境，即面临的业务，所有以持续经营为前提的会计程序和方法就不再适用，而应当采取破产清算的会计

2-2　持续经营

程序和方法。

三、会计分期

《企业会计准则——基本准则》规定:企业应当划分会计期间,分期结算账目和编制财务报告。会计分期,亦称会计期间,是指将一个企业持续经营的生产经营活动划分为一个个连续的、长短相同的期间。

会计分期假设确定了会计工作的时间界限,在会计分期前提下会计应当划分会计期间,分期结算账目和编制财务报告。在我国,以公历年度作为企业会计年度,即从公历1月1日起至12月31日止。短于一个完整会计年度的会计分期称为会计中期,包括半年度、季度和月度。

最大的会计分期是年度,公司每年都会出一次年度会计报表。其次还有半年度、季度和月度。月度是最小的会计分期,绝大多数公司都会在每个月月末结一次利润,出一次会计报表。具体的会计分期如图2-5所示。

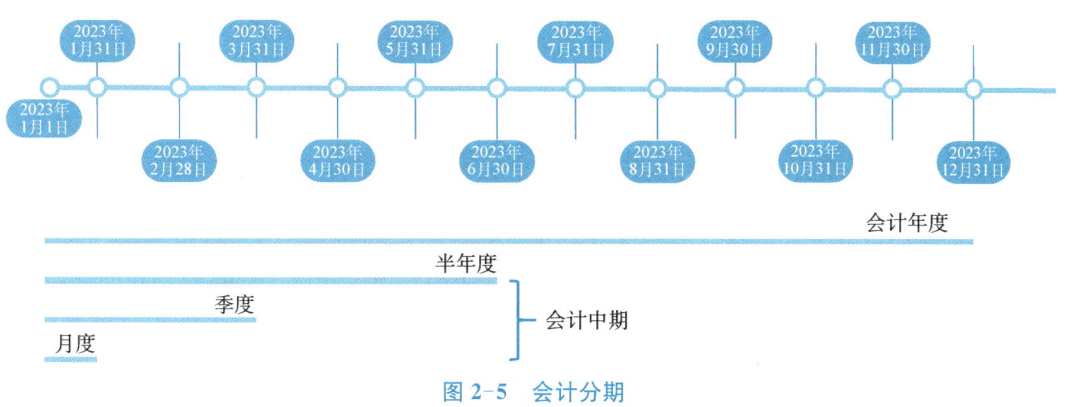

图2-5 会计分期

> **人生三境界**
>
> 古今成大事者,必经三种境界:"昨夜西风凋碧树,独上高楼,望尽天涯路。"此第一境界也。"衣带渐宽终不悔,为伊消得人憔悴。"此第二境界也。"众里寻他千百度,蓦然回首,那人却在,灯火阑珊处。"此第三境界也。古人圣贤,信手拈来中道破会计与人生。

2-3 会计分期

四、货币计量

货币计量是指会计主体在会计确认、计量和报告时采用货币作为统一的计量单位,反映会计主体的生产经营活动。对企业经济活动的计量,存在着多种计量单位,如实物数量、货币、重量、长度、体积等。人们通常把货币以外的计量单位称为非货币性计量单位。由于各种经济活动的非货币计量单位具有不同的性质,因而在量上无法比较。为了连续、系统、全面、综合地反映企业的经营活动,会计核算客观上需要一种统一的计量单位作为会计核算的计量尺度。货币计量确定了会计核算的主要计量单位。

单位的会计核算应以人民币作为记账本位币。业务收支以人民币以外的货币为主的单位,也可以选定其中一种货币作为记账本位币,但是编制的财务会计报告应当折算为人民币。在境外设立的中国企业向国内报送的财务会计报告,也应当折算为人民币。

2-4 货币计量

上述会计核算的四项基本假设,具有相互依存、相互补充的关系。会计主体确立了会计核算的空间范围,持续经营与会计分期确立了会计核算的时间长度,而货币计量则为会计核算提供了必要手段。没有会计主体,就不会有持续经营;没有持续经营,就不会有会计分期;没有货币计量,就不会有现代会计。

2-5 会计基本假设下的人生感悟

会计基本假设下的人生感悟

货币计量假设下,资产负债表所呈现的资产仅限于可以货币计量的经济资源,受计量手段所限,会计对资产的专业定义很狭窄,这也许是会计报表永远的"伤痛"。

任务三　会计核算基础

一、会计核算基础概念

会计核算基础又称为会计处理基础,是指在确认和处理一定会计期间收入和费用时,选择的处理原则和标准,其目的是对收入和支出进行合理配比,进而作为确认当期损益的依据。

在实务中,企业交易或事项的发生时间与相关货币收支时间有时并不完全一致。例如,款项已经收到,但销售并未实现;或者款项已经支付,但并不是为本期生产经营活动而发生的;所以运用的会计基础不同,对同一企业、同一期间的收入、费用和财务成果,会计核算出现的结果也不同。

会计核算基础有权责发生制和收付实现制两类,为了更加真实、公允地反映特定会计期间的财务状况和经营成果,《企业会计准则——基本准则》规定,企业应当以权责发生制为基础进行会计确认、计量和报告。

二、权责发生制

权责发生制又称应计制或应收应付制,是指在会计核算中,以权利和责任的发生作为收入实现和费用发生的标志,并以此来确认收入和费用的归属期。凡是本期已经实现的收入和已经发生或应当负担的费用,无论款项是否收付,都应当作为本期的收入和费用入账;凡是不属于本期的收入和费用,即使款项已在本期收付,也不应当作为本期的收入和费用入账。

在交易或者事项的发生时间与相关款项收付时间不一致时,权责发生制的处理如表 2-2 所示。

表 2-2 权责发生制的处理

情形	权责发生制的处理
本期款项已经收到,但销售并未实现	不确认收入
款项已经支付,但与本期的生产经营活动无关	不确认费用

权责发生制的智慧

用权责发生制思维践行漫长人生。未雨绸缪,常备不懈,目光长远,深谋远虑。在权责发生制看来,当下的不紧急是暂时的,时光不会停歇,再遥远的未来终会到来,近在咫尺。

2-6 权责发生制的智慧

三、收付实现制

收付实现制是与权责发生制相对应的一种会计记账基础,它以款项的实际收到或实际支付为标准来确定本期收入和费用。

按照收付实现制的处理,凡是在本期收到的款项计入本期收入,本期付出的款项计入本期费用。对于应收、应付、预收、预付等款项均不予以调整。收付实现制核算的程序比较简单,适用于业务简单、信用不发达的商品经济发展的初期。随着商品经济的发展和信用制度的产生,收付实现制因不能正确计算当期的收入和费用而逐渐被权责发生制所取代。

在交易或者事项的发生时间与相关款项收付时间不一致时,收付实现制的处理如表 2-3 所示。

表 2-3 收付实现制的处理

情形	收付实现制的处理
本期款项已经收到,但销售并未实现	确认收入
款项已经支付,但与本期的生产经营活动无关	确认费用

【例 2-1】 根据富强公司 2023 年 1 月份发生的具体业务结合权责发生制和收付实现制计算企业本月的收入和费用,经济业务如下。

(1) 1 月 1 日,租赁员工宿舍 5 间,每月租金 5 000 元,向房东一次性交付季度租金 15 000 元。

(2) 1 月 1 日,从建设银行借入 100 000 元,期限 1 年,年利率 7.2%,借款当天到账。

(3) 1 月 8 日,销售给客户南宁永和超市有限公司电饭煲一批,合计价款 450 000 元,款项尚未收到。

(4) 1 月 10 日,收到上月金华银河商贸所欠货款 300 000 元。

(5) 1 月 13 日,购买办公用品一批,以现金支付 2 000 元。

(6) 1 月 15 日,以银行存款预付原材料定金 15 000 元。

(7) 1 月 31 日,支付月初借入建行利息 600 元。

(8) 1 月 31 日,本月水电费 2 108 元,尚未支付。

权责发生制和收付实现制的比较如表 2-4 所示。

表 2-4　权责发生制和收付实现制的比较　　　　　　　　单位:元

业务序号	权责发生制		收付实现制	
	收入	费用	收入	费用
1	—	5 000	—	15 000
2	100 000	—	100 000	—
3	450 000	—	—	—
4	—	—	300 000	—
5	—	2 000	—	2 000
6	—	—	—	15 000
7	—	600	—	600
8	—	2 108	—	—
合计	550 000	9 708	400 000	38 000

任务四　会计信息质量要求

会计信息质量要求是对会计核算工作提出的基本要求,是使财务报告中所提供的会计信息对使用者决策有用所应具备的基本特征。会计信息质量要求包括:可靠性、相关性、可理解性、可比性、实质重于形式、重要性、谨慎性和及时性等八项内容。

一、可靠性原则

可靠性原则要求企业应当以实际发生的交易或事项为依据进行确认、计量和报告,如实反映企业的财务状况和经营成果,做到内容真实,数字准确,会计信息真实可靠。

可靠性要求企业做好以下几个方面的工作:

(1) 会计核算以实际发生的交易或事项为依据进行确认、计量,将符合会计要素定义及其确认条件的会计要素等如实反映在会计报表中。如果会计核算不是以实际发生的交易或事项为依据,为使用者提供虚假的会计信息,会误导信息使用者甚至使之做出错误决策。

2-7　可靠性原则

(2) 财务报告中的信息必须是中立的、客观的。如果企业财务人员在进行会计处理时不客观,为了达成企业在财务报告中的预估效果,通过一定方法导致会计信息错误将会影响会计信息者的决策。

二、相关性原则

相关性原则要求企业会计核算提供的会计信息应当与财务会计报告使用者的经济决策需要相关,有助于财务报告使用者对企业过去、现在或者未来的情况做出评价或预测。即信息必须与决策相关,有助于决策,不仅能够帮助信息使用者评价企业过去的决策,还能够利用提供的信息预测企业未来的状况,如未来的盈利情况、未来的现金流量等。

根据相关性原则,在收集、记录、处理和提供会计信息过程中必须充分考虑所有会计信息使用者,而不是针对某一类的信息者而言的。例如,投资者更关心企业的盈利能力,而债权人更关心企业的偿债能力,所以为了满足各个利益体的需要,除了提供具有共性的信息外,还需要尽可能提供特定用途的信息。

相关性原则

关于人生价值,诗仙李白一语道破:
天生我材必有用,千金散尽还复来。

2-8　相关性原则

三、可理解性原则

可理解性原则又称为明晰性原则,要求企业提供的会计信息应当清晰明了,便于会计信息使用者理解和使用。

企业提供会计信息的目的在于使信息使用者有效使用会计信息,让其了解会计信息的内涵,弄懂会计信息的内容,这就要求提供的会计信息清晰明了,易于理解。

根据可理解性原则,会计记录应当准确、清晰,填制会计凭证、登记会计账簿必须做到依据合法、账户对应、关系清楚、文字摘要完整;在编制会计报表时,项目勾稽关系清楚、项目完整、数字准确。

2-9　可理解性原则

四、可比性原则

可比性原则要求企业提供的会计信息相关指标口径应当一致、相互可比。可比性主要包括纵向可比和横向可比。

纵向可比是指同一企业不同时期发生的相同或者相似的交易或事项,应当采取相同的会计处理方法,会计处理方法不能随意变更,确保会计信息口径一致、相互可比。需要变更时,应在附注中说明。

横向可比是指不同企业相同时期发生的相同或者相似的交易或事项,应当采用同一会计政策,确保会计信息口径一致、相互可比。

可比性原则要求企业的会计核算都应按照国家统一会计制度的规定进行,使所有企业的会计核算都建立在相互可比的基础上。会计处理方法的统一是保证会计信息可比的基础。

2-10　可比性原则

五、实质重于形式原则

实质重于形式原则要求企业应当按照交易或事项的经济实质进行会计确认、计量和报告,而不仅仅以交易或事项的法律形式作为会计核算的依据,这里的"形式"指的是法律形式,"实质"是指经济实质。简单来说就是会计应当注重经济业务的实质,而不拘泥于法律条文。

企业发生的交易或事项在多数情况下,其经济实质与法律形式是一致的,但也有例外。例如,企业融资租入的固定资产,法律上的财产所有权并不属于承租人,但承租人根据租赁合同可以长期控制和使用该财产,并为自身带来经济利益,符合资产的定义和确认条件,因此,承租人要将其确认为资产,列入企业的资产负债表。

2-11 实质重于形式原则

实质重于形式原则

实质重于形式原则启发我们独立思考,透过现象直击本质。

六、重要性原则

重要性原则是指如果某项会计信息的报错和漏报,会引起使用者的误解或导致决策失误,则称该事项或信息是重要的。重要性原则要求企业提供的会计信息应当反映与企业的财务状况、经营成果和现金流有关的所有重要交易或事项。

重要性的应用依赖于会计人员的职业判断,依据企业所处的经济环境和实际情况,可以从项目的性质和金额大小这两方面加以判断。但衡量重要性的标准不统一,要具体情况具体分析。对于重要的经济业务,应当单独核算和分项反映,力求准确,并在财务报告中做重点说明。对于次要的会计事项,在不影响会计信息真实性和不至于误导财务报告使用者做出正确判断的前提下,可以适当简化或合并反映。

2-12 重要性原则

重要性原则

坚持重要性原则,会计信息既要全面反映,更要突出重点,注重对经济活动和经营决策有重大影响和有重要意义的关键性业务的精细核算,把握实质,抓住关键。

七、谨慎性原则

谨慎性原则又称稳健性原则,是指企业对交易或事项进行确认、计量和报告应当保持应有的谨慎,即在存在不确定因素的情况下做出判断时,不应高估资产或者收益、低估负债或者费用。谨慎性原则的目的在于避免虚夸资产和收益,抑制由此给企业生产经营带来的风险,有利于企业做出正确的经营决策,保护所有者和债权人的利益。比如,在存货、有价证券的市价低于成本时需要计提相应的减值准备,这体现了谨慎性原则。当然,谨慎性原则也不能滥用,会计准则中明令禁止提取各项不符合规定的减值准备。

2-13 谨慎性原则

八、及时性原则

及时性原则是指企业对于已经发生的交易或事项,应当及时进行会计确认、计量和报告,不得提前或延后。如果企业的会计核算不能及时进行,会计信息不能及时提供,就不利于企业的经营决策和保持企业的竞争力。

及时性原则要求企业在经济业务发生后及时取得有关凭证,及时处理会计信息,在规定的期限内及时编制财务报告,及时传递会计信息给会计信息的使用者进行决策。

2-14　及时性原则

会计信息质量特征与人生格局

会计信息的质量要求是会计信息需要达到的质量要求,是会计人员生成会计信息的思维及行为约束,是会计思维之魂。满足会计信息使用者需求是会计信息的出发点和归宿,会计信息质量要求内涵丰富而深刻,立足他人需求,秉承可靠性、相关性、可理解性、可比性、实质重于形式、重要性、谨慎性和及时性的原则。

会计信息质量特征的逻辑隐藏着人生格局,若隐若现,识得庐山真面目,只缘眺出此山中。

2-15　会计信息质量特征与人生格局

 思政德育

【关键词】"法律责任""社会责任感""依法行事""违法必究""虚构信息"

【政策方向】

(1) 习近平总书记在党的二十大报告中指出,"加快建设法治社会。弘扬社会主义法治精神,传承中华优秀传统法律文化,引导全体人民做社会主义法治的忠实崇尚者、自觉遵守者、坚定捍卫者,努力使尊法学法守法用法在全社会蔚然成风"。

(2) 2019 年修订的《中华人民共和国证券法》首次设专章详细规定了上市公司的信息披露制度。例如,明确规定信息披露义务人披露的信息,应当真实、准确、完整,简明清晰,通俗易懂,不得有虚假记载、误导性陈述或者重大遗漏。另外,如涉及财务造假,可能还将违反《公司法》《会计法》的相关规定。

(3)《中华人民共和国刑法》(以下简称《刑法》)规定,依法负有信息披露义务的公司、企业向股东和社会公众提供虚假的或者隐瞒重要事实的财务会计报告,或者对依法应当披露的其他重要信息不按照规定披露,严重损害股东或者其他人利益,或者有其他严重情节的,对其直接负责的主管人员和其他直接责任人员,处 3 年以下有期徒刑或者拘役,并处或者单处 2 万元以上 20 万元以下罚金。

任务五　会计方法

一、会计的方法体系

会计方法是用于反映和监督会计对象、完成会计任务、充分发挥会计作用的方法。

由于会计对象不是唯一的,在对会计对象的预测、监督、反映、检查等活动中,主体的不一致自然处理方法也是多样的,这就形成了多种会计方法。

会计方法包括会计核算、会计分析、会计检查、会计预测、会计决策和会计控制六种方法。

(1) 会计核算方法是对会计对象进行连续、系统、全面、综合记录、计算、反映和监督的方法。

(2) 会计分析方法是对企业的经营过程及其经营成果进行定性和定量的分析方法。

(3) 会计检查方法是考核、检查企业生产经营过程或单位的经济业务是否合理、合法、标准的方法。

(4) 会计预测方法是对会计主体的财务指标及未来发展趋势作出测算、预计的方法。

(5) 会计决策方法是按照财务指标的目标从所有备选方案中选择出最优方案的方法。

(6) 会计控制方法是利用会计信息对资金运动进行控制的方法。

对于会计工作中使用的各种方法,这些方法紧密联系构成了完整的会计方法体系。其中,会计核算方法是基本方法,会计分析方法是对会计核算方法的延展,会计检查方法是会计核算方法和会计分析方法的保证。

会计核算作为基础,也是会计的基本环节,因此,本教材对会计方法的论述,重点放在会计核算方法上。

二、会计核算方法

会计核算方法一般包括设置会计科目和账户、复式记账、填制和审核会计凭证、登记会计账簿、成本计算、财产清查、编制财务会计报告等七种具体方法,如图2-6所示。

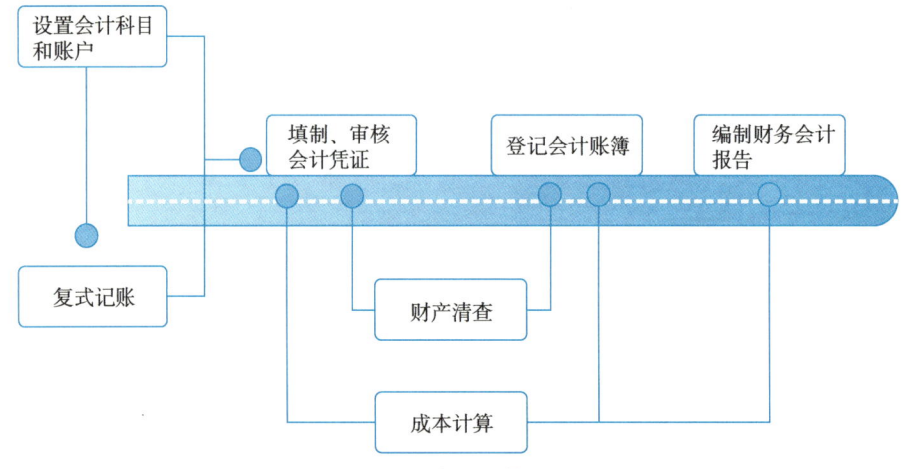

图 2-6　会计核算方法

(一) 设置会计科目和账户

会计科目是按照经济业务的内容和经济管理的要求,对会计要素进行分门别类核算的项目。在进行会计核算时,需要根据具体的核算项目设置各自的核算账户用于记录会计对象的增减变化及其结果,如库存现金账户、银行存款账户、存货账户等,而这些账户的名称就是依据会计科目设置的。通过设置账户,可以分类、连续记录各项经济业务,取得经济管理所需的数据资料。

【例2-2】 承[例2-1]1月份发生业务(2)1月1日从建设银行借入100 000元,期限1年,年利率7.2%,借款当天到账。

【分析】 在"银行存款"账户和"短期借款"账户中分别反映,银行存款增加了6 000元,短期借款增加了6 000元。

(二) 复式记账

复式记账是指对每一笔经济业务,都以相同的金额,同时在相互联系的两个或两个以上的账户中进行登记。采用复式记账方法既能全面、完整、相互联系地反映经济业务,也便于检查账簿记录的准确性,它是一种科学的记账方法。

(三) 填制和审核会计凭证

会计凭证是记录经济业务交易或事项发生和完成情况的书面证明,是登记账簿的依据。《会计基础工作规范》明确规定会计机构、会计人员要根据审核无误的原始凭证填制记账凭证。具体来说是会计核算要以经济业务发生或完成时所形成的原始凭证为依据,审核经济业务是否合理合法,并根据经济业务的原始凭证编制正确的记账凭证。本教材项目五编制会计凭证中,将介绍填制和审核会计凭证的有关内容。

(四) 登记会计账簿

登记会计账簿简称记账、过账,是指以会计凭证为依据,用以全面、系统、序时、分类地登记经济业务的簿籍。《会计基础工作规范》明确规定各单位应当按照国家统一会计制度的规定和会计业务的需要设置会计账簿。会计账簿包括总账、明细账、日记账和其他辅助性账簿。本教材项目六设置和登记会计账簿中,将介绍登记会计账簿的有关内容。

(五) 成本计算

成本计算是把生产、经营过程中所发生的成本、费用进行归类,以确定各项的总成本和单位成本的一种专门方法。成本计算能够提供正确的成本数据,为成本决策提供依据,帮助企业实现成本控制,增强企业活力。成本计算的主要方法有先进先出法、移动加权平均法、个别计价法、全月平均法等。

(六) 财产清查

财产清查是指通过盘点实物、核对账目,确定各项财产物资、货币资金、往来款项的实际结存数,查明实际结存数和账簿记录结存数是否相符的一种会计核算专门办法。《会计法》规定,各单位应当定期将会计账簿记录与实物、款项及有关资料相互核对,保证账实相符、账证相符、账账相符、账表相符。本教材项目七财产清查中,将介绍财产清查的有关内容。

(七) 编制财务会计报告

编制财务会计报告是以书面报告的形式定期总括地反映企业财务状况、经营成果、现金流入流出情况的一种专门方法。财务会计报告包括会计报表及其附注和其他应当在财务会计报告中披露的相关信息和资料。其中会计报表至少应当包括资产负债表、利润表、现金流量表等。

这七种具体方法按照理论和实际工作需要可以划分成两种:一是基本理论方法;二是实务工作方法。设置会计科目和账户、复式记账、成本计算、财产清查属于必须掌握的基本理论方法,而会计工作过程是由填制和审核会计凭证、登记会计账簿、编制财务会计报告三种方法组成的,这部分则是实务工作要求的三大内容。

理论方法对实务工作方法起到指导作用,设置会计科目和账户是会计核算方法的起点,复式记账是填制会计凭证和登记账簿的理论依据,成本计算为填制会计凭证和登记账簿提供数据支持,财产清查是登记账簿的安全保障。

2-16 人生会计,会计人生

致会计人:

学会理论指导实践,深刻了解各大方法之间的关系,做到准确运用会计核算方法,为会计职业道路添砖加瓦。

 项目小结

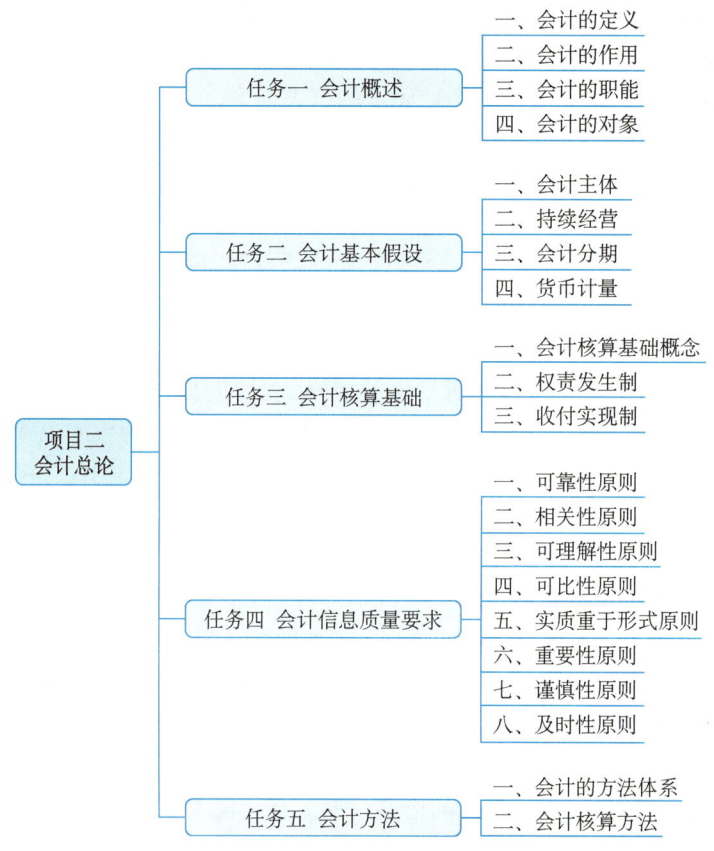

项目三　会计核算基本原理

学到的东西,不能停留在书本上,不能只装在脑袋里,而应该落实到行动上,做到知行合一、以知促行、以行求知,正所谓"知者行之始,行者知之成"。

——2018年5月2日,习近平总书记在北京大学师生座谈会上的讲话

 **教学目标**

知识目标

明确会计要素的概念和内容;掌握各会计要素的特点;理解会计等式的概念和内容;掌握会计账户的基本结构;理解复式记账法概念及种类;理解试算平衡方法。

技能目标

能够识别会计要素对应的科目;熟练运用会计等式原理进行记账;正确设置会计账户;能够使用借贷记账法编制会计分录;熟练运用试算平衡方法检查账户。

素养目标

分析会计行为的善恶;强化职业道德素养;树立正确的世界观、人生观、价值观。

会计行业最神秘的两个字

会计行业里,有两个字,深奥无比!

会计人员口里,有两个字,博大精深!

它,包罗万象! 它,海纳百川! 它便是,会计行业里最神秘的两个字——其他。

其他这两个字发扬了会计界中的"哪里需要哪里搬"的精神。对于所有内容大包大揽,任你关联不关联,统统包含在内,但凡是有金额小、数量多、说不清、道不明的项目,就是"其他"的管辖范围。

小李对"哥俩好零食店"近期经营情况做了简要统计,如表3-1和表3-2所示。

从表3-1和表3-2中可以看出,"哥俩好零食店"的整体效益是不错的,是有盈利的。资产负债表中的关键词有资产、负债、所有者权益。利润表中的关键词有收入、费用、利润。

同时可以看出"其他"这两个字也身在其中,如资产负债表中的其他流动资产、其他负债,利润表中的其他收入。

表 3-1　资产负债表　　　　　　　　　　　　　　　　　　单位：元

资产		负债	
现金	6 200	借款	0
零食	3 000	其他负债	300
其他流动资产	1 800	所有者权益	
		投资	8 500
固定资产	1 000	盈利	3 200
总资产	12 000	负债及所有者权益	12 000

表 3-2　利润表　　　　　　　　　　　　　　　　　　　　单位：元

项目	金额	项目	金额
销售收入	10 800	运输费	800
零食	9 800	存储费	200
其他(包装物、鲜花)	1 000	其他费用	200
商品销售成本	5 200	总费用	2 400
毛利	5 600	净利润	3 200
人工费	1 200		

思考： "哥俩好零食店"的"其他"项目占比情况怎么样？销售收入、商品销售成本等按照小李的划分方式是否可取？小李的划分依据是什么？该如何理解资产、负债、所有者权益、收入、费用、利润等项目？

任务一　会计要素及会计等式

一、会计要素的定义

会计要素是对会计对象的基本分类，是会计对象的具体化。会计对象反映了企业以货币表现的经济活动即资金运动，因而会计要素自然只能包括与企业资金运动相关的会计事项，学习会计要素有利于了解企业经济业务的总体情况，为后续的设置账户、复式记账和编制会计报表提供了重要的理论依据。

会计要素也称为财务报告要素或会计报表要素。《企业会计准则——基本准则》规定，企业应当按照交易或事项的经济特征确定会计要素，主要包括资产、负债、所有者权益、收入、费用和利润。

二、会计要素的内容

按照会计要素所反映的内容不同，可以分为反映财务状况的要素和反映经济成果的要素。反映财务状况的要素包括：资产、负债和所有者权益，也可以称为资产负债表要素；反映经营成果的要素包括收入、费用和利润，也可以称为利润表要素。

会计与高效能人士7个习惯

习惯6：以终为始，自我领导

"以终为始"从最终目标结果出发，反向倒推，分析并罗列实现目标的关键要素和主要矛盾，预见潜在的问题和风险。会计要素集会计逻辑终点与起点于一身，会计要素为始亦为终，连结分录账簿与报表，核算会计逻辑与技法一脉相承，不忘初心，方得始终。

3-1 思想感悟

（一）反映财务状况的会计要素

1. 资产

1）资产的含义

资产是指企业过去的交易、事项形成并由企业拥有或控制的、预期会给企业带来经济利益的资源。

2）资产的特征

（1）资产是由过去的交易或事项形成的。这是对资产产生时间的界定，资产界定重点在于"过去"，即资产是由过去的交易、事项形成的。过去的交易、事项包括购买、生产、建造行为或其他交易或者事项，正在进行的和未来产生的事项都不能称为资产，如已经建造完成并投入使用的办公大楼形成企业的固定资产，在未来5年内计划动工的办公大楼则无法形成企业的一项资产。

资产必须是现实资产，是过去发生的交易或事项产生的结果，一定不能是预期的资产。未来交易或事项以及未发生的交易或事项可能产生的结果，不属于现在的资产，不得作为资产确认。

（2）资产是为企业所拥有或控制的。这是对资产性质的界定，重点在于资产是否是企业所拥有或者控制的，具体需要满足以下任意一个条件：一是拥有该资产的所有权；二是虽不具有对资产的所有权，但是对该项资产具有控制权。例如：企业融资租赁的资产，从法律上是属于租赁性质，虽然所有权不属于承租方，但是按照实质重于形式原则，该资产租赁期届满时，资产的所有权可能会转移给承租人，或承租人有购买资产的选择权。因此，承租方实质上享有该资产的控制权及其所带来的经济利益，该资产就应作为承租方的资产予以确认。

 温馨提示：

控制权：拥有支配的权利，但不一定是属于你的。

使用权：你有权使用的东西，但不一定是属于你的。

所有权：这东西是你的，你有使用和支配的权利。

> 例如,你有一辆自行车,如果自己使用,则拥有它的所有权和使用权。如果你让甲使用,则你拥有它的所有权,但是把使用权给了甲。至于控制权,要看具体的协议约定。

(3) 资产能够直接或间接地给企业带来经济利益。这是对资产本质特征的界定。作为资产必然是会给企业带来未来经济利益的资源。所谓的经济利益是指直接或间接流入企业的现金或现金等价物。

例如,厂房、设备、存货、债权,都应能直接地(通过销售手段)或间接地(通过成本价值的转移)给企业带来经济利益。那些长期无法收回的款项、严重损坏而无法使用的设备等,不能为企业带来经济利益的,就不能再作为资产,应当确认为费用或者损失。

3) 资产的流动性

资产按流动性分类可分为流动资产和非流动资产,如图3-1所示。

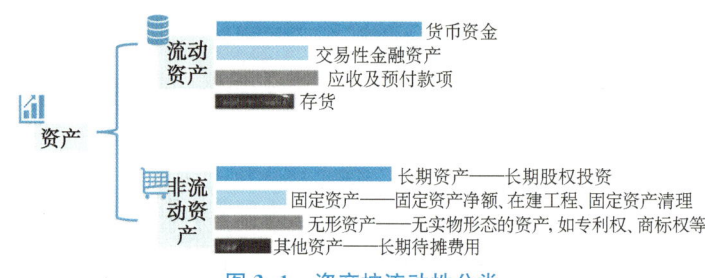

图3-1 资产按流动性分类

流动资产是指现金以及其他能在1年或超过1年的一个营业周期以内变现、出售或被耗用的资产。营业周期是指企业自投入资金——购买原料——制成产品——销售产品——再收回资金的过程。流动资产通常包括货币资金、交易性金融资产、应收及预付款项、存货等。

非流动资产是指在1年以上或超过1年的一个营业周期以上才能变现或被耗用的资产,通常包括长期资产、固定资产、无形资产和其他资产等。

实训3-1 资产要素的分辨

场景:国泰文具店开业初期,花了1 000元批发了文具,剩余500元现金。台账如表3-3所示。

表3-3 台账　　　　　　　　　　　　　　　　　　单位:元

国泰文具店拥有的东西		属于别人的	
现金	500	借款	500
文具	1 000	属于自己的	
		投资	1 000
合计	1 500	合计	1 500

请问,表3-3中哪些是属于资产的内容呢?

2. 负债

1) 负债的含义

负债是指企业过去的交易或事项形成的,预期会导致经济利益流出企业的现时义务。

2) 负债的特征

(1) 负债是由企业过去的交易或事项形成的。这是对负债形成时间的界定。负债和资产一样,都是由过去的交易或事项形成的,也就是说企业在未来发生的承诺、签订的合同等交易或事项,不能被确认为负债。

(2) 负债预期会导致经济利益流出企业。这是对负债本质特征的界定。只有在企业履行义务时导致经济利益流出企业的,才能被确认为负债,否则不能被确认为负债。企业履行偿债义务,导致经济利益流出企业的形式多种多样,一般是采用现金或实物资产方式清偿,还有以提供劳务形式清偿债务或通过举借新债的方式来清偿债务。

(3) 负债是企业承担的现时义务。这是负债的一个基本特征。现时义务是指企业在现行条件下已承担的义务。未来发生的交易或事项形成的义务不属于现时义务,不应当确认为负债。

3) 负债的分类

负债按流动性分类可分为流动负债和非流动负债,如图 3-2 所示。

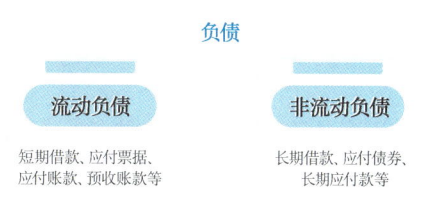

图 3-2　负债按流动性分类

 实训 3-2　负债要素的分辨

场景:国泰文具店开业初期,初始投入 1 000 元,由于存在资金缺口,所以向朋友借了 500 元。台账如表 3-4 所示。

表 3-4　台账　　　　　　　　　　　　　　　　　　　　　单位:元

国泰文具店拥有的东西		属于别人的	
现金	+500	借款	500
	+1 000	属于自己的	
		投资	1 000
合计	1 500	合计	1 500

请问,表 3-4 中哪些是属于负债的内容呢?

3-2 细说资产负债

细说资产负债

资产是指企业过去的交易或者事项形成的、由企业拥有或者控制的、预期给企业带来经济利益的资源。简单地说,资产就是能用来赚钱的东西。比如张某花了100万元投资了一套房产用于出租,每个月都有2 000元的租金回报,那么该套房产就是资产。因为它符合导致经济利益流入的条件。负债是指企业过去的交易或者事项形成的,预期会导致经济利益流出企业的现时义务。简单地说,负债就是需要你花钱的东西。以上述的房产为例,如果张某以首付30万元,贷款70万元买入该房产,抵押贷款利率5%,贷款年限是30年。假设张某每个月还款3 800元(等额本息法),那么该贷款是负债。因为该贷款导致张某每个月经济利益流出3 800元。

3. 所有者权益

1) 所有者权益的含义

所有者权益是指企业资产扣除负债后由所有者享有的剩余权益。公司的所有者权益又称为股东权益。《企业会计准则第30号——财务报表列报》规定,所有者权益按照实收资本(或股本)、资本公积、其他综合收益、盈余公积、未分配利润等项目分项列示。从定量关系上看,所有者权益等于资产减去负债后的差额。

2) 所有者权益的特征

所有者权益特征表现为:第一,所有者权益是一种剩余权益,除非发生减资、清算,企业不需要偿还所有者权益,具有资本的永久性。第二,所有者权益代表了所有者对企业经营成果的要求权和对企业资产的管理权,即所有者凭借其所有者权益参与企业税后利润的分配。第三,所有者权益清偿的顺序不同,企业清算时,只有在清偿所有的债务后,剩余的净资产才会被返还给所有者。

3) 所有者权益的分类

所有者权益包括实收资本(或股本)、资本公积、盈余公积和未分配利润四部分。盈余公积和未分配利润又统称为留存收益,是企业历年实现的净利润留存于企业的部分。

实收资本(或股本)是指企业按照合同、协议约定或相关规定,接受投资者投入企业的资本。

资本公积是指企业收到的投资者的出资额超过其在注册资本中所占份额的部分。资本公积可以按照规定的程序进行转增资本或股本。

盈余公积是指企业按照法律规定从税后利润中提取的法定盈余公积金和任意盈余公积金。

未分配利润是指企业实现的净利润,经过弥补亏损、提取法定盈余公积金和任意盈余公积金,向投资者分配利润后,留待以后年度分配的利润。

 温馨提示:

所有者权益与负债有着本质的不同,表现为:

(1) 负债要偿还,而所有者权益不需偿还。
(2) 企业清算时,负债要优先于所有者权益。
(3) 所有者权益参与企业经营决策及利润分配,而负债不能。

(二) 反映经营成果的会计要素

1. 收入

1) 收入的含义

收入是指企业在日常活动中形成的,会导致所有者权益增加的,与所有者投入资本无关的经济利益的总流入。按照日常经济活动分类,企业的收入可以分成销售商品的收入、提供劳务的收入以及让渡资产使用权收入。

2) 收入的特征

(1) 收入是企业在日常活动中形成的。收入是从企业的日常经营活动中产生的,而不是从偶发的交易或事项中产生的。日常活动是指企业为完成其经营目标所从事的经常性活动以及与之相关的活动,如工业企业制造并销售产品、软件企业为客户提供软件产品、租赁公司出租资产等。非日常活动是指偶然发生的,与主营业务无关的经济活动,如处置固定资产、接受捐赠、取得罚款收入等。非企业日常活动形成的经济利益的流入不能被确认为收入,而应当记入利得。

(2) 收入是与所有者投入资本无关的经济利益的总流入。收入会形成经济利益的流入,从而导致资产增加或者负债减少。但经济利益流入有时是所有者投入资本的增加所引起的,因此所有者投入资本的增加需要排除不能作为收入,而应当被确认为所有者权益。收入只包括本企业经济利益的流入,不包括为第三方或客户代收的款项,如增值税、代收利息等。

(3) 收入会导致所有者权益的增加。收入能使资产增加或负债减少,或两者兼而有之。例如,对于"哥俩好零食店"来说,采购一包辣条进价可能是 3.5 元,零售价 5 元,也就是说销售一包赚 1.5 元,在这个过程中企业购进辣条现金减少了 3.5 元,而卖出辣条收到现金 5 元,使资产增加了 1.5 元,这就是收入导致资产增加;又如"哥俩好零食店"用 6 包辣条抵了欠同学李浩的 30 元的债务,这相当于以 30 元的价格出售了辣条,然后把 30 元现金用来偿还债务,所以相当于收入的增加造成负债的减少。所以企业取得收入后一定会导致所有者权益增加,不会导致所有者权益增加的经济利益流入不符合收入的定义,不能被确认为收入。

3) 收入的分类

按经营活动的主次划分,收入可分为主营业务收入和其他业务收入,如图 3-3 所示。

主营业务收入是指企业为完成其经营目标而从事经常性活动实现的收入,如工业企业销售产品实现的收入、流通企业销售商品实现的收入、服务企业提供服务实现的收入等。

图 3-3 收入的范围

其他业务收入是指企业为完成经营目标所从事与经常性活动相关的活动实现的收入,

如工业企业的材料销售收入、租金收入、运输服务收入等。

2. 费用

1）费用的含义

费用是指企业在日常活动中发生的，会导致所有者权益减少的，与向所有者分配利润无关的经济利益的总流出。以工业制造业企业为例，生产过程中产生的材料费用、人工费用；管理部门日常发生的办公费、行政费、水电费都属于费用的范畴。

2）费用的特征

（1）费用是企业在日常活动中发生的。费用与收入一样，只有在日常活动中发生的，才能被确认为费用。非日常活动发生的偶发的交易或事项造成经济利益流出的不能被确认为费用，而应被记入损失。正确区分费用和损失的关键在于是否是在企业日常活动中发生的，两者的结果将会影响到企业的盈利能力的细化分析。

（2）费用是与向所有者分配利润无关的经济利益的总流出。费用表示支出，即费用的发生会导致经济利益流出企业，从而引起资产减少，或负债增加，两者兼而有之。但费用的发生与向所有者分配利润无关，因为企业向所有者分配利润造成经济利益的流出只能用于抵减所有者权益。

（3）费用会导致所有者权益的减少。费用是与企业收入相关的支出，一般情况下，可以把费用看作是企业利润的扣除因素，因此费用是所有者权益减少的因素，但所有者权益最终是否减少，还要看企业经济利益流入的情况。

3）费用的分类

费用按其归属对象的不同，可分为直接费用、间接费用和期间费用。直接费用是指因生产商品和提供劳务等而直接发生的费用，包括直接材料费用、直接人工费用、商品进价和其他直接费用。这些费用发生时，直接被记入企业的生产经营成本。间接费用是指企业各个生产单位（分厂、车间）为组织和管理生产经营活动而发生的各项费用，这些费用可以看作是与生产经营活动间接相关的费用，最终需要按照一定的分配标准计入生产经营成本，如车间管理人员的职工薪酬、车间固定资产的折旧费等制造费用。期间费用是指企业因组织和管理生产经营活动而发生的各项费用，包括销售费用、管理费用和财务费用，这些费用发生时，不能被记入生产经营成本，在发生的会计期间直接被记入当期损益。

费用按其与产品成本的关系，可分为记入产品成本的生产费用和不记入产品成本的经营管理费用。生产费用是指为生产产品而发生的应当记入产品成本的费用，包括直接材料费用、直接人工费用、燃料和动力费用、制造费用等。经营管理费用又称期间费用，是指与产品生产无直接关系，属于在经营管理过程中发生的，不记入产品成本，而直接记入当期损益的费用，包括销售费用、管理费用和财务费用。

3. 利润

1）利润的含义

利润是指企业在一定会计期间的经营成果。影响利润金额的因素包括收入、费用、直接计入当期损益的利得和损失等，如图3-4所示。

图3-4　利润的含义

2）利润的特征

利润表示一定会计期间的最终财务成果,利润的项目需要计入利润表,利润的确认和计量主要依赖于收入和费用以及直接计入当期的利得和损失的确认和计量。

企业会计的确认、计量、记录和报告应当遵循权责发生制会计处理基础和收入费用配比原则。

3）利润的分类

按配比方式和形成原因的不同,利润可分为营业利润、利润总额和净利润,如图3-5所示。

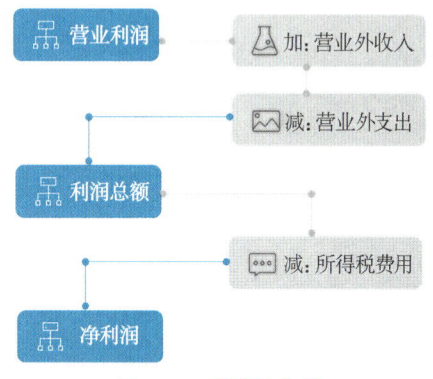

图3-5 利润的分类

营业利润是指营业收入减去营业成本、税金及附加、销售费用、管理费用、财务费用、资产减值损失,加上公允价值变动净收益、投资净收益后的金额。

利润总额是指营业利润加上营业外收入,减去营业外支出后的金额。

净利润是指利润总额减去企业所得税费用后的净额。

在上述六项会计要素中,资产、负债、所有者权益为资金运动的静态表现形式,被称为静态会计要素。它们反映企业在某特定日期的财务状况,并与资产负债表密切相关,是资产负债表的重要项目,因此也被称为财务状况会计要素或资产负债表会计要素。收入、费用、利润为资金运动的动态表现形式,被称为动态会计要素。它们反映企业在某一会计期间的经营成果和盈亏状况,与利润表密切相关,是利润表的重要项目,因此也被称为经营成果会计要素、利润表会计要素。

会计要素项目分类如图3-6所示。

三、会计要素的确认和计量

会计要素是组成会计报表的基本单位,其确认和计量是会计处理的重要环节。确认和计量是会计报表编制的前提,其恰当与否关系到会计信息的质量,也关系到会计目标能否实现。

(一) 会计要素的确认

会计要素确认是将符合会计要素定义并满足确认标准的交易和事项纳入会计报表的过程,会计要素的确认标准有:①可定义性;②相关性;③可计量性。

1. 可定义性

可定义性是指满足会计要素的定义要求。某一项目能否作为一项会计要素加以确认,

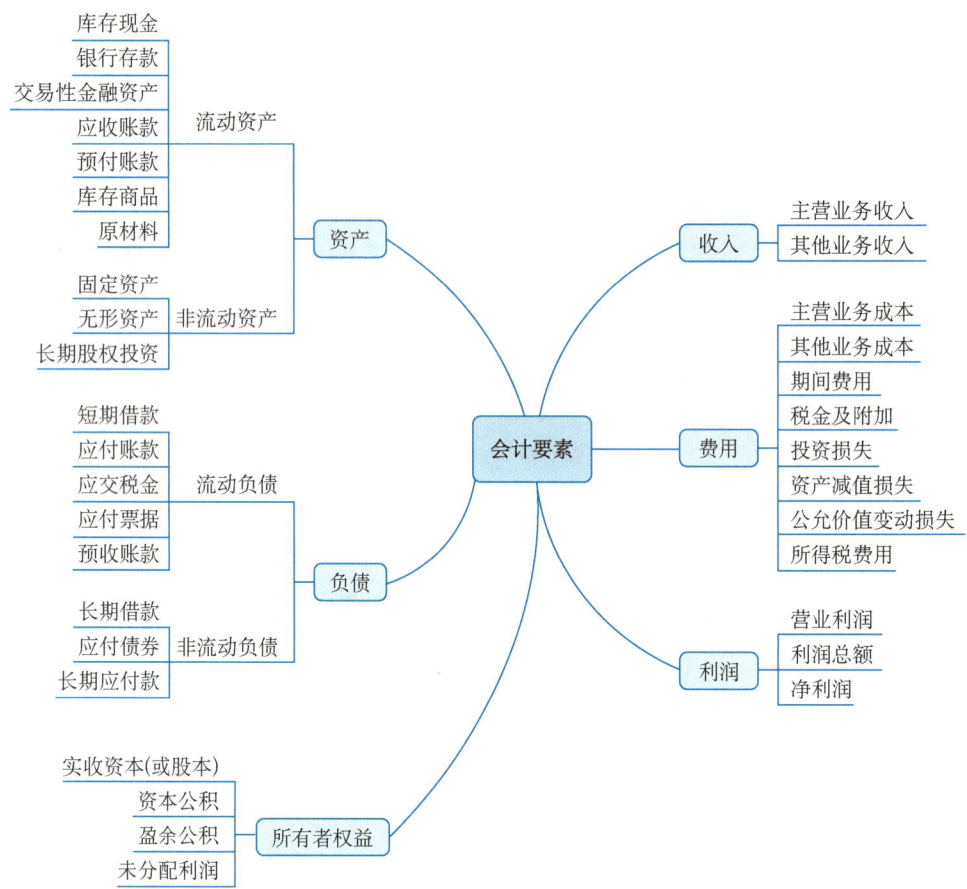

图 3-6　会计要素项目分类

首先必须满足该项会计要素的定义。例如,资产确认必须满足资产的定义,即企业过去的交易、事项形成并由企业拥有或控制的、预期会给企业带来经济利益的资源。

2. 相关性

相关性是指与该项目有关的经济利益很可能流入或流出企业。"很可能"要求经济利益流入或流出企业的可能性要达到 50% 以上。例如,资产的确认应当与经济利益流入的不确定性程度结合起来,根据所取得的证据,与资源有关的经济利益很可能流入企业,那么就应当将其作为资产予以确认。

 温馨提示:

会计上可能性判断标准:
(1) "基本确定"指发生的可能性大于 95% 但小于 100%。
(2) "很可能"指发生的可能性大于 50% 但小于或等于 95%。
(3) "可能"指发生的可能性大于 5% 但小于或等于 50%。
(4) "极小可能"指发生的可能性大于 0 但小于或等于 5%。

3. 可计量性

可计量性是指与该项目有关的经济利益能够可靠计量。例如,确认一项资产,必须是有关资源的成本或者价值能够可靠计量时。企业取得资产一般都会发生实际成本,只要实际发生的成本能够可靠地计量,就应视为符合资产的可计量性确认条件。例如,"哥俩好零食店"购买 1 箱伊能牛奶的成本是 50 元,因为 50 元的成本是能够确定的数字金额,所以这箱伊能牛奶就成了企业的资产。

(二) 会计要素的计量

会计计量是为了将符合条件的会计要素登记入账,并列报于会计报表而确定其金额的过程。企业应当按照规定的会计计量属性进行计量,确定相关金额。

1. 会计计量属性

会计计量属性通常是指用货币对会计要素进行计量时所采用的标准。从会计角度看,计量属性反映的是会计要素金额的确定基础,主要包括以下内容。

1) 历史成本

历史成本也称为实际成本,就是取得或制造某项财产物资时所实际支付的现金或现金等价物。

在历史成本计量下,资产按照购置时支付的现金或者现金等价物的金额,或者按照购置资产时所付出对价的公允价值计量。负债按照因承担现时义务而实际收到的款项或资产的金额或承担现时义务的合同金额计量,或者按照日常活动中为偿还负债预期需要支付的现金或者现金等价物的金额计量。

2) 重置成本

重置成本也称为现行成本,是指企业重新取得与其所拥有的某项资产相同或与其功能相当的资产需要支付的现金或现金等价物。

在重置成本计量下,资产按照现在购买相同或相似资产所需支付的现金或现金等价物的金额计量。负债按照现在偿付该项债务所需支付的现金或现金等价物的金额计量。

3) 可变现净值

可变现净值是指企业正常生产经营活动中,以预计售价减去进一步加工成本和销售所必需的预计税金、费用后的净值。

在可变现净值计量下,资产按照其正常对外销售所能够收到的现金或者现金等价物的金额扣减该资产至完工时将要发生的成本、估计的销售费用以及相关税金后的金额计量。可变现净值通常应用于存货计提资产减值准备情况下的后续计量。

4) 现值

现值是指对未来现金流量以恰当的折现率进行折现后的价值,是考虑货币时间价值的一种计量属性。

在现值计量下,资产按照预计从其持续使用和最终处置中所产生的未来净现金流入量的折现金额计量。负债按照预计期限内需要偿还的未来净现金流出量的折现金额计量。现值通常用于非流动资产可收回金额和以摊余成本计量的金融资产价值的确定。

5) 公允价值

公允价值是指市场参与者在计量日发生的有序交易中出售一项资产所能收到或者转移一项负债所需支付的价格。简单来说就是指在公平交易中,熟悉情况的交易双方自愿进行资产交换或者债务清偿的金额。

公允价值的最大特征就是它来自公平交易市场的确认,是一种具有明显可观察性和决策相关性的会计信息。公允价值主要应用于交易性金融资产和可供出售金融资产的计量等。

2. 会计计量属性运用原则

企业在对会计要素进行计量时,一般应当采用历史成本。例如,"哥俩好零食店"购入上好佳虾片一箱,购入时候支付的价款是 120 元,那么就应当以购入时发生的实际成本 120 元作为这箱虾片的计量金额。在某些情况下,为了提高会计信息质量,实现财务会计报告目标,企业会计准则允许采用重置成本、可变现净值、现值、公允价值计量的,应当保证所确定的会计要素金额能够取得并可靠计量。

历史成本反映资产、负债的过去价值,公允价值反映资产、负债的现时价值,是与历史成本对应的计量属性。与其他计量属性相比,历史成本的最大优势在于其可靠性。各种计量属性基本特征比较表如表 3-5 所示。

表 3-5 各种计量属性基本特征比较表

计量属性	时间序列	交易性质	交换价值类型	信息质量特征		实际操作的可行性
				可靠性	相关性	
历史成本	过去	实际	投入	强 ↕ 弱	弱 ↕ 强	易 ↕ 难
重置成本	现在	假定	投入			
可变现净值	未来	预期	产出			
公允价值	现在	假定	产出			
现值	未来	预期	产出			

四、会计等式

(一) 会计等式的含义

会计要素是对会计对象进行的分类,各项会计要素之间存在着数量关系,数量关系可以用数学公式来表示,而这种表示就是会计等式。

会计等式又称为会计平衡式或会计方程式,是反映会计要素之间平衡关系的计算公式。它不仅是会计核算方法的理论基础,而且是设置账户、复式记账、编制会计报表的理论依据。

(二) 会计等式的类型

1. 静态会计等式

1) 静态会计等式的含义

静态会计等式是反映财务状况的会计等式,其反映的是资产、负债和所有者权益之间的数量关系。

$$资产 = 负债 + 所有者权益 \tag{1}$$

"资产=负债+所有者权益"作为最基本的会计等式,又称为第一会计等式或会计恒等式。它反映了企业在特定时点上资产的分布和权益的构成。

在对企业资产进行核算的过程中,需要考虑资产是从何而来,归之于谁。企业的资产都有其来源,而为企业提供资产来源的人,对企业的资产具有索偿权,这种索偿权在会计上称为权益。权益的方式有两种:一种是来自所有者(股东)的投入即所有者权益;另一种是来自债权人的提供的资金即债权人权益。因此资产表示企业拥有多少经济来源以及不同来源的分布情况;权益则表示资产的来源,即资产是由谁来提供、归谁所有的。

资产和权益表现出相互依存的关系,没有权益就没有资产,没有资产也就无所谓权益。从数量上看,企业有多少资产就必然有多少权益,反之有多少权益就也会有多少资产,无论企业经济活动如何变化,资产总额与权益总额永远保持平衡关系。两者之间的数量关系可以表现为:

$$资产 = 权益 \qquad (2)$$

$$资产 = 债权人权益 + 所有者权益 \qquad (3)$$

2)利用基本会计等式记录资产和权益的变动

资产总额和权益总额不是一成不变的,随着企业经营的深入,一定会发生影响会计要素的资金活动,这时候资产、负债和所有者权益会发生一定的增减变动,需要我们对其变动内容进行记录,基于会计基本等式"资产=负债+所有者权益",可以将增减变动的类型划分成四种:

(1)资产和权益同时增加。即资产与负债和所有者权益方同时增加,双方总额相等。

【例3-1】 小李和小张共同出资投入8 500元,并将款项存入银行。从会计等式角度分析该项经济业务。

【分析】 这项经济业务的发生,使得银行存款增加8 500元,会计等式左边资产增加;同时,因为收到投资使实收资本增加了8 500元,会计等式右边所有者权益增加。该项经济业务发生后会计等式左右两边同时增加,等式左右两边还是相等的。

$$\begin{array}{ccc} 资产 = & 负债 & + & 所有者权益 \\ +8\,500 & & & +8\,500 \end{array}$$

(2)资产和权益同时减少,即资产与负债和所有者权益方同时减少,双方总额相等。

【例3-2】 向银行支付短期借款利息3 000元,交通银行账户扣款。从会计等式角度分析该项经济业务。

【分析】 向银行支付短期借款利息计入负债科目"应付利息",向银行支付利息后企业的银行存款减少了3 000元,会计等式左边资产减少;同时本次支付利息,也减少了负债"应付利息",会计等式右边负债也等额减少。

$$\begin{array}{ccc} 资产 = & 负债 & + & 所有者权益 \\ -3\,000 & -3\,000 & & \end{array}$$

(3)资产项目之间有增有减,即权益项目保持不变,资产方内部项目有增有减,增减金额相等,双方总额不变。

【例3-3】 买入电脑一台,价值5 000元,以银行存款支付。从会计等式角度分析该项经济业务。

【分析】 企业购入电脑这项业务相当于增加了固定资产5 000元,会计等式左边资产增加;同时以银行存款支付了电脑款,银行存款减少5 000元,会计等式左边资产在减少。这项业务资产一增一减属于资产内部的增减变动,不会影响负债和所有者权益合计金额,等式左右两边还是相等的。

(4) 权益项目之间有增有减,即资产项目保持不变,权益方内部项目有增有减,增减金额相等,双方总额不变。

【例3-4】 向国富融资公司借入短期借款100 000元用于偿还上个月欠供应商海天机械加工厂货款100 000元。从会计等式角度分析该项经济业务。

【分析】 该项经济业务的发生在权益方的内部,一方面借入短期借款使得负债增加100 000元;另一方面偿还货款使得这一项负债减少100 000元,该业务属于负债内部的一增一减,不会影响资产和所有者权益金额,因此资产和权益还是相等的。

$$资产 \quad = \quad 负债 \quad + \quad 所有者权益$$
$$+100\ 000 \quad -100\ 000$$

2. 动态会计等式

动态会计等式是反映企业在某一特定期间经营成果的会计方程式,即收入、费用和利润之间的数量关系。

$$收入-费用=利润 \qquad (4)$$

这一会计等式被称为第二会计等式,是资金运动的动态表现,体现了企业一定时期内的经营成果。收入、费用和利润之间的上述关系,说明了企业利润的实现方式。企业在经营活动中会产生收入,同时取得收入的过程必然会发生一定费用,以此来核定企业在该期间所实现的经营成果。如果取得的收入大于支出的费用则会产生利润,如果取得的收入小于支出的费用则会产生负利润即亏损。

3. 综合会计等式

1) 综合会计等式的含义

企业在取得收入、发生费用的同时,对反映财务状况的会计要素也会产生影响,具体表现在:取得收入时,表现为资产要素和收入要素同时增加,或者是增加收入时减少负债;发生费用时,表现为费用要素增加和资产要素的减少,或者是增加费用时增加负债;在会计期末,利润按规定程序进行分配以后,留归企业所有的利润为企业所有者享有,即所有者权益增加;反之,如若发生亏损则所有者权益减少。所以企业资产、负债、所有者权益、收入、费用、利润之间存在着一种关联的数量关系。

$$资产=负债+所有者权益+(收入-费用) \qquad (5)$$

简化后为:

$$资产+费用=负债+所有者权益+收入 \qquad (6)$$

在会计期初,资金运动处于相对静止状态,企业既没有取得收入,也没有发生费用,因此会计等式为(3)。随着企业经营活动的进行,在会计期间内,会计等式由于收入和费用的发生将影响到(3),于是就进一步转化为反映静态等式和动态等式关联的(5)(6)。到了会计期末,企业将收入和费用相配比,计算出利润。则期末的会计等式转化为资产=负债+所有者权益+利润。在会计期末结账后,利润归入所有者权益,会计等式又恢复到会计期初的形式(3)。

可以看出,六项会计要素之间存在的等式关系全面地反映了企业资金运动的内在规律。企业的资金运动从某一具体时点上观察,可以看出资金的静态规律;从某一时期观察,又可以总结出资金的动态规律,动静结合的规律综合记录了企业的财务状况和经营成果。

会计等式总结

资产=负债+所有者权益(1)

资产=权益(2)

资产=债权人权益+所有者权益(3)

收入-费用=利润(4)

资产=负债+所有者权益+(收入-费用)(5)

资产+费用=负债+所有者权益+收入(6)

能量既不会凭空产生,也不会凭空消失,它只会从一种形式转化为另一种形式。套用能量守恒定律阐释会计恒等式的原理即资产既不会凭空产生,也不会凭空消失,它只会从一种要素转化为另一种要素。

3-3 会计等式

---

2) 利用综合会计等式记录收入和费用的变动

前面利用基本会计等式分析了资产和权益的变动,我们同样可以利用综合会计等式之间的等式关系来分析收入和费用的变动。

(1) 取得收入。

【例3-5】 本月店铺销售零食取得现金收入5 000元。从会计等式角度分析该项经济业务。

【分析】 该项经济业务的发生属于销售商品,销售商品让企业的收入增加了5 000元,同时由于收入增加带来了资产增加5 000元。等式左边的资产增加了5 000元,等式右边的收入也增加了5 000元,等式依然成立。

资产 ＋ 费用 ＝ 负债 ＋ 所有者权益 ＋ 收入
+5 000　　　　　　　　　　　　　　　　　　　　+5 000

(2) 发生费用。

【例3-6】 月末银行代扣水电费300元。从会计等式角度分析该项经济业务。

【分析】 该项经济业务的发生属于日常活动中产生的费用支出,费用账户增加了300元;费用是资产减少的原因,费用支出造成了银行存款减少300元。等式左边资产减少300元,费用增加300元,等式依然成立。

资产 ＋ 费用 ＝ 负债 ＋ 所有者权益 ＋ 收入
－300　　＋300

> **温馨提示：**
>
> 会计等式"资产＝负债＋所有者权益"按照数学符号的思维可以分为"＋、＋""－、－""＋、－""－、＋"四种情况，具体为：
> (1) 一项资产增加，另一项资产减少("＋、－")。
> (2) 一项负债增加，另一项负债减少("＋、－")。
> (3) 一项所有者权益增加，另一项所有者权益减少("＋、－")。
> (4) 一项资产增加，一项负债增加("＋、＋")。
> (5) 一项资产增加，一项所有者权益增加("＋、＋")。
> (6) 一项资产减少，一项负债减少("－、－")。
> (7) 一项资产减少，一项所有者权益减少("－、－")。
> (8) 一项负债减少，一项所有者权益增加("－、＋")。
> (9) 一项负债增加，一项所有者权益减少("＋、－")。

思政德育

【关键词】 "绿色生态""节能减排""民生福祉""大局观""环保财税风险"

【政策方向】

国务院印发《"十四五"节能减排综合工作方案》(以下简称《方案》)。《方案》指出，以习近平新时代中国特色社会主义思想为指导，全面贯彻党的十九大和十九届历次全会精神，深入贯彻习近平生态文明思想，坚持稳中求进工作总基调，立足新发展阶段，完整、准确、全面贯彻新发展理念，构建新发展格局，推动高质量发展，完善实施能源消费强度和总量双控、主要污染物排放总量控制制度，组织实施节能减排重点工程，进一步健全节能减排政策机制，推动能源利用效率大幅提高、主要污染物排放总量持续减少，实现节能降碳减污协同增效、生态环境质量持续改善，确保完成"十四五"节能减排目标，为实现碳达峰、碳中和目标奠定坚实基础。

情境

国内某企业在2014年9月至2017年4月期间为节省成本，在高浓度废水处理系统未运行的情况下，多次接收排污企业的高浓度废水，并利用暗管违法排放至长江。为逃避环保部门的监管，篡改在线监测仪器数据，致使二期废水处理系统长期超标排放污水。

经统计鉴定，该企业节省成本加违法所得共4 000多万元，但造成的生态环境损害数额达2.5亿元。涉事污水处理公司犯污染环境罪，判处罚金5 000万元，违法所得予以追缴上交国库；检察机关还对该污水处理企业提起刑事附带民事公益诉讼，要求涉事污水处理公司赔偿4.7亿元环境修复费用，获得法院支持。最终，这家污水处理公司的罚款金额加上环境修复费用达5.2亿元。据办案法官介绍，截至目前，这是国内开出的污染环境"最严厉罚单"。

【启示】

环保型企业不能只考虑利润，也要考虑民生福祉，要有社会责任感。不能只考虑眼前的利益，还要考虑长远的发展，要有大局意识。

环保型企业应充分考虑企业违反环保法规之后将面临的具体财税风险，如罚金数额、环境恢复的工程费用、企业停产整顿和间接经济损失等，甚至还要从违法层面分析主要负责人的法律责任风险。

资料来源：节选自中原新闻网《5.2亿！南京涉事企业污染长江获国内最严环保罚单，曾被督察组点名》。

任务二　会计科目与账户

一、会计科目

（一）会计科目的含义

不同经济业务产生的来源不同，最终反映的结果也不同。例如，企业货币资金是一种资产，但是根据保管及收付方式可以划分成银行存款和库存现金两类，这两类核算范畴是不一致的。"银行存款"科目核算企业的银行存款的收付结存情况，而"库存现金"科目则核算企业的库存现金的收付结存情况。货币资金仅仅是资产的冰山一角，管理起来相当复杂，因此为了更好地反映经济业务的变动情况，便于会计工作的细化管理，就需要设置具体的核算项目即会计科目。

会计科目是对会计要素进一步分类核算的项目，会计对象、会计要素、会计科目三者的关系如图3-7所示。

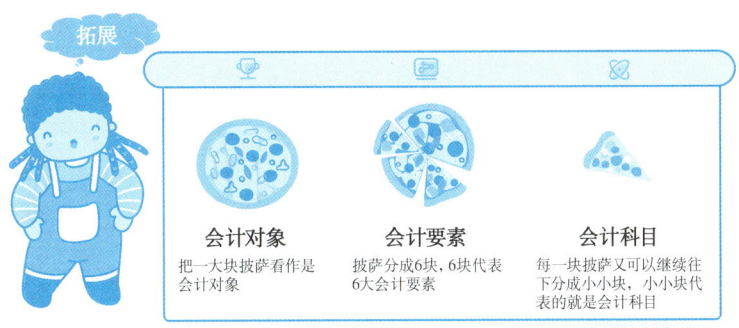

图3-7　会计对象、会计要素、会计科目三者的关系

会计科目是进行各项会计记录和提供各项会计信息的基础，设置会计科目是复式记账中编制、整理会计凭证和设置账簿的基础。

(二) 会计科目设置原则

会计科目的设置既要满足相关法律法规以及部门规章的基本要求,又要满足企业自身业务特点与会计核算的要求。为了更好地发挥会计科目的重要作用,会计科目设置应遵循以下基本原则。

1. 合法性原则

为了保证会计信息的可比性,设置的会计科目应当符合《企业会计准则》及国家统一会计制度的规定。在遵循统一的基础上,企业可以适当灵活调整,根据自身的生产经营特点,自行增设、减少或合并某些会计科目。

2. 相关性原则

会计科目的设置,应为提供有关各方所需要的会计信息服务,满足对外报告与对内管理的要求,提供与决策相关的会计信息。因此,设置会计科目必须对会计要素的具体内容进行分类,以分门别类地反映和监督各项经营业务,不能有任何遗漏,即所设置的会计科目应能覆盖企业所有的要素,同时可将会计科目按其所提供信息的详细程度划分为总分类科目和明细分类科目。

3. 稳定性原则

为了保证会计信息在不同时期可以进行对比分析,设置的会计科目应保持相对稳定,不得随意变动会计科目的名称和核算内容。

4. 简明性原则

设置会计科目时,要尽可能简明扼要,会计科目的名称应与其核算内容相一致,字义相符,内容确切,通俗易懂,不易产生误解。

(三) 会计科目的分类

会计科目的分类有助于分门别类地对经济业务进行核算和监督,按照不同的标准可以将会计科目分为不同的类型。

1. 按照会计科目反映经济内容的分类

1) 资产类会计科目

根据国家相关会计制度规定,反映资产类核算内容的会计科目,主要包括"库存现金""银行存款""其他货币资金""交易性金融资产""应收账款""原材料""库存商品""累计折旧""无形资产"等。

2) 负债类会计科目

根据国家相关会计制度规定,反映负债类核算内容的会计科目,主要包括"短期借款""应付账款""应付职工薪酬""长期借款""长期应付款"等。

3) 所有者权益类会计科目

根据国家相关会计制度规定,反映所有者权益类核算内容的会计科目,主要包括"实收资本""资本公积""盈余公积""本年利润""利润分配"等。

4) 共同类会计科目

根据国家相关会计制度规定,反映既有资产性质又有负债性质的共性会计科目,主要包括"衍生工具""套期工具""被套期项目"等,共同类会计科目多为金融、保险、投资、基金等公司使用。

5)成本类会计科目

根据国家相关会计制度规定,反映成本类核算内容的会计科目,主要包括"生产成本""制造费用""劳务成本""研发支出"等。

6)损益类会计科目

根据国家相关会计制度规定,反映损益类核算内容的会计科目,主要包括"主营业务收入""主营业务成本""其他业务收入""其他业务成本""公允价值变动损益""投资收益""销售费用""管理费用""财务费用"等。

2. 按照会计科目反映内容的详细程度划分

1)总分类科目

总分类科目又称为总账科目或一级科目,它是对会计要素各个大项进行分类,提供核算对象总括情况的科目。

2)明细分类科目

明细分类科目又称明细科目,是对总分类科目作的进一步分类,是对总分类科目的具体化和详细说明。如果有必要,还可以在二级科目下分设三级科目、四级科目等进行会计核算。

3)各级次会计科目的关系

各级次之间会计科目的关系体现为总分类科目统驭明细分类科目,也就是总分类科目反映的经济内容应当包括所属全部明细分类科目应当反映的经济内容;反之,明细分类科目所反映的经济内容不能超出总分类科目所反映的经济内容。

实际工作中,并不是所有的总账科目都需要开设二级和三级明细科目,根据会计信息使用者所需不同信息的详细程度,有些只需设一级总账科目,有些只需要设一级总账科目和二级明细科目,不需要设置三级科目等。"原材料"总账和明细账会计科目如表3-6所示。

表3-6 "原材料"总账和明细账会计科目

总账科目	明细科目	
(一级科目)	二级科目(子目)	三级科目(细目)
原材料	原料及主要材料	圆钢、角钢
	辅助材料	润滑剂、石炭酸
	燃料	汽油、原煤

(1)从交通银行南京支行提取现金500元。该项业务应设置"银行存款——交通银行南京支行"和"库存现金"科目。

(2)向南通雅尚光学有限公司(以下简称南通雅尚光学)购买原材料LED面板7 000元,款项尚未支付。该项业务应设置"原材料——LED面板"和"应付账款——南通雅尚光学"科目。

(3)某投资者投入设备一台,价值300 000元。该项业务应设置"实收资本"和"固定资产"科目。

(4)向客户北京天虹贸易有限公司(以下简称北京天虹贸易)销售冰箱一批,价值30 000元,货款尚未收到。该项业务应设置"主营业务收入——冰箱"和"应收账款——北京天虹贸易"科目。

(5) 生产部门使用的固定资产计提折旧。该项业务应设置"制造费用"和"累计折旧"科目。

(6) 计提企业所得税费用10 000元。该项业务应设置"所得税费用"和"应交税费——应交所得税"科目。

(四) 会计科目体系

1. 会计科目表

会计科目表包括两部分内容：一是会计科目编号，二是会计科目名称。

1) 会计科目编号

会计科目编号是对会计科目按照一定规则进行统一编号。

2) 会计科目名称

会计科目名称是按照会计科目反映的经济活动的内容确定的一个固定称谓。

2. 制造业会计科目表

根据现行《企业会计准则》的规定，会计科目表如表3-7所示。

表3-7 会计科目表

序号	编号	会计科目名称	序号	编号	会计科目名称	序号	编号	会计科目名称
一、资产类			一、资产类(续)			一、资产类(续)		
1	1001	库存现金	19	1223	应收分保未到期责任准备金	35	1411	委托加工物资
2	1002	银行存款				36	1412	包装物及低值易耗品
3	1003	存放中央银行款项	20	1224	应收分保保险责任准备金	37	1421	消耗性生物资产
4	1011	存放同业				38	1431	周转材料
5	1012	其他货币资金	21	1231	其他应收款	39	1441	贵金属
6	1021	结算备付金	22	1241	坏账准备	40	1442	抵债资产
7	1031	存出保证金	23	1251	贴现资产	41	1451	损余物资
8	1051	拆出资金	24	1301	贷款	42	1461	存货跌价准备
9	1101	交易性金融资产	25	1302	贷款损失准备	43	1501	待摊费用
10	1111	买入返售金融资产	26	1311	代理兑付证券	44	1511	独立账户资产
11	1121	应收票据	27	1321	代理业务资产	45	1521	持有至到期投资
12	1122	应收账款	28	1401	材料采购	46	1522	持有至到期投资减值准备
13	1123	预付账款	29	1402	在途物资			
14	1131	应收股利	30	1403	原材料	47	1523	可供出售金融资产
15	1132	应收利息	31	1404	材料成本差异	48	1524	长期股权投资
16	1211	应收保护储金	32	1406	库存商品	49	1525	长期股权投资减值准备
17	1221	应收代位追偿款	33	1407	发出商品			
18	1222	应收分保账款	34	1410	商品进销差价	50	1526	投资性房地产

(续表)

序号	编号	会计科目名称	序号	编号	会计科目名称	序号	编号	会计科目名称
一、资产类(续)			二、负债类(续)			二、负债类(续)		
51	1531	长期应收款	79	2003	拆入资金	109	2801	长期应付款
52	1541	未实现融资收益	80	2004	向中央银行借款	110	2802	未确认融资费用
53	1551	存出资本保证金	81	2011	同业存放	111	2811	专项应付款
54	1601	固定资产	82	2012	吸收存款	112	2901	递延所得税负债
55	1602	累计折旧	83	2021	贴现负债	三、共同类		
56	1603	固定资产减值准备	84	2101	交易性金融负债	113	3001	清算资金往来
57	1604	在建工程	85	2111	专出回购金融资产款	114	3002	外汇买卖
58	1605	工程物资	86	2201	应付票据	115	3101	衍生工具
59	1606	固定资产清理	87	2202	应付账款	116	3201	套期工具
60	1611	融资租赁资产	88	2205	预收账款	117	3202	被套期项目
61	1612	未担保余值	89	2211	应付职工薪酬	四、所有者权益类		
62	1621	生产性生物资产	90	2221	应交税费	118	4001	实收资本
63	1622	生产性生物资产累计折旧	91	2231	应付股利	119	4002	资本公积
			92	2232	应付利息	120	4101	盈余公积
64	1623	公益性生物资产	93	2241	其他应付款	121	4102	一般风险准备
65	1631	油气资产	94	2251	应付保户红利	122	4102	本年利润
66	1632	累计折耗	95	2261	应付分保账款	123	4103	利润分配
67	1701	无形资产	96	2311	代理买卖证券款	124	4201	库存股
68	1702	累计摊销	97	2312	代理承销证券款	五、成本类		
69	1703	无形资产减值准备	98	2313	代理兑付证券款	125	5001	生产成本
70	1711	商誉	99	2314	代理业务负债	126	5101	制造费用
71	1801	长期待摊费用	100	2401	预提费用	127	5201	劳务成本
72	1811	递延所得税资产	101	2411	预计负债	128	5301	研发支出
73	1901	待处理财产损溢	102	2501	递延收益	129	5401	工程施工
74	1473	合同资产	103	2601	长期借款	130	5402	工程结算
75	1475	合同履约成本	104	2602	长期债券	131	5403	机械作业
76	1477	合同取得成本	105	2701	未到期责任准备金	六、损益类		
二、负债类			106	2702	保险责任准备金	132	6001	主营业务收入
77	2001	短期借款	107	2711	保户储金	133	6011	利息收入
78	2002	存入保证金	108	2721	独立账户负债	134	6021	手续费收入

（续表）

序号	编号	会计科目名称	序号	编号	会计科目名称	序号	编号	会计科目名称
六、损益类（续）			六、损益类（续）			六、损益类（续）		
135	6031	保费收入	146	6301	营业外收入	156	6531	退保金
136	6032	分保费收入	147	6401	主营业务成本	157	6541	分出保费
137	6051	其他业务收入	148	6402	其他业务成本	158	6542	分保费用
138	6041	租赁收入	149	6405	营业税金及附加	159	6601	销售费用
139	6051	其他业务收入	150	6411	利息支出	160	6602	管理费用
140	6061	汇总损益	151	6421	手续费支出	161	6603	财务费用
141	6101	公允价值变动损益	152	6501	提取未到期责任准备金	162	6604	勘探费用
142	6111	投资收益				163	6701	资产减值损失
143	6201	摊回保险责任准备金	153	6502	摊保险责任准备金	164	6711	营业外支出
144	6202	摊回赔付支出	154	6511	赔付支出	165	6801	所得税费用
145	6203	摊回分保费用	155	6521	保户红利支出	166	6901	以前年度损益调整

二、会计账户

会计科目是对会计对象的具体内容进行科学分类的项目，但是会计科目只有名称没有一定的结构形式，不能把发生的经济业务连续地、系统地记录下来。因此，企业需要设置账户对会计科目所反映的经济业务内容进行连续系统地记录。

（一）会计账户的含义及作用

账户是根据会计科目设置的，具有一定格式和结构，用于分类反映会计要素增减变动情况及其结果的载体。

设置账户作为会计核算的重要方法之一，对实现会计信息质量要求具有以下作用。

1. 会计账户能够反映经济业务变化情况

会计账户不仅能够展现某一时点经济业务结果，而且具有过程记录功能，能够完成对企业经济业务发生所形成的各项对应的价值运动进行清晰、准确、及时、连续地记录，用会计语言表述了企业经济业务变化的全过程。

2. 会计账户能够提供会计信息

会计账户通过记录会计要素具体项目金额的变动，将这些金额变动进一步利用专门方法加工成会计数据，而这些会计数据就是具有使用价值的会计信息。

3. 会计账户是编制报表依据

通过会计账户能够记录企业经济业务的增减变化，能够随时获取各类经济业务连续、系统的会计信息，为后续的报表编制提供了数据支持。

（二）会计账户的分类

账户的分类标准有三种：一是按经济内容分类；二是按账户提供指标的详细程度分类；三是按用途和结构分类。

1. 账户按经济内容的分类

账户的基本分类是按会计核算和监督的经济内容进行分类,和会计分类一样分为:资产类、负债类、所有者权益类、共同类、成本类和损益类六大类。

2. 按账户提供指标详细程度的分类

与会计科目的分类相对应,账户按提供核算详细程度不同分为总分类账户和明细分类账户。

1)总分类账户

总分类账户是根据总分类科目开设的,对企业经济业务的具体内容进行总括核算而提供总括会计信息的账户,能够提供管理所需要的某一具体内容的总括核算指标。

2)明细分类账户

明细分类账户是根据明细分类科目开设的,对企业某一经济业务进行明细分类核算,提供各种具体的、详细的分类核算资料的账户。例如,可在"原材料"总分类账户下,按原材料的类别设置"原材料及主要材料""辅助材料""燃料"等二级明细账户,在二级明细账户"原材料及主要材料"二级明细分类账户下再按原材料的品种设置三级明细账户"圆钢""角钢"等,总分类账户及明细分类账户的关系如表 3-8 所示。

表 3-8 总分类账户及明细分类账户的关系

总账分类账户 (一级账户)	明细分类账户	
	二级明细分类账户	三级明细分类账户
原材料	原料及主要材料	圆钢、角钢
	辅助材料	润滑剂、石炭酸
	燃料	汽油、原煤

3. 按用途和结构分类

账户按用途和结构分类,可分为盘存类账户、结算类账户、跨期摊配类账户、权益类账户、调整类账户、集合分配类账户、成本计算类账户、损益类账户和财务成果类账户等九类。

1)盘存类账户

盘存类账户是指用可以通过实物盘点进行核算和监督的各种资产类账户,如"库存现金""银行存款""原材料""库存商品""固定资产"等账户。

2)结算类账户

结算类账户是指用来核算和监督企业同其他单位或个人之间债权债务结算情况的账户,如"应收账款""应收票据""短期借款""应付账款""应付票据"等账户。

3)跨期摊配类账户

跨期摊配类账户是指用来核算和监督应由若干个会计期间共同负担而又在某个会计期间一次支付费用的账户,主要有"待摊费用""预提费用"等账户。

4)权益类账户

权益类账户又称为资本类账户,是指用来核算和监督企业所有者权益增减变化及实有数额的账户,如"实收资本""资本公积""盈余公积"等账户。

5)调整类账户

调整类账户是指为了调整主体账户(即被调整账户)的余额,以提供管理所需要的资料而设置的专门账户。调整类账户按其对被调整账户调整的方式不同,可以分为备抵调整类账户、附加调整类账户、备抵附加调整类账户三类,如"累计折旧""利润分配""坏账准备"等账户。

6)集合分配类账户

集合分配类账户是指用来归集和分配企业在经营过程中某一阶段发生的某种费用的账户,如"制造费用"账户。

7)成本计算类账户

成本计算类账户是指用来归集经营过程中某个阶段所发生的全部费用,并据以计算和确定出各个对象成本的账户,如"生产成本""物资采购""在建工程"等账户。

8)损益类账户

损益类账户是指用来核算和监督各项收益或损失来确定一定期间经营成果的账户,如"主营业务收入""主营业务成本""销售费用"等账户。

9)财务成果类账户

财务成果类账户是指用来核算和监督企业在一定时期内财务成果形成,并确定最终成果的账户,如"本年利润"账户。

(三)账户的结构

会计账户是指会计用来记录企业发生的交易或是事项,所以会计账户不仅需要有明确的核算内容,而且需要具有能够并且方便记录交易或是事项发生、完成情况的结构。

账户的结构是指用来记录经济业务的账户的具体格式。账户结构包括了会计账户的格式、记账规则以及账户数据之间的关系。

1. 会计账户格式

企业发生的交易或者事项从会计核算角度来看,不外乎增加和减少这两种情况,因此用于记录经济业务的会计账户也相应地划分成两个方面,即账户的结构可以分成左右两方,一方登记增加,一方登记减少。同时,为了反映会计要素增减变化的结果,账户还需要设置反映结余数的部分,这样就构成了账户基本结构。这种由增加栏、减少栏和余额栏三部分构成的基本格式被称为三栏式。

在实务中,账户一般应包括以下内容。

(1)账户名称栏:设置账户所依据的会计科目。

(2)日期栏:填写经济业务发生的时间。

(3)凭证号栏:填写记账凭证的编号。

(4)摘要栏:填写某项经济业务的简要说明。

(5)增加或减少的金额栏:填写某项经济业务增加或减少的具体金额。

(6)余额栏:填写经济业务增减变化后的结果。

账户的一般格式如表3-9所示。

表3-9 账户的一般格式

年		凭证号数	摘要	借方	贷方	借或贷	余额
月	日						

为了方便教学,通常采用简化格式,只保留账户的核心部分,T 形账户格式如图 3-8 所示。

由于该形式与汉字"丁"和字母"T"相似,所以将其称为丁字账或者 T 形账。

借方(左方)	账户名称	贷方(右方)

图 3-8　T 形账户格式

2. 会计账户记账规则

会计账户的记账规则是指会计账户的具体用法,即账户左方登记什么内容,账户右方登记什么内容,如实体现会计要素金额的变化情况以及结构。

账户的左右两方是按相反方向来记录增加额和减少额。也就是说,如果规定在左方记录增加额,就应该在右方记录减少额;反之,如果在右方记录增加额,就应该在左方记录减少额,而具体在哪一方记录增加额,哪一方记录减少额取决于账户的性质。根据综合会计等式"资产+费用=负债+所有者权益+收入",一般来说资产类和费用类是借方登记增加额,贷方登记减少额;负债类、所有者权益类、收入类是借方登记减少额,贷方登记增加额。

3. 会计账户数据以及关系

一般来说,每个账户有四个金额要素,即期初余额、本期增加发生额、本期减少发生额和期末余额。

期初余额是指一个会计期间开始时记录的余额称为期初余额。本期增加发生额是指在一定的会计期间内,在账户中登记的增加金额合计数。本期减少发生额是指在一定会计期间内,在账户中登记的减少金额合计数。期末余额是指会计期间结束时记录的余额,如果将本期的期末余额转入下一期,就是下一期的期初余额。一般情况下,账户四项金额要素的关系可以用数学关系表示:

$$期末余额=期初余额+本期增加发生额-本期减少发生额$$

以"银行存款"账户为例,说明 T 形账户格式下的会计账户结构,如图 3-9 所示。

借方	银行存款		贷方
期初余额	50 000		
本期增加发生额	6 000	本期减少发生额	2 500
	10 000		15 000
	1 000		800
期末余额	48 700		

图 3-9　"银行存款"T 形账户

(四) 账户与会计科目的关系

会计科目与账户是两个既相互联系又相互区别的不同概念。

1. 账户与会计科目的联系

1) 两者的口径一致

会计科目与账户都是对会计要素所作的进一步分类,两者的名称与所反映的经济内容是相同的,如"库存现金"科目与"库存现金"账户的核算内容以及范围是完全相同的,都是对库存现金的具体管理。

2) 两者反映的经济内容相同

会计科目是账户的名称,即账户是根据会计科目设置的,是账户存在的依据。会计科目的性质决定了账户的性质,账户的分类与会计科目的分类一样,可以分成资产类账户、负债类账户、所有者权益类账户、收入类账户、费用类账户、利润类账户等。

2. 账户和会计科目的区别

1) 两者的结构不同

会计科目包括会计科目的名称以及相应的核算内容,但是会计科目没有具体结构,不能对企业发生的经济活动进行清晰、连续、及时的记录和反映;账户可以全面反映和控制经济业务增减变化及其结余情况。

2) 两者的作用不同

会计科目的作用主要是对会计要素进行分类,为设置账户做准备。账户的作用则是系统提供某一具体会计要素的核算资料,为登记会计账簿、编制会计报表、提供会计信息做准备。

在实际工作中,账户和会计科目这两个概念已不加严格区别,往往互相通用。

【例 3-7】 根据富强公司 3 月份发生的经济业务,练习登记以下经济业务的本期发生额。

(1) 收到股东投入资本 100 000 元,存入银行。"银行存款"T 形账户如图 3-10 所示、"实收资本"T 形账户如图 3-11 所示。

借方	银行存款		贷方
期初余额	150 000		
本期增加发生额	( )	本期减少发生额	( )
期末余额	( )		

图 3-10 "银行存款"T 形账户

借方	实收资本		贷方
		期初余额	500 000
本期减少发生额	( )	本期增加发生额	( )
		期末余额	( )

图 3-11 "实收资本"T 形账户

(2) 从银行提取备用金 1 500 元。"库存现金"T 形账户如图 3-12 所示,"银行存款"T 形账户如图 3-13 所示。

借方	库存现金		贷方
期初余额	40 000		
本期增加发生额	( )	本期减少发生额	( )
期末余额	( )		

图 3-12 "库存现金"T 形账户

借方	银行存款		贷方
期初余额	150 000		
本期增加发生额	( )	本期减少发生额	( )
期末余额	( )		

图 3-13 "银行存款"T 形账户

(3) 用银行存款 100 000 元买入一台机器设备。"银行存款"T 形账户如图 3-14 所示,"固定资产"T 形账户如图 3-15 所示。

借方	银行存款		贷方
期初余额	150 000		
本期增加发生额	( )	本期减少发生额	( )
期末余额	( )		

图 3-14 "银行存款"T 形账户

借方	固定资产		贷方
期初余额	1 000 000		
本期增加发生额	( )	本期减少发生额	( )
期末余额	( )		

图 3-15 "固定资产"T 形账户

(4) 购买材料 60 000 元,料款尚未支付。"应付账款"T 形账户如图 3-16 所示,"原材料"T 形账户如图 3-17 所示。

借方		应付账款		贷方
本期减少发生额	( )	期初余额 本期增加发生额		360 000 ( )
		期末余额		( )

图 3-16 "应付账款"T 形账户

借方		原材料		贷方
期初余额 本期增加发生额	800 000 ( )	本期减少发生额		( )
期末余额	( )			

图 3-17 "原材料"T 形账户

（5）销售产品一批，价值 130 000 元，货款尚未收到。"应收账款"T 形账户如图 3-18 所示，"主营业务收入"T 形账户如图 3-19 所示。

借方		应收账款		贷方
期初余额 本期增加发生额	280 000 ( )	本期减少发生额		( )
期末余额	( )			

图 3-18 "应收账款"T 形账户

借方		主营业务收入		贷方
本期减少发生额	( )	期初余额 本期增加发生额		0 ( )
		期末余额		( )

图 3-19 "主营业务收入"T 形账户

（6）以银行存款偿还李海借款 50 000 元。"银行存款"T 形账户如图 3-20 所示，"其他应付款"T 形账户如图 3-21 所示。

借方		银行存款		贷方
期初余额	150 000			
本期增加发生额	( )	本期减少发生额		( )
期末余额	( )			

图 3-20 "银行存款"T 形账户

借方		其他应付款		贷方
		期初余额		20 000
本期减少发生额	( )	本期增加发生额		( )
		期末余额		( )

图 3-21 "其他应付款"T 形账户

任务三　复式记账原理及应用

一、复式记账原理

(一) 记账方法

记账方法是根据一定的记账原理,运用一定的记账符号和记账规则,采用一定的计量单位,利用文字和数字在账簿中登记经济业务的方法。会计记账方法主要有单式记账法和复式记账法两种。单式记账法和复式记账法的区别如图 3-22 所示。

图 3-22　单式记账法和复式记账法的区别

1. 单式记账法

单式记账法是指对发生的每一项经济业务,只在一个账户中进行登记的一种记账方法,其特点如下：

(1) 经济业务只在一个账户中记录，即只记录库存现金、银行存款或应收应付款项的收付，不记录有关实物的收发。

(2) 会计科目设置不完整，账户记录之间没有相互联系。单式记账法不能全面、完整地反映经济活动过程，无法反映经济业务的来龙去脉，更不能检查账户的记录是否正确，因而是一种不科学的记账方法。因此，单式记账法已不能适应现代经济企业制度，取而代之的是复式记账法。

2. 复式记账法

复式记账法是指对于企业每一项经济业务都要以相等的金额同时在两个或两个以上相互联系的账户中进行登记，全面、系统地反映经济业务增减变化的一种记账方法，复式记账的理论依据是会计等式，其特点如下：

(1) 记录完整。复式记账法要求每一项经济业务都必须在两个或两个以上的账户中同时登记，这样才能做到完整地反映每项经济业务的来龙去脉，能够全面、系统地反映经济活动情况。

(2) 试算平衡。根据会计恒等式的原理，每项经济业务的发生，都是以相等的金额反馈在有关账户中的，在借贷记账法下，这种恒等规律表现在所有账户左方登记数之和必然等于所有账户右方登记数之和，双方总额相等，因而可以据此进行试算平衡，快速检查账户记录是否正确。

复式记账法因其可以全面、准确地反映各项经济业务的全貌，并可以利用会计要素之间的内在联系和试算平衡机理，来检查账户记录的准确性，因此复式记账法是一种科学的记账方法。

单式记账与复式记账

在我国会计记账方法的演变进程中，复式记账法曾出现过"增减记账法""收付记账法"和"借贷记账法"三种形式。

1. 增减记账法，是以"增""减"为记账符号，以"资金占用＝资金来源"为理论基础，直接反映经济业务中会计要素增减变化的一种复式记账方法。

2. 收付记账法，是以"收""付"作为记账符号，账户分为资金来源、资金运用和资金结存三类，记账规则为"同收、同付、有收有付"。

3. 借贷记账法，是以"借""贷"为记账符号，以"资产＝负债＋所有者权益"会计等式为理论依据，以"有借必有贷、借贷必相等"为记账规则的一种复式记账法。

3-4 记账方法

(二) 复式记账法的内容和种类

1. 复式记账法的内容

复式记账法是以"资产＝负债＋所有者权益"作为理论基础，不论中间的经济业务增减变化如何，会计等式始终保持平衡。

复式记账法的基本内容包括记账符号、账户设置及结构、记账规则、试算平衡。

1) 记账符号

记账符号是表示记账方向的符号，为了便于记账，采用复式记账时，对开立的每个账户都要固定方向。记账符号是区别各种复式记账的重要标志。

2) 账户设置及结构

无论采用哪种记账方法都要先根据会计科目设置账户,以便将经济业务记录到账户中去,但不同的记账方法对账户设置有不同的要求。

3) 记账规则

记账规则是运用某种记账方法处理经济业务时,确定其记入账户的一种规律,只有按照规定的记账规则记账,才能保证记账内容的一致,不同的复式记账方法所规定的记账规则不同。

4) 试算平衡

复式记账法对每项经济业务都以相等的金额在两个或两个以上账户中进行双重登记,形成了账户之间的平衡关系。根据这种平衡关系可以对账户记录的结果进行试算平衡来检查账户记录是否正确。不同的复式记账条件下形成的平衡关系不同,试算平衡的方法也不同。

2. 复式记账法的种类

根据记账符号的不同,复式记账法可以分成三种:借贷记账法、增减记账法和收付记账法。借贷记账法是目前被世界各国广泛采用的一种复式记账法,我国的《企业会计准则——基本准则》规定我国境内的所有企业都应采用借贷记账法记账。

二、借贷记账法

(一) 借贷记账法的概念及其发展

借贷记账法是以"借""贷"作为记账符号,以会计基本等式为理论依据,以"有借必有贷,借贷必相等"为记账规则来反映会计主体的资产、负债和所有者权益增减变化的一种复式记账法。

借贷记账法最早起源于13~14世纪的意大利,这个阶段是其萌芽阶段,这个阶段的借贷记账法又称为佛罗伦萨式记账法。作为文艺复兴发源地的意大利,当时意大利的商品经济相当发达,沿海城市已形成许多国际、国内贸易中心。在商品交换中,为了适应商业资本和借贷资本经营者管理的需要,逐步形成了这种方法。该方法的记账对象仅限于债权债务人,并且针对每个客户都会开一个账户,以客户名字命名,记录形式采用上下连续登记的叙述式。

借贷记账法的快速发展阶段是1340—1494年,此时的借贷记账法又称为热那亚式记账法。这个阶段的借贷记账法主要呈现两个特征,一个是复式记账,另一个就是"物名账户"的出现。物名账户是指除了现金账户外,主要登记贸易商买进、卖出和结余货物情况的账户,在物名账户中出现了"借方"和"贷方",此时的"借""贷"已经不再仅是简单的资金拆借上的意义,而更多涉及的贸易往来款项的结算。

借贷记账法的进一步完善阶段是从1494年开始直到1854年。意大利数学家卢卡·帕乔利于1494年在著名的《算术、几何、比与比例概要》这本书中写下了"簿记论",第一次从理论上系统地总结了借贷记账法的原理,这标志着借贷记账法的诞生,从而开创了近代会计的历史。

(二) 借贷记账法的记账符号

借贷记账法以"借""贷"作为记账符号,这是借贷记账法区别于其他复式记账法的标志。

在现代会计中,"借"和"贷"已经成为会计专业术语,"借"(debit)简写为"Dr","贷"(credit)简写为"Cr"。

"借"和"贷"代表一个账户不同的记账方向,即借方和贷方。账户的左方为借方,右方为贷方,至于哪一方记录经济业务的增加额还是减少额,需要根据具体账户的性质和用途加以确认。例如:在账户的发生额中,借方既表示资产、费用的增加,又表示负债、所有者权益和收入的减少;贷方既表示资产、费用的减少,又表示负债、所有者权益和收入的增加。

(三) 借贷记账法的账户结构

在借贷记账法下,账户的基本结构是:左方为借方,右方为贷方。但哪一方登记增加,哪一方登记减少,可以从会计要素静态恒等式"资产=负债+所有者权益"及综合等式"资产+费用=负债+所有者权益+收入"出发。根据所反映的经济业务性质不同,账户可以划分成四类:资产类账户、负债及所有者权益类账户、成本费用类账户、收入类账户。

1. 资产类账户

资产类账户的基本结构是:账户的借方登记资产的增加额,贷方记录资产的减少额,期初、期末余额一般在借方。在一个会计期间内,借方记录的合计金额为本期借方发生额合计;贷方记录的合计金额为本期贷方发生额合计。

资产类期末余额反映会计期间资产的结余情况,各资产类账户期末余额可根据下列公式计算:

资产类账户期末借方余额=期初借方余额+本期借方发生额-本期贷方发生额

资产类账户的基本结构如图3-23所示。

借方	资产类账户	贷方
期初余额(上期资产余额)		
本期资产增加额	本期资产减少额	
本期发生额(资产增加额合计)	本期发生额(资产减少额合计)	
期末余额(资产实有数额)		

图 3-23 资产类账户的基本结构

【例3-8】 富强公司3月份有关材料的收发情况如下:月初库存材料100 000元,本月购进三次分别为:20 000元、30 000元和40 000元,本月生产领用三次分别为35 000元、45 000元和25 000元。在"原材料"T形账户中的登记如图3-24所示。

借方	原材料	贷方
期初余额	100 000	
	20 000	35 000
	30 000	45 000
	40 000	25 000
本期发生额	90 000	本期发生额 105 000
期末余额	85 000	

图 3-24 "原材料"T形账户

2. 负债及所有者权益类账户

负债及所有者权益类账户的基本结构是:账户的贷方登记各项负债及所有者权益的增加额,借方登记负债及所有者权益的减少额。在每一会计期间期末,将每一负债及所有者权益类账户的期初余额加上本期贷方发生额,减去本期借方发生额即为期末余额。

期末余额一般在贷方,反映会计期末负债及所有者权益结余情况,表示期末负债及所有者权益的实有数额,其计算公式为:

负债及所有者权益类账户期末余额＝期初贷方余额＋本期贷方发生额－本期借方发生额

负债及所有者权益类账户的基本结构如图 3-25 所示。

借方	负债及所有者权益类账户	贷方
	期初余额(上期负债及所有者权益余额)	
本期负债及所有者权益减少额	本期负债及所有者权益增加额	
本期发生额(负债及所有者权益减少额合计)	本期发生额(负债及所有者权益增加额合计)	
	期末余额(负债及所有者权益实有数额)	

图 3-25　负债及所有者权益类账户的基本结构

【例 3-9】 富强公司 3 月份有关应付账款的发生情况如下:月初欠款 30 000 元,本月购进材料三次分别为 20 000 元、30 000 元和 40 000 元未付款,本月偿还月初欠款 30 000 元及当月购进材料款 63 000 元。在"应付账款"T 形账户中的登记如图 3-26 所示。

借方		应付账款	贷方
		期初余额	30 000
	30 000		20 000
	63 000		30 000
			40 000
本期发生额	93 000	本期发生额	90 000
		期末余额	27 000

图 3-26　"应收账款"T 形账户

3. 成本费用类账户

成本费用与资产都列在会计等式的左方,因而成本费用类账户的基本结构与资产类账户一致,其基本结构是:借方登记成本费用的增加额,贷方登记成本费用的减少额(或转出额),期末一般没有余额,特殊账户如有余额必定在借方。

成本费用类账户的基本结构如图 3-27 所示。

4. 收入类账户

收入类账户的基本结构与负债及所有者权益类账户类似,其基本结构是:账户的贷方登记收入的增加额,借方登记收入的减少额或转销额。由于收入是利润的主要来源,期末时收入的增加额减去收入的减少额后的差额转入"本年利润"账户的贷方,因此,这类账户一般期末没有余额。

借方	成本、费用类账户	贷方
期初余额(特殊账户有余额)		
本期成本、费用增加额	本期成本、费用减少额(或转销额)	
本期发生额(成本、费用增加额合计)	本期发生额(成本、费用减少额或转销额合计)	
期末余额(特殊账户有余额,表示期末资产余额)		

图 3-27 成本费用类账户的基本结构

收入类账户的基本结构如图 3-28 所示。

借方	收入类账户	贷方
本期收入减少额(或转销额)	本期收入增加额	
本期发生额(收入减少额或转销额合计)	本期发生额(收入增加额合计)	

图 3-28 收入类账户的基本结构

综上所述,在借贷记账法下,根据账户的期末余额方向可以判断该账户的性质,若账户的期末余额在借方,则为资产类或成本费用类账户;若账户的期末余额在贷方,则为负债及所有者权益类账户。资产或成本费用的增加额,负债及所有者权益与收入的减少额,记入有关账户的借方;资产或成本费用的减少额,负债及所有者权益与收入的增加额,记入有关账户的贷方。为了便于整体把握,借贷记账法下各类账户结构的归纳如表 3-10 所示。

表 3-10 借贷记账法下各类账户结构的归纳

资产类别	借方	贷方	余额
资产类	增加	减少	借方
负债类	减少	增加	贷方
所有者权益类	减少	增加	贷方
成本类	增加	减少	若有余额,一般在借方
收入类	减少	增加	期末结转后无余额
费用类	增加	减少	

(四)借贷记账法的记账规则

借贷记账法的记账规则可以概括为"有借必有贷,借贷必相等",具体表现为:

(1)每一笔经济业务,按照借贷相反的原则,在记入一个账户或几个账户借方(或贷方)的同时,必须同时记入另一个或几个相互联系的账户的贷方(或借方)。

(2)每一笔经济业务在登记中必须以相等的金额同时在两个或两个以上有相互联系的

账户中记账,因此记入账户借方的金额必须和记入账户贷方的金额相等。

借贷记账歌

借增贷减是资产,权益和它正相反。成本费用同资产,细细区分莫弄乱。

损益账户要分辨,收入费用不一般。收入增加贷方看,减少借方来结转。

3-5 借贷记账的启示

【例3-10】 富强公司5月份发生以下经济业务,运用借贷记账法进行处理。

(1) 5日,以银行存款1 200元买入打印机一台。

该笔经济业务涉及一项资产的增加和另外一项资产的减少,应分别记入"固定资产"账户的借方和"银行存款"账户的贷方,如图3-29所示。

借方	固定资产	贷方		借方	银行存款	贷方
(1)	1 200				(1)	1 200

图3-29 "固定资产"及"银行存款"T形账户

(2) 6日,收到昌盛公司追加的投资款100 000元,存入银行。

该笔经济业务涉及资产和所有者权益的同时增加,应分别记入"银行存款"账户的借方和"实收资本"账户的贷方,如图3-30所示。

借方	银行存款	贷方		借方	实收资本	贷方
(2)	100 000				(2)	100 000

图3-30 "银行存款"及"实收资本"T形账户

(3) 10日,公司用银行存款归还前欠中国建设银行的短期借款5 000元。

该笔经济业务涉及资产和负债的同时减少,应分别记入"短期借款"账户的借方和"银行存款"账户的贷方,如图3-31所示。

借方	短期借款	贷方		借方	银行存款	贷方
(3)	5 000				(3)	5 000

图3-31 "短期借款"及"银行存款"T形账户

(4) 15日,公司开出银行承兑汇票支付前欠南京远明贸易有限公司货款20 000元。

该笔经济业务涉及一项负债的增加、一项负债的减少,应分别记入"应付账款"账户的借方和"应付票据"账户的贷方,如图 3-32 所示。

借方	应付账款	贷方		借方	应付票据	贷方
(5)	20 000				(5)	20 000

图 3-32 "应付账款"及"应付票据"T 形账户

(5) 16 日,公司购买价值 30 000 元的原材料,材料验收入库,以库存现金支付 5 000 元,其余暂欠。

该笔经济业务涉及资产的增加、减少及负债的增加,应分别记入"原材料"账户的借方和"库存现金"账户的贷方以及"应付账款"账户的贷方,如图 3-33 所示。

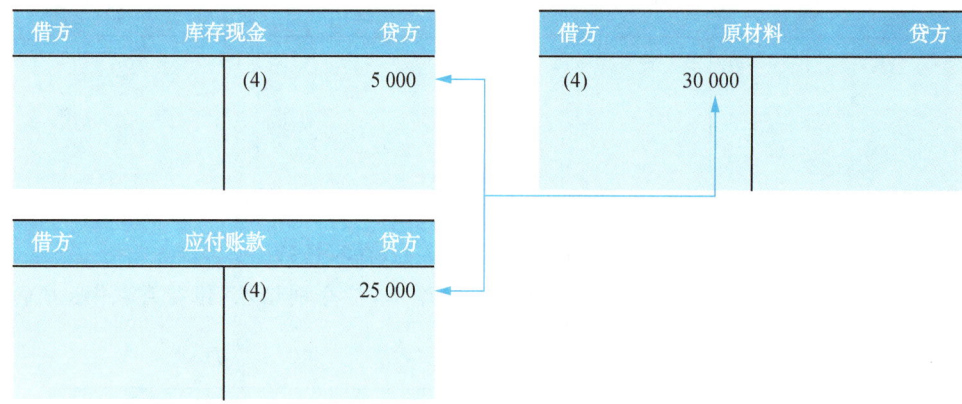

图 3-33 "库存现金""原材料"及"应付账款"T 形账户

(6) 31 日,富强公司向公司投资人分配利润 10 000 元。

该笔经济业务涉及负债的增加和所有者权益的减少,应分别记入"利润分配"账户的借方和"应付股利"账户的贷方,如图 3-34 所示。

借方	利润分配	贷方		借方	应付股利	贷方
(6)	10 000				(6)	10 000

图 3-34 "利润分配"及"应付股利"T 形账户

三、借贷记账法下的应用

(一) 会计分录

在运用借贷记账法进行核算时,在有关账户之间存在对应借、贷的相互关系,而账户之间的这种相互关系称为账户的对应关系。通过账户的对应关系可以了解经济业务的内容,检查经济业务的处理是否合理合法。为了保证账户对应关系的正确性,在登记有关经济业务相关账户之前,一般需要先编制会计分录。

会计分录是指对每笔经济业务指出应借、应贷账户名称及其金额的一种记录。会计分录由账户名称、记账方向和记账金额组成,称为会计分录的三要素。

1. 会计分录的分类

按照一笔会计分录涉及的账户的多少,会计分录可以分成简单会计分录和复合会计分录两种。简单会计分录是指在一个会计分录中只涉及两个账户(即一借一贷)的会计分录。复合会计分录是指一笔会计分录中同时涉及两个以上账户(即一借多贷、多借一贷和多借多贷)的会计分录。

编制会计分录的过程是对企业所发生的经济业务进行会计确认、计量和记录,为了准确反映经济业务的来龙去脉,一般不编制多借多贷的会计分录。

2. 会计分录的编制规范

编制会计分录时应当按照规范的格式书写,具体要求如下。

(1) 先借后贷,贷方记录写在借方记录的下面一行并向右移动两个字的位置,借、贷不得等齐平行排列。

(2) 每行先写"借""贷",并在"借""贷"的后面加上冒号,再写账户名称,最后写金额。

(3) 金额后面不要写计量单位。

(4) 在"一借多贷""多借一贷"和"多借多贷"的情况下,要求借方或贷方账户的文字和金额数字必须分别对齐。

(5) 若有明细分类账户,则应在总分类账户的后面画横线后再写明细分类账户。会计分录的一般格式如下:

借:账户名称　　　　　　　　　　　　　　　　　　　　　　　　金额
　　贷:账户名称　　　　　　　　　　　　　　　　　　　　　　　金额

3. 编制会计分录的步骤

编制会计分录,应按以下步骤进行:

(1) 一项经济业务发生后,应分析这项经济业务涉及的会计账户。

(2) 确定涉及哪些账户,是增加还是减少。

(3) 确定记入账户的方向,即借方还是贷方。

(4) 确定应借、应贷科目(账户名称)是否正确,借贷方金额是否相等。

【例 3-11】 根据[例 3-10]富强公司 5 月份发生的经济业务,编制会计分录。

(1) 借:固定资产　　　　　　　　　　　　　　　　　　　　　　1 200
　　　　贷:银行存款　　　　　　　　　　　　　　　　　　　　　1 200

(2) 借:银行存款　　　　　　　　　　　　　　　　　　　　　100 000
　　　　贷:实收资本　　　　　　　　　　　　　　　　　　　　100 000

(3) 借:短期借款　　　　　　　　　　　　　　　　　　　　　　5 000
　　　　贷:银行存款　　　　　　　　　　　　　　　　　　　　　5 000

(4) 借:应付账款　　　　　　　　　　　　　　　　　　　　　20 000
　　　　贷:应付票据　　　　　　　　　　　　　　　　　　　　 20 000

(5) 借：原材料   30 000
  贷：库存现金   5 000
    应付账款   25 000
(6) 借：利润分配   10 000
  贷：应付股利   10 000

（二）试算平衡

1. 试算平衡的含义

试算平衡是根据会计等式的平衡关系，按照借贷记账法的记账规则，通过对所有账户发生额和余额的汇总计算和比较，检查账户记录是否正确的一种专门方法。

2. 试算平衡的公式

在借贷记账法下，无论是每项经济业务的发生额，还是全部经济业务在一定时间的累计发生额、账户的期末余额，借贷双方都能保持平衡。据此试算平衡方法具体可以分为两种：发生额试算平衡法和余额试算平衡法。

1）发生额试算平衡法

发生额试算平衡法是根据本期全部账户的借方发生额合计是否与贷方发生额合计相等，检查本期发生额记录是否正确的方法，其计算公式如下：

$$全部账户本期借方发生额合计 = 全部账户本期贷方发生额合计$$

发生额试算平衡法的理论依据是"有借必有贷，借贷必相等"，计算公式如下：

$$第1笔会计分录的借方发生额 = 第1笔会计分录的贷方发生额$$
$$第n笔会计分录的借方发生额 = 第n笔会计分录的贷方发生额$$
$$\sum 所有业务借方发生额 = \sum 所有业务贷方发生额$$
$$\Rightarrow 全部账户本期借方发生额合计 = 全部账户本期贷方发生额合计$$

2）余额试算平衡法

余额试算平衡法是根据本期全部会计账户借方余额合计与贷方余额合计是否相等，检验本期会计账户记录是否正确的方法，其计算公式如下：

$$全部账户的期初借方余额合计 = 全部账户的期初贷方余额合计$$
$$全部账户的期末借方余额合计 = 全部账户的期末贷方余额合计$$

余额试算平衡法的理论依据是会计恒等式"资产＝负债＋所有者权益"，如图3-35所示。

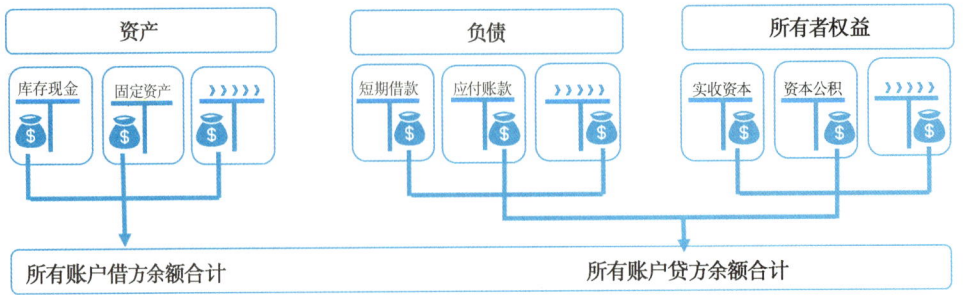

图3-35 余额试算平衡原理

3. 试算平衡表

实际工作中,余额试算平衡是通过编制试算平衡表来进行的。

【例 3-12】 富强公司期初余额如表 3-11 所示。

表 3-11 富强公司期初余额表　　　　　　　　　　单位:元

总账科目	期初余额	
	借方	贷方
库存现金	12 000	
银行存款	158 000	
原材料	16 000	
固定资产	300 000	
短期借款		65 000
应付账款		80 000
应付票据		10 000
应付股利		2 500
实收资本		100 000
利润分配		128 500
合计	486 000	486 000

根据[例 3-10]本月发生的经济业务和期初余额表,编制试算平衡表,如表 3-12 所示。

表 3-12 试算平衡表

2023 年 5 月 31 日　　　　　　　　　　　　　单位:元

总账科目	期初余额		本期发生额		期末余额	
	借方	贷方	借方	贷方	借方	贷方
库存现金	12 000			5 000	7 000	
银行存款	158 000		100 000	6 200	251 800	
原材料	16 000		30 000		46 000	
固定资产	300 000		1 200		301 200	
短期借款		65 000	5 000			60 000
应付账款		80 000	20 000	25 000		85 000
应付票据		10 000		20 000		30 000
应付股利		2 500		10 000		12 500
实收资本		200 000		100 000		300 000
利润分配		128 500	10 000			118 500
合计	486 000	486 000	166 200	166 200	606 000	606 000

经过上述试算平衡计算，可以看出期初余额、本期发生额、期末余额的借方和贷方分别平衡，说明记账基本正确。但是必须说明的是，试算平衡只是通过借贷金额是否平衡来检查账户记录正确与否的一种基本方法。如果借贷金额不平衡，账户记录肯定存在错误；如果借贷金额平衡，账户记录不一定完全正确。因为，有些错误并不影响借贷金额的平衡，如漏记、重记某项经济业务，借贷方向颠倒，或记错有关会计科目等，试算结果仍然是平衡的。这表明只根据试算平衡的结果，并不足以说明账户的记录是否完全正确。因此，除了运用试算平衡的方法之外，还需要采用其他的专门方法对会计记录进行日常或定期的复核。

作为科学的记账方法，借贷记账法为会计核算工作提供了理论指导，通过借贷记账法的基本原理的学习，有利于保证会计核算的系统性、全面性和准确性，借贷记账法的主要内容如图3-36所示。

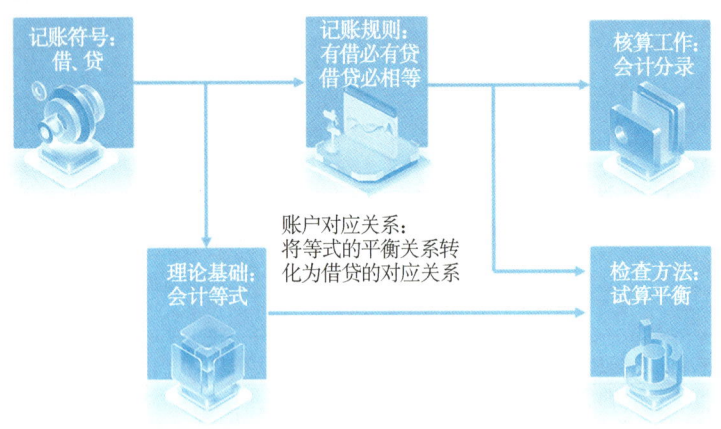

图3-36　借贷记账法的主要内容

会计与高效能人士7个习惯

习惯7：统合综效，创造性合作的原则

统合综效的底层逻辑是抓住一切能够帮助实现价值增值的人力资本、物质资本和人际资本，从而向上跃迁，最终决定人与人的差异。人力资本，自己永远是自己的救世主，铸造核心竞争力，拉高下限。人际资本，与人合作共赢，三人行有吾师，拔高上限。物质资本，提升自己的人力资本和人际资本。统筹资源，合作共赢，综合运用，提高效能。

3-6　思想感悟

🐝 思政德育

【关键词】"知行合一""两学一做""理论结合实践""实践出真知"

【政策方向】

2016年开始的"两学一做"学习教育，是党中央加强党的建设新举措，是为两个一百年顺利实现创建组织基础。作为一名学生，我们一定要正确理解学习意义，在学习活动中处理好学和做的关系。

（1）开展"两学一做"学习教育，基础在学，关键在做。
（2）要突出问题导向，学要带着问题学，做要针对问题改。
（3）只有坚持知行合一，不断让思想自觉引导行动自觉、让行动自觉深化思想自觉，才能抓得实、做得深、走得远。

 情境

纸上谈兵

战国时，赵国名将赵奢的儿子赵括，在年轻的时候，就读过不少兵书，常常在人们面前谈论作战用兵的事情，即使父亲赵奢也难不住他。很多人认为他很有才能，但是他父亲却认为他夸夸其谈，不能承担重任。

有一次，秦国进攻赵国。赵国大将廉颇采用了修筑壁垒坚守的方法。后来，赵王听信了秦国散布的流言，以为廉颇年老懦弱，不能抵挡敌军，就改派赵括代替廉颇。赵括到了前线，生搬硬套兵书上的内容，完全改变了廉颇持久抗战的计划。秦将白起听到这个消息，非常高兴，使用计先截断了赵军的运粮后路，然后把赵军团团包围。赵军粮绝，赵括企图突围，被秦军一箭射死，四十多万赵军一下子尽被歼灭。

【启示】

纸上得来终觉浅，绝知此事要躬行。学好了会计核算基本原理，还需要懂得将原理运用到实践中，在会计实务中杜绝"纸上谈兵"现象。

资料来源：节选自司马迁《史记•廉颇蔺相如列传》。

 项目小结

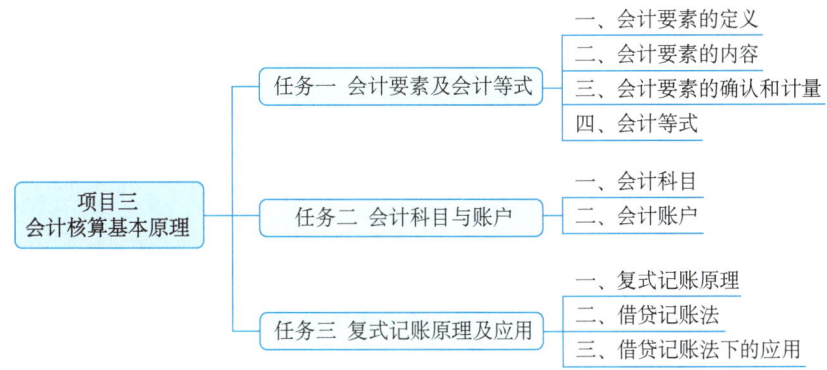

项目四　工业企业基本经济业务核算

法治意识、契约精神、守约观念是现代经济活动的重要意识规范,也是信用经济、法治经济的重要要求。企业家要做诚信守法的表率,带动全社会道德素质和文明程度提升。

——2020年7月21日,习近平总书记在企业家座谈会上的讲话

知识目标

了解企业基本经济业务类型;了解不同经济业务下涉及的会计账户;掌握不同业务的核算方法。

技能目标

能够对不同环节进行账务处理;能够对采购成本、生产成本、销售成本进行计算并结转;能够设置和使用主要会计账户。

素养目标

养成敢于创新、善于沟通、合作交流、严守纪律的品质,培养大局观念,培养独立会计核算的意识。

采购与财务核算流程

老李是富强公司的采购员,负责食品的采购,马上要到七夕节了,需要提前备一批巧克力做促销,老王向供应商询价后,以11.3元/盒的含税成本价采购了1000盒,共计需支付采购货款11 300元。「采购流程」

按照合同约定,需要先支付采购订单金额20%的预付款,于是老李向财务申请了2 260元(11 300×20%)的预付款,7月1日,财务出纳打款。「预付款流程」

7月5日,供应商按时将1000盒巧克力送往富强公司的库房,库房分批收货入库。入库明细同步到财务系统中生成暂估入库记录。「暂估入库流程」

7月10日,老李收到供应商邮寄来的采购增值税发票,递交财务录入系统后,生成实际应付单,系统以实际应付入账,并回冲暂估应付。「实际应付冲暂估」

7月20日,到了付款日期,老李根据应付单向财务申请支付供应商尾款9 040元(本应付单已预付2 260元,还剩9 040元)。「付款申请流程」

7月25日,付款申请审核通过后,出纳基于付款申请向供应商的银行转账9 040元,并

在系统里生成付款单,本付款单与应付单和发票进行核销。「付款流程」

8月10日,七夕节过后,巧克力还剩200盒,按照合同约定,老李在采购系统中创建退供单,按原价将剩余库存退给供应商,仓库按照退供单中的信息发货。「退供应商流程」

8月15日,供应商收到仓库发出的退货后,为富强公司办理退款2 260元。财务收到退款后,创建退款单记录回款,并生成一张金额为负数的应付单回冲原应付单。「退款流程」

思考: 对于暂估、预付、付款这些财务专业术语你了解多少呢? 老李的这笔采购业务需要如何进行会计处理呢?

任务一　工业企业基本经济业务概述

一、经济业务的含义

企业作为独立的经济实体,以盈利为目的,在生产经营过程中不断地产生各种经济活动。在会计中,经济业务又称为会计事项,是指在经济活动中使会计要素发生增减变动的交易和事项。交易是指企业对外的经济活动,即与其他企业或单位发生交易行为而产生的经济事项,如向供应商购货、向银行归还借款、向客户销货等。事项是指企业对内的经济活动,即企业内部发生的价值转移的行为和一些外部因素对企业产生的直接影响,如生产经营过程中耗用原材料、机器设备的折旧、水灾等不可抗力因素给企业造成的损失等。

经济业务按其反映的内容不同可以分为基本经济业务、其他经济业务与营业外经济业务。不同行业企业由于其所处的经营环境和生产经营特点不同,其经济业务的内容也会有所不同。总体来说,工业制造企业的经营过程是比较完整的能够反映一个企业经济活动的过程,具有典型代表性。因此,本项目以工业制造企业发生的基本经济业务为例进行介绍。

二、工业企业基本经济业务的内容

企业是以产品的生产和销售为主要活动内容的经济组织,基于企业在经济活动中扮演的不同角色,其主要经济业务内容可归纳为以下五种:资金筹集业务、生产准备业务、产品生产业务、产品销售业务、资金退出业务。企业是市场经济活动的主要参加者,资金筹集业务就是组织各种社会资源,包括投资者和债权人等利益相关者的资源;企业是社会财富的生产者,生产准备业务就是利用各种资源进行生产创造财富;企业是发展社会生产力的主要承担者,产品生产业务就是通过生产过程的优化和发展把社会生产力提高;企业是社会财富流通者,产品销售业务就是把创造的产品或服务进行市场销售;企业作为交换体系中的一员,对财富进行分配,资金退出业务就是通过生产销售进行财富分配。

资金筹集业务主要包括吸收投资者投入资金、从银行等金融机构取得借款业务;生产准备业务是指企业运用筹集的资金购买劳动资料和劳动对象,同时支付采购费用并进行货款结算,主要包括原料采购、付款结算业务等;产品生产业务是指对各种资源投入使用并生产出产品的过程,主要包括归集和分配各项生产费用、计算生产成本等;产品销售业务是指企业将完工产品销售出去收回销货款的过程,主要包括销售收入的确认、成本结转等,货款的收回等;资金退出业务主要包括偿还各项债务、上缴各项税金、向所有者分配利润等。

任务二　筹资过程业务核算

一、资金筹集的方式

企业进行生产经营活动,必须拥有一定量的资金,通过一定量的资金,企业可以用于后续的购建厂房、购买原材料的资金支出活动,因此筹集资金是企业生产经营活动的起点也是必要条件。

企业资金筹集的渠道主要包括投资者投入资金及从银行或其他金融机构借入资金。投资者投入的资金属于投资者投入的资本,根据投资方式的不同可以分为货币投资、实物投资、证券投资和无形资产投资等。从银行或其他金融机构借入资金属于向债权人借入的资本,这种方式筹集的资金不是无偿使用,企业需要支付利息。企业筹资方式如图4-1所示。

图 4-1　企业筹资方式

二、资金筹集业务的账户设置及会计处理

根据企业筹集资金的方式,资金筹集业务的核算可以划分成两种:投入资本业务核算和借入资金业务核算。

(一)投入资本业务

所有者的出资在企业核算上通常被称为投入资本,是指企业实际收到投资者的出资额,投入者通过投入的资本成为企业的股东,进而可以参与企业的经营决策并获得企业的盈利分配。企业在经营过程中随业务的变动存在着规模扩大或规模缩小的情况,此时投资者投入的投资额也会随之变化,因此需要设置相应的科目进行反映。

1. 投入资本核算需要设置的主要账户

企业核算投资者投入资本业务,应设置"实收资本""资本公积""库存现金""银行存款""固定资产""无形资产"等账户。

1)"实收资本"账户

"实收资本"(股份有限公司为"股本")账户是所有者权益账户,是用于核算企业的投资者投入资本的增减变动及结果的账户。

账户设置：

借方：登记实收资本的减少额。

贷方：登记企业实际收到投资者作为资本投入的资金数额。

期末余额：在贷方，反映企业现有的实收资本或股本。

明细账设置：按投资者或股东名册进行。

"实收资本"账户如图 4-2 所示。

借方	实收资本	贷方
登记实收资本的减少额		登记企业实际收到投资者作为投入的资金数额
		期末余额：反映企业现有的实收资本或股本

图 4-2 "实收资本"账户

2)"资本公积"账户

"资本公积"账户是所有者权益账户，用来核算企业收到的投资者出资额超出其在法定资本金中所占份额的部分，直接计入所有者权益的利得和损失也通过本账户核算。

账户设置：

借方：登记按法定程序转增注册资本而减少的资本公积数。

贷方：登记投资者投资产生的资本(或股本)溢价。

期末余额：在贷方，反映企业资本公积的实有数额。

"资本公积"账户如图 4-3 所示。

借方	资本公积	贷方
登记按法定程序转增注册资本而减少的资本公积数		登记投资者投资产生的资本(或股本)溢价
		期末余额：反映企业资本公积的实有数额

图 4-3 "资本公积"账户

3)"库存现金"账户

"库存现金"账户用来核算企业的库存现金。该账户属于资产类账户，账户的借方登记库存现金的收入数，贷方登记库存现金的支出数，期末借方余额，反映企业实际持有的库存现金数。

4)"银行存款"账户

"银行存款"账户用来核算企业存入银行的各种款项。该账户属于资产类账户，账户的借方登记存款的存入数，贷方登记存款的支取数，期末借方余额，反映存放在银行的存款实有数。明细账应当按照开户银行和其他金融机构及存款种类进行设置。

5)"固定资产"账户

"固定资产"账户用来核算企业固定资产的原始价值。该账户属于资产类账户，账户的借方登记企业固定资产增加的账面原价，贷方登记因出售、报废和损毁而减少的固定资产的账面原价，期末余额在借方，反映企业期末固定资产的账面原价。

6)"无形资产"账户

"无形资产"账户用来核算企业为生产商品、提供劳务、出租给他人或为管理目的而持有的、没有实物形态的非货币性长期资产,包括专利权、商标权、著作权和土地使用权等。该账户属于资产类账户,账户的借方登记企业外购等方式取得的无形资产原值,贷方登记对外转让的无形资产原值,期末余额在借方,反映企业期末无形资产的原值。

2. 投入资本核算的会计处理

1) 接受货币资本投资

企业接受投资者以现金投入的资本,应以实际收到或者存入企业开户银行的金额,借记"银行存款"账户,贷记"实收资本(股本)"账户。

【例 4-1】 名扬公司于 2023 年 3 月 12 日收到海方公司作为投资资本投入的 200 000 元,款项已经存入银行。根据以上信息编制会计分录。

【分析】 该项经济业务的发生,一方面使名扬公司的银行存款增加了 200 000 元,应记入"银行存款"账户的借方;另一方面使投资者海方公司的所有者权益增加了 200 000 元,应记入"实收资本"账户的贷方。该项经济业务用会计分录表示为:

借:银行存款　　　　　　　　　　　　　　　　　　　　　　　200 000
　　贷:实收资本——海方公司　　　　　　　　　　　　　　　　　　200 000

2) 接受实物投资

企业收到投资者的实物投资,如原材料、固定资产等,应按投资各方确认的价值,借记"原材料""固定资产"等账户,贷记"实收资本(股本)"账户。

【例 4-2】 名扬公司于 2023 年 3 月 15 日收到东方公司投入的新设备一台,确认的价值是 300 000 元(假设该设备不涉及增值税)。根据以上信息编制会计分录。

【分析】 该项经济业务的发生,一方面使名扬公司的固定资产增加了 300 000 元,应记入"固定资产"账户的借方;另一方面使投资者东方公司的所有者权益增加了 300 000 元,应记入"实收资本"账户的贷方。该项经济业务用会计分录表示为:

借:固定资产　　　　　　　　　　　　　　　　　　　　　　　300 000
　　贷:实收资本——东方公司　　　　　　　　　　　　　　　　　　300 000

3) 接受无形资产投资

企业接受投资者以专利权、非专利技术、商标权等无形资产的投资,应按投资各方确认的价值,借记"无形资产"账户,贷记"实收资本(股本)"账户。

【例 4-3】 名扬公司于 2023 年 3 月 16 日收到北航公司作为资本投入的一项专利权,确认的价值为 500 000 元。根据以上信息编制会计分录。

【分析】 该项经济业务的发生,一方面使名扬公司的无形资产增加了 500 000 元,应记入"无形资产"账户的借方;另一方面使投资者北航公司的所有者权益增加了 500 000 元,应记入"实收资本"账户的贷方。该项经济业务用会计分录表示为:

借:无形资产　　　　　　　　　　　　　　　　　　　　　　　500 000
　　贷:实收资本——北航公司　　　　　　　　　　　　　　　　　　500 000

(二) 借入资金业务

1. 借入资金业务的账户设置

企业在生产经营过程中,为缓解资金紧张,避免出现现金流短缺的问题,需要考虑向银行或其他金融机构等借入资金。借款作为常见的债务筹资方式，根据借款偿还的期限长短，可将借款账户分成短期借款和长期借款两类，此外企业还需要设置"应付利息""应付债券""财务费用"等相关账户。

1)"短期借款"账户

"短期借款"账户属于负债类账户，用于核算企业向银行或其他金融机构等借入的期限在1年以内的各种借款的本金。

账户设置：

借方：登记归还的各种短期借款本金数额。

贷方：登记取得的各种短期借款本金数额。

账户余额：在贷方，反映期末尚未归还的短期借款本金。

明细账设置：按借款种类、贷款人和币种。

"短期借款"账户如图4-4所示。

借方	短期借款	贷方
登记归还的各种短期借款本金数额		登记取得的各种短期借款本金数额
		期末余额：反映期末尚未归还的短期借款本金

图4-4 "短期借款"账户

2)"长期借款"账户

"长期借款"账户属于负债类账户，用于核算企业向银行或其他金融机构借入的期限在1年以上(不含1年)的各种借款的借入、归还等情况。

账户设置：

借方：登记归还的长期借款本金及发生的利息数。

贷方：登记取得的长期借款本金和发生的利息数。

账户余额：在贷方，反映企业尚未归还的长期借款本金和利息数。

明细账设置：按贷款单位和贷款种类，分别按"本金""利息调整""溢折价""交易费用"等。

"长期借款"账户如图4-5所示。

借方	长期借款	贷方
登记归还的各种长期借款本金及发生的利息数		登记取得的长期借款本金和发生的利息数
		期末余额：反映期末尚未归还的长期借款本金和利息数

图4-5 "长期借款"账户

3)"应付利息"账户

"应付利息"账户属于负债类账户，用于核算企业按照合同约定应支付的利息。该账户的借方登记实际支付的利息，贷方登记资产负债表日计算确定的利息费用，期末余额在贷方，反映企业尚未偿还的利息。

4)"应付债券"账户

"应付债券"账户属于负债类账户,用于核算企业为筹集长期资金而发行债券以及计提利息、还本付息的情况。该账户的借方登记实际偿还的债券本金和利息,贷方登记应付债券的本金和利息,期末余额在贷方,反映企业尚未偿还的长期债券。

5)"财务费用"账户

"财务费用"账户属于损益类账户,用于核算企业为筹集资金而发生的费用,包括利息支出(减利息收入)、汇兑损益、债券的溢折价摊销以及相关的手续费等。该账户的借方登记发生的财务费用,贷方登记期末转出的财务费用,期末余额一般无余额。

2. 借入资金业务的会计处理

1)短期借款取得的会计处理

【例4-4】 名扬公司于2023年3月10日向银行借入期限9个月、年利率为8%的借款100 000元,所得款项存入银行。根据以上信息编制会计分录。

【分析】 该项经济业务的发生,一方面使名扬公司的银行存款增加了100 000元,应记入"银行存款"账户的借方;另一方面使名扬公司的债务(短期借款)增加了100 000元,应记入"短期借款"账户的贷方。该项经济业务用会计分录表示为:

借:银行存款　　　　　　　　　　　　　　　　　　　　　　　100 000
　　贷:短期借款　　　　　　　　　　　　　　　　　　　　　　　100 000

2)长期借款取得的会计处理

【例4-5】 名扬公司于2023年3月18日从银行借入为期3年的长期借款1 000 000元并存入银行。根据以上信息编制会计分录。

【分析】 该项经济业务的发生,一方面使名扬公司的银行存款增加了1 000 000元,应记入"银行存款"账户的借方;另一方面使名扬公司的债务(长期借款)增加了1 000 000元,应记入"长期借款"账户的贷方。该项经济业务用会计分录表示为:

借:银行存款　　　　　　　　　　　　　　　　　　　　　　　1 000 000
　　贷:长期借款　　　　　　　　　　　　　　　　　　　　　　　1 000 000

任务三　供应过程业务核算

一、供应过程核算的主要内容

企业在筹集到资金之后,必须购置生产用工具、设备、厂房,同时进行材料采购、验收,将采购的材料投入生产,这个过程就是生产供应过程(又称为生产准备过程)。因此,生产供应过程业务具体可以划分成材料采购业务和固定资产购建业务。

(一)材料采购业务

材料采购业务是指企业采购生产所需的原材料的业务。材料的采购应根据采购计划及采购合同进行,一般需经过确定需求、货物运输、物料接收和结算付款等业务环节,如图4-6所示。在原材料采购中,企业需要支付原材料的货款以及各种相关的采购费用。同时企业应当根据合同约定及时进行货款的支付,这就会与供应商发生款项结算关系。因此材料采购业务核算的内容包括:材料采购的成本计算、货款的结算以及材料的验收入库。

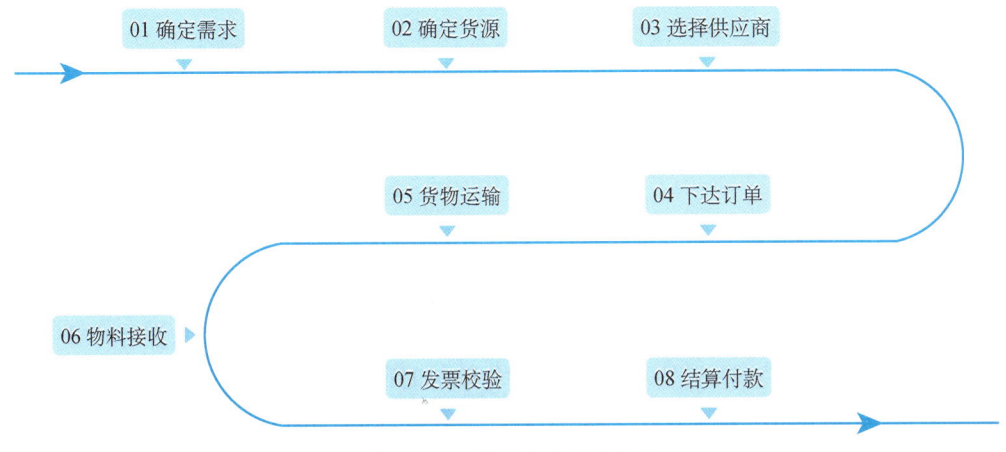

图 4-6　材料采购业务流程图

1. 材料采购的成本计算

材料的采购成本由买价和采购费用组成。买价是指企业采购材料时,购货发票上列示的货款金额(不含可以抵扣的增值税)。采购费用是指企业在采购材料过程中所支付的各项费用,包括材料的运输费、装卸费、保险费、包装费、仓储费、运输途中的合理损耗以及入库前的挑选整理费以及与材料采购业务有关的其他费用。

在计算原材料采购成本时,原材料的卖价属于能够直接记入各种原材料采购成本的直接费用,可以直接记入各种原材料的采购成本。对于采购费用,能够分清属于哪种原材料的,应当直接记入该种原材料的采购成本;凡不能分清的,如为运输多种材料所支付的运输费等,应采用合理的分配标准(如按照原材料的买价、重量、体积等),分配计入各种材料的采购成本。

采购费用分配率和某种材料应分摊的采购费用的计算公式如下:

$$采购费用分配率 = 采购费用总额 \div 分配标准总额$$
$$某种材料应分摊的采购费用 = 该种材料的分配标准数 \times 采购费用分配率$$

温馨提示:

运输途中的合理损耗是指企业与供应或运输部门签订的合同中规定的合理损耗或必要的自然损耗。

入库前的挑选整理费用是指在入库前挑选整理购入的材料而发生的费用,包括挑选过程中发生的工资、费用支出和必要的损耗,但要扣除下脚料、残料的价值。

2. 货款结算

货款结算的方式多种多样,常见的方式有以下几种:第一,现款交易方式,即钱货两清。此种方式表现为购入的材料已验收入库,货款已支付。第二,赊购方式,即购入的材料已验收入库,而货款尚未支付。第三,预付货款方式。即货款已经支付,而购入的材料尚未验收入库。

3. 材料的验收入库

企业所购材料运回后,应根据事先签订的购销合同进行验收,如符合验收标准,则应将材料放入仓库中储备保管。同时还应确认入库材料的价值,并在账面上予以反映。对于已验收入库的材料,其采购成本可以在平时的每一批材料入库时进行结转,也可以平时不结转而在月末时将本月所有的已入库材料的采购成本一次性地进行结转,这样可以简化会计核算手续。

(二) 固定资产购建业务

固定资产购建业务是指企业为生产而购置或建造的房屋、建筑物、机器设备、运输设备等。固定资产的购建一般需要经过购入或建造、安装及调试、计价及付款结算等环节。固定资产应按其取得时的实际成本作为入账的价值,取得时的实际成本包括买价、进口关税、运杂费、包装费、安装费和保险费等相关费用,以及为使固定资产达到预定可使用状态前所发生的必要支出。

固定资产购建核算一般分为两种情况,一种是不需要安装即可投入使用,另一种则需要经过安装、调试后才能投入使用。在核算时必须准确反映所购建的固定资产的实际使用状态和购建成本。

二、供应过程业务的账户设置及会计处理

(一) 材料采购业务

1. 账户设置

为了正确核算材料采购过程中所发生经济业务的准确性,应当设置"在途物资""原材料""应交税费""应付账款""应付票据"和"预付账款"账户。

1)"在途物资"账户

"在途物资"账户属于资产类账户,该账户反映材料的实际采购成本,包括材料的买价、负担的运杂费、运输途中的合理损耗等采购费用。

账户设置:

借方:登记材料的买价和采购费用。

贷方:登记已验收转入"原材料"等账户的材料实际采购成本。

余额:在借方,反映在途材料的实际采购成本。

明细账设置:按材料种类、规格等进行明细核算。

"在途物资"账户如图 4-7 所示。

借方	在途物资	贷方
登记购入材料的买价和采购费用	登记转入"原材料"等账户的材料实际采购成本	
期末余额:反映在途材料的实际采购成本		

图 4-7 "在途物资"账户

2)"原材料"账户

"原材料"账户属于资产类账户,是用来反映和监督企业库存材料增减变动和结存情况的账户。

账户设置:

借方:登记入库材料的成本。

贷方:登记出库材料的成本。

余额:在借方,反映库存材料的成本。

明细账设置:按材料的品种、规格设置。

"原材料"账户如图 4-8 所示。

借方	原材料	贷方
登记入库材料的成本	登记出库材料的成本	
期末余额:反映库存材料的成本		

图 4-8 "原材料"账户

3)"应交税费"账户

"应交税费"属于负债类账户,反映企业按照税法等规定应缴纳的各种税费,包括增值税、消费税、所得税、资源税、土地增值税、城市维护建设税、房产税、城镇土地使用税、车船税、教育费附加等。

账户设置:

借方:登记购买材料、物资时应向供货单位支付的进项税额以及实际缴纳的增值税额。

贷方:登记销售商品时应向购货单位收取的销项税额以及应缴纳的增值税额。

余额:借方余额反映本期尚未抵扣完的可留待下期抵扣的增值税,贷方余额反映企业应交未交的增值税。

明细账设置:按照税费项目设置。

其中"应交税费——应交增值税"账户是用来反映和监督企业应交和实交增值税情况的账户。增值税是国家税务部门就企业的货物或劳务的增值部分征收的税种,增值税是一种价外税,它通过产品实现的销售转嫁给购买者,最终由消费者负担。它的核算采用计算抵扣的方式,即:应交增值税=销项税额-进项税额。企业购买材料时向供应商支付的增值税称为进项税额,记入该账户的借方;企业在销售商品时向购买方收取的增值税称为销项税额,记入该账户的贷方;期末余额如果在贷方,表示企业应交而未交的增值税;期末余额如果在借方,则表示企业本期尚未抵扣完的可留待下期抵扣的增值税。"应交税费——应交增值税"账户应设置"进项税额""销项税额""出口退税""进项税额转出""已交税金"等专栏进行核算。

"应交税费——应交增值税"账户如图 4-9 所示。

4)"应付账款"账户

"应付账款"属于负债类账户,用来核算企业因购买材料、商品和接受劳务等而应付给供应商的款项。

借方	应交税费——应交增值税	贷方
登记购买材料、物资时应向供货单位支付的进项税额以及实际缴纳的增值税额		登记销售商品时应向购货单位收取的销项税额以及应缴纳的增值税额
期末余额：反映本期尚未抵扣完的可留待下期抵扣的增值税		期末余额：反映企业应交未交的增值税

图 4-9 "应交税费——应交增值税"账户

账户设置：

借方：登记已偿还供应单位的款项。
贷方：登记应付而未付的款项。
余额：在贷方，尚未偿还的款项。
明细账设置：按照供应商进行设置。
"应付账款"账户如图 4-10 所示。

借方	应付账款	贷方
登记已偿还供应单位的款项		登记应付未付的款项
		期末余额：反映尚未偿还的应付款项

图 4-10 "应付账款"账户

5)"应付票据"账户

"应付票据"属于负债类账户，用来核算企业购买材料、商品或接受劳务供应等而开出、承兑的商业汇票（包括银行承兑汇票和商业承兑汇票）。

账户设置：

借方：登记到期承付或无力支付转出的商业汇票。
贷方：登记开出的商业汇票。
余额：在贷方，表示尚未到期的商业汇票。
明细账设置：按照债权人的名称设置，企业应当设置应付票据备查簿，详细登记每一张应付票据的种类、号数、签发日期、到期日、票面金额、票面利率、合同交易号、收款人以及付款日期和金额等资料。
"应付票据"账户如图 4-11 所示。

借方	应付票据	贷方
登记到期承付或无力支付转出的商业票据		登记开出的商业汇票
		期末余额：反映尚未到期的商业汇票

图 4-11 "应付票据"账户

6)"预付账款"账户

"预付账款"属于资产类账户，用来核算企业因购买材料、商品或接受劳务按购货合同规定预付给供应商的款项。

账户设置：

借方：登记预付或补付给供应商的款项。

贷方：登记与供应商结算核销的预付款项。

余额：借方余额反映已预付尚未收到物资的金额，贷方余额表示尚未补付的款项。

明细账设置：按供应商进行。对于预付账款业务不多的企业，可以不设本账户，而用"应付账款"账户反映。

"预付账款"账户如图 4-12 所示。

借方	预付账款	贷方
登记预付或补付给供应商的款项		登记与供应商结算核销的预付款项
期末余额：反映已预付尚未收到物资的金额		期末余额：反映尚未补付的款项

图 4-12 "预付账款"账户

2. 会计处理

【例 4-6】 名扬公司于 2023 年 12 月 1 日从安胜工厂购入甲材料 2 000 千克，并收到安胜工厂开具的增值税专用发票，发票上注明：价款 80 000 元，增值税税率 13%，价税合计 90 400 元；购入材料的运费 1 000 元。上述款项 91 400 元以银行存款支付，材料已运达企业，尚未验收入库。根据以上信息编制会计分录。

【分析】 该项经济业务的发生，一方面使名扬公司的购买甲材料支出增加了 81 000 元（其中买价 80 000 元、运费 1 000 元），应作为材料采购成本记入"在途物资"账户的借方，同时发生了增值税的进项税额 10 400 元，应记入"应交税费——应交增值税（进项税额）"账户的借方；另一方面使名扬公司的银行存款减少了 91 400 元，应记入"银行存款"账户的贷方。该项经济业务用会计分录表示为：

借：在途物资——甲材料　　　　　　　　　　　　　　　　　　　　　81 000
　　应交税费——应交增值税（进项税额）　　　　　　　　　　　　　10 400
　　贷：银行存款　　　　　　　　　　　　　　　　　　　　　　　　　91 400

【例 4-7】 12 月 2 日，[例 4-6]中的甲材料，检验合格，验收入库。根据以上信息编制会计分录。

【分析】 购买甲材料验收入库，则库存材料增加，应记入"原材料"账户的借方，同时将该项材料的采购成本予以结转，记入"在途物资"账户的贷方。这项经济业务用会计分录表示为：

借：原材料——甲材料　　　　　　　　　　　　　　　　　　　　　　81 000
　　贷：在途物资——甲材料　　　　　　　　　　　　　　　　　　　　81 000

【例 4-8】 名扬公司于 2023 年 12 月 6 日从大众工厂购入乙材料 1 000 千克，每千克价格为 58 元，共计买价 58 000 元，运杂费 1 200 元，应付增值税税款 7 540 元。上述款项价款、税金与运杂费尚未支付。根据以上信息编制会计分录。

【分析】 该项经济业务的发生，一方面使名扬公司的采购乙材料支出增加了 59 200 元，应作为材料采购成本记入"在途物资"账户的借方，同时发生了增值税的进项税额 7 540 元，应记入"应交税费——应交增值税（进项税额）"账户的借方；另一方面因货款未付而使得名扬公司的负债(应付账款)增加了 66 740 元,应记入"应付账款"账户的贷方。该项经济业务用会计分录表示为：

  借：在途物资——乙材料   59 200
    应交税费——应交增值税(进项税额)   7 540
    贷：应付账款——大众工厂   66 740

【例 4-9】 12 月 7 日,[例 4-8]乙材料,检验合格,验收入库。根据以上信息编制会计分录。

【分析】 该项经济业务的分析可参考[例 4-7]。会计分录表示为：

  借：原材料——乙材料   59 200
    贷：在途物资——乙材料   59 200

【例 4-10】 12 月 10 日,名扬公司开出承兑的商业汇票偿付[例 4-8]购入乙材料所欠大众工厂的货款。根据以上信息编制会计分录。

【分析】 该项经济业务的发生,使名扬公司的一项负债(应付账款)减少,记入"应付账款"账户的借方；另一项负债(应付票据)增加,记入"应付票据"的贷方。该项经济业务用会计分录表示为：

  借：应付账款——大众工厂   66 740
    贷：应付票据——大众工厂   66 740

【例 4-11】 承[例 4-10]名扬公司接到银行通知,开出的银行承兑汇票到期,已经从公司存款账户中支付 66 740 元的票据款。根据以上信息编制会计分录。

【分析】 该项经济业务的发生,一方面使名扬公司的应付票据减少 66 740 元,记入"应付票据"账户的借方；另一方面使名扬公司的银行存款减少了 66 740 元,记入"银行存款"账户的贷方。该项经济业务用会计分录表示为：

  借：应付票据——大众工厂   66 740
    贷：银行存款   66 740

【例 4-12】 名扬公司于 2023 年 12 月 10 日向霞光公司购入下列材料：丙材料 1 000 千克,每千克 50 元,共计买价 50 000 元；丁材料 4 000 千克,每千克 7.8 元,共计买价 31 200 元。两种材料的运杂费共计 2 400 元。应付增值税 10 556 元。价款、运杂费及税金全部以银行存款支付。两种材料均未验收入库。根据以上信息编制会计分录。

【分析】 名扬公司购入丙、丁两种材料时发生了共同的运杂费 2 400 元,不能直接确认该计入哪种材料的采购成本,因此,应进行分配,其分配标准为材料的重量比例。

(1) 计算分配率：

  费用分配率＝运杂费÷材料总重量＝2 400÷(1 000＋4 000)＝0.48(元/千克)

(2) 计算运杂费：

  丙材料应分配的运杂费＝丙材料的重量×费用分配率＝1 000×0.48＝480(元)
  丁材料应分配的运杂费＝丁材料的重量×费用分配率＝4 000×0.48＝1 920(元)

(3) 计算材料采购成本：

    丙材料的采购成本＝50 000＋480＝50 480(元)

丁材料的采购成本＝31 200＋1 920＝33 120(元)

该项经济业务的发生,一方面使名扬公司的材料采购支出增加了83 600元,应作为材料采购成本记入"材料采购"账户的借方,发生增值税进项税额10 556元,应记入"应交税费——应交增值税(进项税额)"账户的借方;另一方面使名扬公司的负债(应付账款)增加了94 156元,应记入"应付票据"账户的贷方。这项经济业务用会计分录表示为:

借:在途物资——丙材料　　　　　　　　　　　　　　　　　50 480
　　　　　　——丁材料　　　　　　　　　　　　　　　　　33 120
　　应交税费——应交增值税(进项税额)　　　　　　　　　　10 556
　　贷:应付账款——霞光公司　　　　　　　　　　　　　　　94 156

【例4-13】 12月11日,[例4-12]采购霞光公司材料经检验,检验合格,验收入库。根据以上信息编制会计分录。

【分析】 该项经济业务的分析可参考[例4-7]。会计分录表示为:

借:原材料——丙材料　　　　　　　　　　　　　　　　　　50 480
　　　　　——丁材料　　　　　　　　　　　　　　　　　　33 120
　　贷:在途物资——丙材料　　　　　　　　　　　　　　　　50 480
　　　　　　　——丁材料　　　　　　　　　　　　　　　　33 120

【例4-14】 名扬公司于2023年12月18日向都荟公司预订甲材料5 000千克,并用银行存款10 000元预付材料的货款。

【分析】 该项经济业务的发生,一方面使名扬公司获得了一项债权(要求对方提供甲材料的权利)10 000元,应记入"预付账款"账户的借方;另一方面又使得名扬公司的银行存款减少了10 000元,应记入"银行存款"账户的贷方。该项经济业务用会计分录表示为:

借:预付账款——都荟公司　　　　　　　　　　　　　　　　10 000
　　贷:银行存款　　　　　　　　　　　　　　　　　　　　　10 000

根据资料,计算出甲、乙、丙、丁四种材料的实际成本如表4-1所示。

表4-1　材料采购成本计算表　　　　　　　　　　　金额单位:元

材料品种	重量(千克)	买价	运杂费	采购总成本	单位成本
甲材料	2 000	80 000	1 000	81 000	40.5
乙材料	1 000	58 000	1 200	59 200	59.2
丙材料	1 000	50 000	480	50 480	50.48
丁材料	4 000	31 200	1 920	33 120	8.28
合计	—	219 200	4 600	223 800	—

(二) 固定资产购建业务

1. 账户设置

1) "固定资产"账户

"固定资产"属于资产类账户,用于反映和监督企业固定资产的增减变动情况以及变动后的结果。

账户设置：

借方：登记企业增加的固定资产的原始价值。
贷方：登记企业减少的固定资产的原始价值。
期末余额：在借方，表示企业期末现有的全部固定资产的原价。
明细账设置：按固定资产的种类设置。
"固定资产"账户如图 4-13 所示。

借方	固定资产	贷方
登记企业增加的固定资产的原价	登记企业减少的固定资产原价	
期末余额：反映企业现有的全部固定资产原价		

图 4-13 "固定资产"账户

2)"在建工程"账户

"在建工程"属于资产类账户，反映固定资产的购建支出和应结转的实际成本。

账户设置：

借方：登记购建时支付的买价、增值税、运杂费等。
贷方：登记交付使用时结转的实际成本。
期末余额：在借方，表示尚未完工或交付使用的工程实际成本。
"在建工程"账户如图 4-14 所示。

借方	在建工程	贷方
登记购建时支付的买价、增值税、运杂费等	登记交付使用时结转的实际成本	
期末余额：反映企业尚未完工或交付使用的工程实际成本		

图 4-14 "在建工程"账户

2. 会计处理

1) 购入不需要安装的固定资产

【例 4-15】 名扬公司于 2023 年 12 月 8 日购入一台不需安装的设备，买价 100 000 元，运杂费和包装费 10 000 元，全部款项以银行存款支付。该设备已运达企业并投入使用。根据以上信息编制会计分录。（不考虑增值税）

【分析】 该项经济业务的发生，一方面使名扬公司的资产（固定资产）增加了 110 000 元（100 000＋10 000），应记入"固定资产"账户的借方；另一方面使名扬公司的资产（银行存款）减少了 110 000 元，应记入"银行存款"账户的贷方。该项经济业务用会计分录表示为：

借：固定资产 110 000
　　贷：银行存款 110 000

2) 购入需要安装的固定资产

【例 4-16】 名扬公司于 2023 年 12 月 20 日购入一台需要安装的设备，买价 200 000 元，运杂费和包装费30 000元,全部款项以银行存款支付(不考虑增值税)。在安装过程中,耗用材料2 000元,以银行存款支付外单位安装人员工资3 000元。安装完毕,经验收合格交付使用。根据以上信息编制会计分录。

【分析】 名扬公司在购入该设备时包括以下三笔经济业务。

(1)购入固定资产业务。由于该设备需要安装,因此应将因购买而发生的全部支出230 000元(200 000+30 000)记入"在建工程"账户的借方和"银行存款"账户的贷方。该笔业务的会计分录如下:

借:在建工程　　　　　　　　　　　　　　　　　　　　　　　　230 000
　　贷:银行存款　　　　　　　　　　　　　　　　　　　　　　　　230 000

(2)固定资产的安装业务。在设备安装过程中,所耗用的材料费用和所支付安装人员的工资费用,一方面使企业的材料和银行存款等资产项目减少,另一方面也使企业所购入的固定资产的安装费用增加。材料和库存现金的减少分别记入"原材料"账户和"银行存款"账户的贷方;而固定资产的安装费用增加应记入"在建工程"账户的借方。该笔业务的会计分录如下:

借:在建工程　　　　　　　　　　　　　　　　　　　　　　　　5 000
　　贷:银行存款　　　　　　　　　　　　　　　　　　　　　　　　3 000
　　　　原材料　　　　　　　　　　　　　　　　　　　　　　　　　2 000

(3)固定资产验收交付使用业务。固定资产经验收交付使用后,应将固定资产的全部成本235 000元(230 000+5 000),由"在建工程"账户的贷方转入"固定资产"账户的借方。该笔业务的会计分录如下:

借:固定资产　　　　　　　　　　　　　　　　　　　　　　　　235 000
　　贷:在建工程　　　　　　　　　　　　　　　　　　　　　　　　235 000

任务四　生产过程业务核算

一、生产过程业务核算的主要内容

在经过生产准备之后,企业就可以对原材料进行加工制造出产成品,这一过程就是生产过程。生产过程的主要任务是生产出可供企业销售的产品。

生产过程业务核算的主要内容是进行各种生产费用的归集和分配并形成产品的成本。各种生产费用包括材料费用、人员工资费用和其他费用。对于费用的归集和分配可以采用一定的计算方法最终计算出产品成本并结转成本。

企业的生产费用分为计入产品制造成本的费用和不计入产品制造成本的期间费用。

计入产品制造成本的部分又可分为直接费用和间接费用。直接费用是企业为生产产品所发生的直接材料、直接人工和其他直接费用,这些费用发生时可直接计入产品的制造成本;间接费用是企业为生产产品所发生的不能直接计入制造成本的费用,主要是生产车间为组织和管理生产活动所发生的各项费用及车间的一般性消耗,如车间管理人员的工资。

不计入产品制造成本的期间费用主要包括管理费用、财务费用和销售费用,这些费用和会计期间相关,与产品生产没有直接关系。

费用和成本之间的关系如图4-15所示。

图4-15 费用和成本的关系

二、生产过程业务的账户设置及会计处理

在产品生产过程中,会产生一系列的费用,相关费用经过归集、分配最终会形成产品成本。为了保证产品成本核算的准确性,在生产过程中,应设置相应的账户并依据经济业务发生的性质进行会计处理。

(一)直接材料费用核算

直接材料是指直接用于产品生产的原材料、辅料。原材料一旦被产品的生产所耗用,它的价值就一次性转移到产品中,并构成产品成本的一部分。一般而言,归属于某种产品直接耗用的原材料,可以直接计入该产品的成本中。如果归属于几种产品共同耗用的直接材料,则应当采用适当的分配方法将其金额分配到各个产品的成本中。

1."生产成本"账户设置

"生产成本"账户属于成本类账户,用于核算企业为生产产品发生的各项生产费用。

账户设置:

借方:登记产品费用的发生数,包括直接材料、直接人工和制造费用。

贷方:登记已完工并验收入库的产品成本。

期末余额:在借方,反映尚未完工的在产品成本。

明细账设置:按产品品种进行。

"生产成本"账户如图4-16所示。

借方	生产成本	贷方
登记产品费用的发生数,包括直接材料、直接人工和制造费用		登记已完工并验收入库的产品成本
期末余额:反映尚未完工的在产品成本		

图4-16 "生产成本"账户

2. "生产成本"会计处理

【例 4-17】 名扬公司 2023 年 12 月 31 日,汇总本月仓库发出材料,本月生产领用材料共计 150 000 元,其中,甲材料 80 000 元全部用于 A 产品的生产,乙材料 70 000 元全部用于 B 产品的生产。根据以上信息编制会计分录。

【分析】 该项经济业务的发生,一方面使名扬公司的直接材料耗用增加了 150 000 元,其中,直接用于 A 产品生产的甲材料 80 000 元,应作为其生产成本记入"生产成本——A 产品"账户的借方,直接用于 B 产品生产的乙材料 70 000 元,应作为其生产成本记入"生产成本——B 产品"账户的借方;另一方面使名扬公司的库存材料减少了 150 000 元,应记入"原材料"账户的贷方。该项经济业务用会计分录表示为:

借:生产成本——A 产品　　　　　　　　　　　　　　　　80 000
　　　　　　——B 产品　　　　　　　　　　　　　　　　70 000
　贷:原材料　　　　　　　　　　　　　　　　　　　　150 000

(二) 直接人工费用核算

直接人工费用是指直接参与产品生产的职工薪酬,包括生产工人工资及职工福利费、工会经费、职工教育经费、社会保险费、住房公积金等。一般而言,直接从事某种产品生产耗用的直接人工,可以直接计入该产品的成本中。如果同时生产几种产品共同耗用的直接人工,则应当采用适当的分配方法将其金额分配到各个产品的成本中。

1. "应付职工薪酬"账户设置

"应付职工薪酬"账户属于负债类账户,用于核算企业应付给职工的各种薪酬,包括工资、奖金、福利、津贴、社会保险、住房公积金等。

账户设置:

借方:登记实际发放的职工薪酬数。
贷方:登记本期计算的已分配计入成本费用项目的职工薪酬数。
期末余额:在贷方,表示企业应付未付的职工薪酬。
明细账设置:按"工资""福利费""职工福利""社会保险费""住房公积金""工会经费""职工教育经费"等。"应付职工薪酬"账户格式如图 4-17 所示。

借方	应付职工薪酬	贷方
登记实际发放的职工薪酬数	登记本期计算的已分配计入成本费用项目	
	期末余额:应付未付的职工薪酬数	

图 4-17 "应付职工薪酬"账户

2. "应付职工薪酬"会计处理

1) 职工工资

【例 4-18】 名扬公司 2023 年 12 月 31 日,分配本月工资费用,其中生产 A 产品工人工资 50 000 元,生产 B 产品工人工资 40 000 元。根据以上信息编制会计分录。

【分析】 该项经济业务的发生,一方面使名扬公司本月应计入有关成本费用项目的工资费用增加了 90 000 元,其中,生产 A 产品工人工资 50 000 元,应直接记入"生产成本——

A 产品"账户的借方,生产 B 产品工人工资 40 000 元,应直接记入"生产成本——B 产品"账户的借方;另一方面使名扬公司的债务(应付职工薪酬数额)增加了 90 000 元,应记入"应付职工薪酬——工资"账户的贷方。该项经济业务用会计分录表示为:

  借:生产成本——A 产品   50 000
      ——B 产品   40 000
   贷:应付职工薪酬——工资   90 000

【例 4-19】 名扬公司 2024 年 1 月 15 日,发放上月生产工人工资 90 000 元,款项以银行存款支付。根据以上信息编制会计分录。

【分析】 该项经济业务一方面使名扬公司的资产(银行存款)减少了 90 000 元,应记入"银行存款"账户的贷方;另一方面使名扬公司的债务(应付职工薪酬数额)也减少了 90 000 元,应记入"应付职工薪酬——工资"账户的借方。该项经济业务用会计分录表示为:

  借:应付职工薪酬——工资   90 000
   贷:银行存款   90 000

2)职工福利费

【例 4-20】 2023 年 12 月 31 日,名扬公司提取职工福利费,其中生产 A 产品工人福利费为 7 000 元,生产 B 产品工人福利费为 5 600 元。根据以上信息编制会计分录。

【分析】 该项经济业务的发生,一方面使名扬公司本月应负担的职工福利方面的支出增加了 12 600 元,其中,生产 A 产品工人福利费 7 000 元,应直接记入"生产成本——A 产品"账户的借方,生产 B 产品工人福利费 5 600 元,应直接记入"生产成本——B 产品"账户的借方;另一方面使名扬公司的应负担职工福利费增加了 12 600 元,应记入"应付职工薪酬——职工福利"账户的贷方。该项经济业务用会计分录表示为:

  借:生产成本——A 产品   7 000
      ——B 产品   5 600
   贷:应付职工薪酬——职工福利   12 600

【例 4-21】 2023 年 12 月 10 日,名扬公司以现金支付某职工生活困难补助费用 2 000 元。根据以上信息编制会计分录。

【分析】 该项经济业务一方面使名扬公司的资产(现金)减少了 2 000 元,应记入"库存现金"账户的贷方;另一方面名扬公司因实现了对职工在福利待遇方面的承诺而使得其债务(职工福利费)也减少了 2 000 元,应记入"应付职工薪酬——职工福利"账户的借方。该项经济业务用会计分录表示为:

  借:应付职工薪酬——职工福利   2 000
   贷:库存现金   2 000

(三)制造费用归集与分配核算

制造费用即计入产品生产成本的间接费用,是指应计入产品生产成本,但在其发生时不能够直接归集为某种产品生产成本的有关费用。一般而言,需要将制造费用先汇总,然后再采用适当的方法在各种产品之间进行分配,才能计入各产品的成本。

1. 账户设置

1)"制造费用"账户

"制造费用"账户属于成本类账户,用于核算企业生产车间为生产产品而发生的各项间接费用,包括职工薪酬、折旧费、办公费、水电费、劳动保护费、季节性和修理期间的停工损失等。

账户设置:

借方:登记生产过程中发生的制造费用。

贷方:登记分配转入"生产成本"账户的制造费用。

期末余额:一般无余额。

明细账设置:按不同的车间设置明细账,明细账内按费用项目设置专栏。

"制造费用"账户如图 4-18 所示。

借方	制造费用	贷方
登记生产过程中发生的制造费用	登记分配转入"生产成本"账户的制造费用	
期末余额:结转后一般无余额		

图 4-18 "制造费用"账户

2)"累计折旧"账户

固定资产在较长的使用期内仍保持原有的实物形态,但其价值却随着使用中发生的损耗而逐渐减少。这种因损耗而减少的价值,就是固定资产的折旧。固定资产账面价值为资产的原值减去相应的累计折旧后的余额,因此计提的折旧越多,固定资产的账面价值就越少。

"累计折旧"账户属于资产类账户,同时是固定资产的备抵账户,用来反映固定资产在使用过程中的损耗价值。

账户设置:

借方:登记出售、报废、损毁固定资产的折旧额。

贷方:登记按月计提的固定资产折旧增加数额。

期末余额:在贷方,反映企业现有固定资产累计折旧额。

"累计折旧"账户如图 4-19 所示。

借方	累计折旧	贷方
登记出售、报废、损毁固定资产的折旧额	登记按月计提的固定资产折旧增加数额	
	期末余额:反映企业现有固定资产累计折旧数额	

图 4-19 "累计折旧"账户

2. 会计处理

【例 4-22】 2023 年 12 月 10 日,名扬公司开出转账支票,支付车间办公费 1 000 元,水电费 1 600 元、劳动报销费 4 000 元,共计 6 600 元。根据以上信息编制会计分录。

【分析】 该项经济业务的发生,一方面使名扬公司本月制造费用增加了 6 600 元,应记入"制造费用"账户的借方;另一方面使名扬公司的银行存款减少了 6 600 元,应记入"银行存款"账户的贷方。该项经济业务用会计分录表示为:

```
借：制造费用                                           6 600
    贷：银行存款                                              6 600
```

【例 4-23】 2023 年 12 月 15 日,车间管理耗用包装用材料 100 千克,价值 3 600 元。根据以上信息编制会计分录。

【分析】 该项经济业务的发生,一方面使名扬公司车间的材料消耗增加了 3 600 元,应记入"制造费用"账户的借方;另一方面使名扬公司的周转材料(低值易耗品)减少了 3 600 元,应记入"周转材料"账户的贷方。该项经济业务用会计分录表示为:

```
借：制造费用                                           3 600
    贷：周转材料                                              3 600
```

【例 4-24】 名扬公司于 2023 年 12 月 30 日,分配本月工资费用,其中生产车间管理人员工资合计 20 000 元,并根据规定按照工资总额的 14% 计提车间管理人员职工福利费。根据以上信息编制会计分录。

【分析】 该项经济业务的发生,一方面使名扬本月应负担的车间管理人员工资及福利费用支出增加了 22 800 元(20 000+20 000×14%),应记入"制造费用"账户的借方;另一方面使名扬公司车间管理的应付职工薪酬和职工应享有的福利待遇分别增加了 20 000 元和 2 800 元,应分别记入"应付职工薪酬——工资"账户和"应付职工薪酬——职工福利"账户的贷方。该项经济业务用会计分录表示为:

```
借：制造费用                                          22 800
    贷：应付职工薪酬——工资                                   20 000
              ——职工福利                                 2 800
```

【例 4-25】 2023 年 12 月 30 日,计提本期固定资产折旧,其中车间用固定资产折旧 12 000 元。根据以上信息编制会计分录。

【分析】 该项经济业务的发生,一方面使名扬公司车间的制造费用增加了 1 000 元,应记入"制造费用"账户的借方;另一方面固定资产在本月价值损耗了 12 000 元,使名扬公司的累计折旧增加 12 000 元,应记入"累计折旧"账户的贷方。该项经济业务用会计分录表示为：

```
借：制造费用                                          12 000
    贷：累计折旧                                             12 000
```

【例 4-26】 2023 年 12 月 30 日,根据制造费用明细账归集的本月制造费用合计 45 000 元,按照生产工人的工资总额标准进行分配。财务部门编制制造费用分配表据以进行制造费用分配的核算,如表 4-2 所示。根据以上信息编制会计分录。

表 4-2 制造费用分配表

产品名称	生产工人工资总额(元)	分配率	分配金额(元)
A 产品	50 000	45 000÷90 000=0.5	50 000×0.5=25 000
B 产品	40 000		40 000×0.5=20 000
合计	90 000		45 000

【分析】 该项经济业务的发生,应当根据制造费用明细账归集的制造费用总额,按规定

的分配标准计算并确定 A、B 产品应负担的制造费用,然后进行结转。一方面使得名扬公司产品的成本增加了 45 000 元,应记入"生产成本"账户的借方;另一方面使得名扬公司的制造费用因分配结转而减少了 45 000 元,应记入"制造费用"账户的贷方。该项经济业务用会计分录表示为:

借:生产成本——A 产品　　　　　　　　　　　　　　　25 000
　　　　　　——B 产品　　　　　　　　　　　　　　　20 000
　　贷:制造费用　　　　　　　　　　　　　　　　　　　　　45 000

(四) 完工产品入库核算

月末产品生产完成后需要进行成本的汇总计算,即汇总本月生产产品耗用的原材料、辅助材料、工资费用、其他费用等生产费用金额并按照一定的对象进行归集。在确定产品完工成本时,需要根据企业的生产类型及业务的复杂程度确定合适的核算方法,成本核算方法包括品种法、分批法、分步法、作业成本法等。对于大量大批的单步骤生产企业,一般采用的是品种法进行核算。产品根据生产的完工程度可以分成产成品和在产品。完工的产品称为产成品,未完工的产品称为在产品。

一般来说,如果月末某种产品全部完工,那么本月该产品归集的生产费用总额就是该种完工产品的总成本;如果月末某种产品全部未完工,那么本月该产品归集的生产费用总额就是该种产品的月末在产品总成本;如果月末某种产品出现部分完工和部分未完工,那么本月该产品归集的生产费用总额,则应采用适当的分配方法在完工产品和在产品之间进行分摊,以计算出完工产品的总成本和单位成本。计算公式如下:

月初在产品成本 + 本月发生生产成本 = 本月完工产品总成本 + 月末在产品成本

1. "库存商品"账户设置

"库存商品"账户属于资产类账户,用于核算企业产成品的增减变动和结存情况,即产品的收、发、存情况。

账户设置:

借方:登记完工验收入库的各种商品成本。
贷方:登记出库的各种商品成本。
期末余额:在借方,反映企业现有库存商品的成本。
明细账设置:按库存商品的种类、品种和规格进行。
库存商品账户格式如图 4-20 所示。

借方	库存商品	贷方
登记完工验收入库的各种商品成本		登记出库的各种商品成本
期末余额:反映企业现有库存商品的成本		

图 4-20 "库存商品"账户

2. "库存商品"会计处理

【例 4-27】 2023 年 12 月 31 日,本月投产的 A 产品 1 000 件和 B 产品 800 件全部完工并验收入库,结转其实际成本。"生产成本——A 产品"明细分类账户归集的生产成本如

表 4-3 所示;"生产成本——B 产品"明细分类账户归集的生产成本如表 4-4 所示。根据以上信息编制会计分录。

表 4-3 生产成本明细账

产品名称:A 产品　　　　　　　　　　　　　　　　　　　　　　　　　　　　单位:元

年		凭证号数	摘要	借方(成本项目)				贷方	余额
月	日			直接材料	工资及福利费	制造费用	合计		
略	略	略	领用材料	80 000			80 000		
			分配工资费用		50 000		50 000		
			发生福利费		7 000		7 000		
			分配制造费用			25 000	25 000		
			结转完工产品成本					162 000	
			本期发生额及余额	80 000	57 000	25 000	162 000		

表 4-4 生产成本明细账

产品名称:B 产品　　　　　　　　　　　　　　　　　　　　　　　　　　　　单位:元

年		凭证号数	摘要	借方(成本项目)				贷方	余额
月	日			直接材料	工资及福利费	制造费用	合计		
略	略	略	领用材料	70 000			70 000		
			分配工资费用		40 000		40 000		
			发生福利费		5 600		5 600		
			分配制造费用			20 000	20 000		
			结转完工产品成本					135 600	
			本期发生额及余额	70 000	45 600	20 000	135 600		

【分析】 该项经济业务的发生,说明 A、B 两种产品生产完工验收存入产成品仓库,按其实际发生的生产费用确定两种产品的制造成本,并按照制造成本进行结转。一方面使企业的产成品增加,应记入"库存商品"账户的借方;另一方面使企业的生产成本减少,应记入"生产成本"账户的贷方。该项经济业务用会计分录表示为:

借:库存商品——A 产品　　　　　　　　　　　　　　　　　　　　　162 000
　　　　　　——B 产品　　　　　　　　　　　　　　　　　　　　　135 600
　贷:生产成本——A 产品　　　　　　　　　　　　　　　　　　　　　162 000
　　　　　　——B 产品　　　　　　　　　　　　　　　　　　　　　135 600

(五) 其他费用核算

在生产过程中会产生一些其他费用,这些费用与产品制造成本无关,由于是在生产过程中产生的,因此也需要对其进行核算。这类其他费用又称为期间费用,包含了管理费用、财务费用和销售费用,财务费用和销售费用在生产过程中一般很少出现,这里只讲述管理费用的账户设置及会计处理。

1. "管理费用"账户设置

"管理费用"账户属于损益类账户,用于核算企业行政管理部门为组织和管理生产经营活动而发生的各项费用,包括行政管理部门职工薪酬及福利费、物料消耗、办公费、咨询费和诉讼费等。

账户设置:

借方:登记本期发生的各项管理费用。
贷方:登记期末转入"本年利润"账户的金额。
期末余额:一般无余额。
明细账设置:按费用项目进行。

"管理费用"账户如图 4-21 所示。

借方	管理费用	贷方
登记本期发生的各项管理费用	登记期末转入"本年利润"账户的金额	
期末余额:一般无余额		

图 4-21 "管理费用"账户

2. "管理费用"会计处理

【例 4-28】 2023 年 12 月 20 日,名扬公司用银行存款支付厂部的办公费 1 800 元,车间水电费 1 000 元。根据以上信息编制会计分录。

【分析】 该项经济业务的发生,一方面使名扬公司的管理费用增加了 2 800 元,应记入"管理费用"账户的借方;另一方面使名扬公司的资产(银行存款)减少了 2 800 元,应记入"银行存款"账户的贷方。该项经济业务用会计分录表示为:

借:管理费用   2 800
  贷:累计折旧   2 800

【例 4-29】 2023 年 12 月 30 日,名扬公司分配本月工资费用,其中厂部管理人员工资合计 13 000 元,并根据规定按照工资总额的 14% 计提车间管理人员职工福利费。根据以上信息编制会计分录。

【分析】 该项经济业务的发生,一方面使名扬公司本月应负担的厂部管理人员工资及福利费用支出增加了 14 820 元(13 000+13 000×14%),应记入"制造费用"账户的借方;另一方面使名扬公司厂部管理人员的薪酬和应享有的福利待遇分别增加了 13 000 元和 1 820 元,应分别记入"应付职工薪酬——工资"账户和"应付职工薪酬——职工福利"账户的贷方。该项经济业务用会计分录表示为:

借:管理费用   14 820
  贷:应付职工薪酬——工资   13 000
       ——职工福利   1 820

【例 4-30】 2023 年 12 月 30 日,计提本期固定资产折旧,其中厂部用固定资产折旧 10 000 元。根据以上信息编制会计分录。

【分析】 该项经济业务的发生,一方面使名扬公司管理费用增加了 10 000 元,应记入"管理费用"账户的借方;另一方面使名扬公司的累计折旧增加 10 000 元,应记入"累计折旧"账户的贷方。该项经济业务用会计分录表示为:

借:管理费用　　　　　　　　　　　　　　　　　　　　　　　10 000
　　贷:累计折旧　　　　　　　　　　　　　　　　　　　　　　　　10 000

4-1 分录的智慧

分录的"智慧"

分录如此简单、直接,又如此执着地提醒着我们,但我们真的做到"知借贷,明得失"了吗? 得到时多想想失去的,失去时多想想得到的。借贷是平的,得失是等的,把情绪熨平,不正是幸福的密码吗?

思政德育

【关键词】 "安全生产责任制""生命至上""安全意识""安全监管"

【政策方向】

(1) 2022 年 10 月 16 日,习近平总书记在中国共产党第二十次全国代表大会上的报告提出:坚持安全第一、预防为主,建立大安全大应急框架,完善公共安全体系,推动公共安全治理模式向事前预防转型。推进安全生产风险专项整治,加强重点行业、重点领域安全监管。提高防灾减灾救灾和重大突发公共事件处置保障能力,加强国家区域应急力量建设。

(2)《中华人民共和国安全生产法》第 3 条规定:安全生产工作坚持中国共产党的领导。安全生产工作应当以人为本,坚持人民至上、生命至上,把保护人民生命安全摆在首位,树牢安全发展理念,坚持安全第一、预防为主、综合治理的方针,从源头上防范化解重大安全风险。安全生产工作实行管行业必须管安全、管业务必须管安全、管生产经营必须管安全,强化和落实生产经营单位主体责任与政府监管责任,建立生产经营单位负责、职工参与、政府监管、行业自律和社会监督的机制。

情境

江苏响水天嘉宜化工"3·21"特别重大爆炸事故教训不能忘

事故回顾

2019 年 3 月 21 日 14 时 48 分,位于江苏省盐城市响水县生态化工园区的天嘉宜化工有限公司(简称天嘉宜化工)发生特别重大爆炸事故,造成 78 人死亡、76 人重伤、640 人住院治疗,直接经济损失 198 635.07 万元。

事故调查组认定,天嘉宜化工"3·21"特别重大爆炸事故是一起长期违法贮存危险废物导致自燃进而引发爆炸的特别重大生产安全责任事故。

02 事故原因

事故直接原因:天嘉宜化工旧固废库内长期违法贮存的硝化废料持续积热升温导致自燃,燃烧引发硝化废料爆炸。

起火原因:事故调查组通过调查逐一排除了其他起火原因,认定为硝化废料分解自燃起火。

03 事故企业主要问题

(1) 刻意瞒报硝化废料。硝化废料始终未向环保(生态环境)部门申报登记,并刻意隐瞒欺骗。

(2) 长期违法贮存硝化废料。大量的硝化废料长期存放于不具备贮存条件的煤棚、固废仓库等场所,超时贮存问题严重,最长贮存时间甚至超过7年。

(3) 违法处置固体废物。多次违法掩埋、转移固体废物,偷排含硝化废料的废水。曾因非法偷运、偷埋危险废物124.18吨,被追究刑事责任。

(4) 固废和废液焚烧项目长期违法运行。至事故发生时固废和废液焚烧项目仍未通过响水县环保局验收。

(5) 安全生产严重违法违规。在实际控制人犯罪判刑不具备担任主要负责人法定资质的情况下,让硝化车间主任挂名法定代表人,属于严重的不诚信行为。

(6) 违法未批先建问题突出。2010—2017年,在未取得规划许可、施工许可的情况下,擅自在厂区内开工建设包括固废仓库在内的6批工程。

04 环评机构主要问题

苏州科太环境技术有限公司为天嘉宜化工编制的《建设项目变动环境影响分析报告》,与实际情况不符,报告内容严重失实。

江苏省环境科学研究院将天嘉宜化工《固体废物污染防治专项论证报告》编制工作转包给盐城市海西环保科技有限公司,但仍以江苏省环境科学研究院的名义出具论证报告。

盐城市海西环保科技有限公司编制的《固体废物污染防治专项论证报告》与实际情况严重不符。

江苏省环科院环境科技有限责任公司出具的《环保设施效能评估及复产整治报告》与事实严重不符,导致天嘉宜化工在没有满足环保条件的情况下复产。

盐城市环境监测中心站未对天嘉宜化工现场固废仓库的危险废物进行查验,未对硝化工段的工艺进行全流程核查,没有发现硝化工段废水处理工艺流程的重大变更。

05 安评机构主要问题

江苏天工大成安全技术有限公司2018年9月为天嘉宜化工进行复产综合性安全评价时，安全条件检查不全面、不深入，评价报告与实际情况严重不符，事故隐患整改确认表未签字确认。

06 其他机构主要问题

江苏弘盛建设工程集团有限公司规划建筑设计研究院无设计资质，却以其名义出具固废仓库设计图纸。

江苏中建建设研究院绘制的天嘉宜化工固废和焚烧技改项目施工图总体布置图与实际不符。

盐城正鼎房屋安全鉴定有限公司在新固废库D-H轴梁、柱等结构布置与设计图纸不符的情况下，出具了合格的鉴定报告。

江苏巨安消防工程有限公司在未取得消防设施维护保养检测机构资质的情况下，违规开展消防技术服务活动，从业人员不具备执业资格，未按规定建立和保管消防技术服务档案。

盐城大丰区建设工程施工图审查中心出具的固废和废液焚烧项目施工图总图总平面布置图与现场不符，出图手续不齐。

【启示】

在生产过程中企业必须坚决做好安全生产各项工作，坚决守住安全生产底线，牢记安全生产事故"警钟长鸣"，切勿让悲剧重演。

资料来源：节选自苏州普法《53人被判刑！江苏响水天嘉宜公司"3·21"特大爆炸事故案一审宣判》。

任务五　销售过程业务核算

一、销售过程核算的主要内容

企业生产产品的最终目的在于通过销售实现经济效益，即实现企业的利润。产品在生产完成之后进入销售过程，销售过程是企业以一定的方式将产品销售给购货单位，并按销售价格取得销售收入的过程，是企业产品价值实现的过程。在这一过程中，使产品资金转化成货币资金，实现了企业资金的流入，弥补了企业因实现产品销售的各项开支及耗费，从而使得再生产得以持续不断地进行。产品销售过程如图4-22所示。

根据销售过程的业务内容，可以将企业销售核算业务内容分为产品销售收入的确认、企业与客户的货款结算、产品销售成本、费用、税金及附加的确认等。

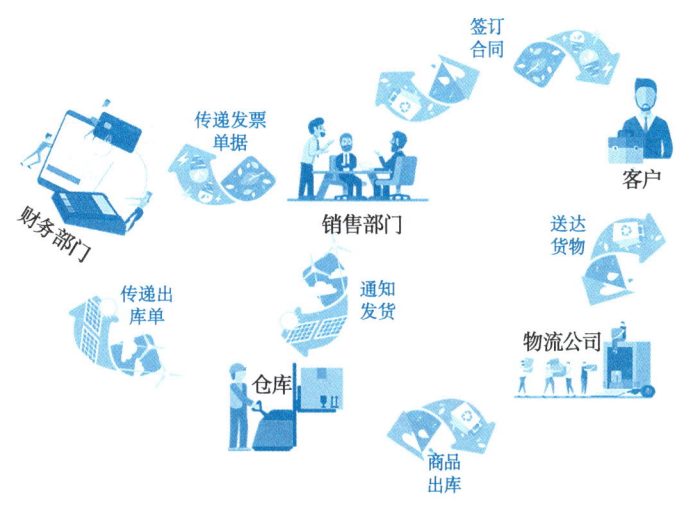

图 4-22 产品销售过程

（一）产品销售收入的确认

销售收入是指企业通过产品销售或提供劳务所获得的货币收入以及形成的应收销货款。作为企业实现经营成果的基础，销售收入按照业务发生的主次及经常性情况可以分成产品销售收入和其他销售收入两部分，其中产品销售收入是主要收入。销售收入的多少取决于销售商品、劳务的数量和价格。

企业销售收入的确认需要考虑销售确认时点和金额。确认销售收入的时点一般以产品已经发出，货款已经收到或者已取得收取价款的凭据（获取收款权利）为确认标志。销售商品的收入，应在下列条件均能满足时予以确认：

（1）企业已将商品所有权上的主要风险和报酬转移给购货方。

（2）企业既没有保留通常与所有权相联系的继续管理权，也没有对已售出的商品实施控制。

（3）相关的收入和成本能够可靠地计量。

（4）与交易相关的经济利益很可能流入企业。

（5）相关的已发生的成本和或将发生的成本能够合理地估计。

（二）企业与客户的货款结算

产品销售和材料采购一样，根据合同的约定不同，同样有多种货款结算方式，常见的方式有以下三种：第一，现款交易方式即钱货两清，此种方式表现为企业销售产品后马上收到客户支付的现款。第二，赊销方式，即企业销售产品后，货款暂未收到。第三，预收货款方式，此种方式表现为企业在销售产品之前，已向客户收取部分货款，待到根据合同规定向客户发出产品时，其实际销货款再从中抵扣。

（三）产品销售成本、费用、税金及附加的确认

产品销售成本、销售过程发生的费用和税金支出，都是企业为获取销售收入而付出的代价。因此，这些支出就必须从销售收入中获得补偿，并在销售收入确认的会计期间内同时予以确认。

企业必须按照收入费用配比原则确认当期成本、费用及税金，这样才能保证利润核算的

准确性,从而为企业的利益相关者提供必要的信息。

二、销售过程业务的账户设置及会计处理

为了反映和监督企业销售产品和提供劳务所产生的收入,以及因销售产品而与购买单位之间发生的货款结算业务,同时进行取得收入相关的成本、费用、税金的准确核算,企业需要对发生的相关经济业务设置相应的账户和进行会计处理。

(一) 账户设置

1. 核算销售收入的账户

1)"主营业务收入"账户

"主营业务收入"账户属于损益类账户,用来核算企业根据《企业会计准则第 14 号——收入》确认的销售商品、提供劳务等日常活动产生的收入。

❓ **账户设置:**

借方:登记企业发生销售退回、销售折扣和折让以及期末将其收入结转至"本年利润"账户的转销数。

贷方:登记实现的主营业务收入。

期末余额:一般无余额。

明细账设置:按主营业务的种类或产品种类进行。

"主营业务收入"账户如图 4-23 所示。

借方	主营业务收入	贷方
登记企业发生销售退回、销售折扣和折让以及期末将其收入结转至"本年利润"账户的转销数	登记本期实现的主营业务收入数额	
	期末余额:一般无余额	

图 4-23 "主营业务收入"账户

2)"其他业务收入"账户

"其他业务收入"账户属于损益类账户,用来核算企业确认的除主营业务活动以外的其他经营活动实现的收入,如销售材料、固定资产出租、包装物出租等收入。

❓ **账户设置:**

借方:登记销售退回冲销的其他业务收入及期末转销数。

贷方:登记实现的其他业务收入。

期末余额:一般无余额。

明细账设置:按其他业务收入的种类进行。

"其他业务收入"账户如图 4-24 所示。

借方	其他业务收入	贷方
登记销售退回冲销的其他业务收入及期末转销数	登记实现的其他业务收入	
	期末余额:一般无余额	

图 4-24 "其他业务收入"账户

2. 结算类账户

1)"应收账款"账户

"应收账款"账户属于资产类账户,用来核算企业因销售商品、提供劳务等经营活动应收取的款项。

账户设置:

借方:登记发生的应收款项。

贷方:登记已收回的应收款项和已确认为坏账的应收账款数额。

期末余额:在借方,反映企业尚未收回的应收账款数额。

明细账设置:按购货单位和个人名称进行。

"应收账款"账户如图 4-25 所示。

借方	应收账款	贷方
登记发生的应收款项	登记已收回的应收款项和已确认为坏账的应收账款数额	
期末余额:反映企业尚未收回的应收账款数额		

图 4-25 "应收账款"账户

2)"应收票据"账户

"应收票据"账户属于资产类账户,用来核算企业因销售商品、提供劳务等经营活动而收到的商业汇票。

账户设置:

借方:登记收到开出、承兑的商业汇票。

贷方:登记汇票到期收回货款或转销。

期末余额:在借方,反映尚未到期兑现的商业汇票。

明细账设置:按开出、承兑商业汇票的单位进行。

"应收票据"账户如图 4-26 所示。

借方	应收票据	贷方
登记收到开出、承兑的商业汇票	登记汇票到期收回货款或转销	
期末余额:反映企业尚未到期兑现的商业汇票		

图 4-26 "应收票据"账户

3)"预收账款"账户

"预收款项"账户属于负债类账户,用来核算企业按照合同规定向购货单位预收的款项。

账户设置:

借方:登记应收的货款和退回多收的货款。

贷方:登记预收的货款和补付的货款。

期末余额:在借方,反映应收未收的款项金额;在贷方,反映企业预收的款项金额。

明细账设置:按购货单位名称进行。

"预收账款"账户如图 4-27 所示。

借方	预收账款	贷方
登记应收的货款和退回多收的货款	登记预收的货款和补付的货款	
反映应收未收的款项金额	反映企业预收的款项金额	

图 4-27 "预收账款"账户

3. 核算营业成本、费用、税金及附加的账户

1) "主营业务成本"账户

"主营业务成本"账户属于损益类账户,用来核算企业确认销售商品、提供劳务等主营业务收入时应结转的成本。

账户设置:

借方:登记已确认收入的主营业务的成本。

贷方:登记销货退回而冲减其销售成本以及期末将其成本结转至"本年利润"账户的转销数。

期末余额:一般无余额。

明细账设置:按主营业务的种类或产品种类进行。

"主营业务成本"账户如图 4-28 所示。

借方	主营业务成本	贷方
登记已确认收入的主营业务的成本	登记销货退回而冲减其销售成本以及期末将其成本结转至"本年利润"账户的转销数	
期末余额:一般无余额		

图 4-28 "主营业务成本"账户

2) "其他业务成本"账户

"其他业务成本"账户属于损益类账户,用来核算企业确认的除主营业务活动以外的其他经营活动所发生的支出。

账户设置:

借方:登记已确认收入的其他业务成本。

贷方:登记销售退回的其他业务成本及期末转销数。

期末余额:一般无余额。

明细账设置:按其他业务的种类。

"其他业务成本"账户如图 4-29 所示。

借方	其他业务成本	贷方
登记已确认收入的其他业务成本	登记销售退回的其他业务成本及期末转销数	
期末余额:一般无余额		

图 4-29 "其他业务成本"账户

3)"税金及附加"账户

"税金及附加"账户属于损益类账户,用来核算企业经营活动发生的消费税、城市维护建设税、教育费附加、资源税等。

账户设置:

借方:登记税法规定计算确定的各种应交税费。

贷方:登记期末从本账户中转入"本年利润"账户的本期税金。

期末余额:一般无余额。

明细账设置:按税种及附加项目进行。

"税金及附加"账户如图4-30所示。

借方	税金及附加	贷方
登记税法规定计算确定的各种应交税费		登记期末从本账户中转入"本年利润"账户的本期税金
期末余额:一般无余额		

图4-30 "税金及附加"账户

温馨提示:

依据《增值税会计处理规定》财会〔2016〕22号文规定,全面试行"营业税改征增值税"后,"营业税金及附加"科目名称调整为"税金及附加"科目,该科目核算企业经营活动发生的消费税、城市维护建设税、资源税、教育费附加及房产税、土地使用税、车船使用税、印花税等相关税费;利润表中的"营业税金及附加"项目调整为"税金及附加"项目。

4)"销售费用"账户

"销售费用"账户属于损益类账户,用来核算企业为销售商品和材料、提供劳务过程中发生的各种费用,包括运输费、装卸费、包装费、保险费、广告费、展销费及专设销售机构所发生的费用等。

账户设置:

借方:登记本期发生的各种销售费用。

贷方:登记期末从本账户中转入"本年利润"账户的本期销售费用。

期末余额:一般无余额。

账户设置:按费用项目进行。

"销售费用"账户如图4-31所示。

借方	销售费用	贷方
登记本期发生的各种销售费用		登记期末从本账户中转入"本年利润"账户的本期销售费用
期末余额:一般无余额		

图4-31 "销售费用"账户

(二) 会计处理

【例 4-31】 2023 年 12 月 5 日，名扬公司销售给远宏公司 A 产品 1 000 件，不含税单价为 300 元，增值税税额为 39 000 元，款项已通过银行转入名扬公司账户。根据以上信息编制会计分录。

【分析】 该项经济业务的发生，使名扬公司的银行存款增加了 339 000 元，应记入"银行存款"账户的借方；企业销售了产品，销售收入增加了 300 000 元，应记入"主营业务收入"账户的贷方；企业因销售产品需要缴纳增值税，负债增加了 39 000 元，应记入"应交税费——应交增值税（销项税额）"账户的贷方。该项经济业务用会计分录表示为：

```
借：银行存款                                          339 000
    贷：主营业务收入——A 产品                          300 000
        应交税费——应交增值税（销项税额）               39 000
```

【例 4-32】 2023 年 12 月 8 日，名扬公司销售给南通公司 B 产品 500 件，不含税单价为 400 元，增值税税额为 26 000 元，收到购货单位签发的期限为一个月的银行承兑汇票一张。根据以上信息编制会计分录。

【分析】 该项经济业务的发生，使名扬公司的应收票据增加了 226 000 元，应记入"应收票据"账户的借方；企业因销售产品而实现的收入增加了 200 000 元，应记入"主营业务收入"账户的贷方；销售产品的同时，企业应交增值税（销项税额）增加了 26 000 元，应记入"应交税费——应交增值税（销项税额）"账户的贷方。该项经济业务用会计分录表示为：

```
借：应收票据——南通公司                                226 000
    贷：主营业务收入——B 产品                          200 000
        应交税费——应交增值税（销项税额）               26 000
```

【例 4-33】 2023 年 12 月 10 日，名扬公司销售给鲁南公司 B 产品 600 件，不含税单价为 400 元，增值税税额为 31 200 元，货款未收。根据以上信息编制会计分录。

【分析】 该项经济业务的发生，使名扬公司的应收账款增加了 271 200 元，应记入"应收账款"账户的借方；企业因销售产品而实现的收入增加了 240 000 元，应记入"主营业务收入"账户的贷方；销售产品的同时，企业应交增值税（销项税额）增加了 31 200 元，应记入"应交税费——应交增值税（销项税额）"账户的贷方。该项经济业务用会计分录表示为：

```
借：应收账款——鲁南公司                                271 200
    贷：主营业务收入——B 产品                          240 000
        应交税费——应交增值税（销项税额）               31 200
```

【例 4-34】 2023 年 12 月 14 日，根据合同约定向民安公司预收 A 产品货款 100 000 元，款项存入银行。根据以上信息编制会计分录。

【分析】 该项经济业务的发生，一方面使名扬公司的银行存款增加 100 000 元，应记入"银行存款"账户的借方；另一方面在收到货款的同时，并未对民安公司实现产品销售，因此该笔款项 100 000 元属于预收账款，应记入"预收账款"账户的贷方。该项经济业务用会计分录表示为：

```
借：银行存款                                          100 000
    贷：预收账款——民安公司                            100 000
```

【例 4-35】 2023 年 12 月 15 日,名扬公司根据合同约定向民安公司发出预订的 A 产品 1 000 件,不含税单价 300 元,增值税税额 39 000 元,价税合计 339 000 元。补收的价款 239 000 元存入银行。根据以上信息编制会计分录。

【分析】 该项经济业务的发生,名扬公司应编制两笔会计分录进行核算。第一,因为发出预订的 A 产品,一方面使名扬公司的主营业务收入增加了 300 000 元,应记入"主营业务收入"账户的贷方,同时企业应交增值税(销项税额)增加了 39 000 元,应记入"应交税费——应交增值税(销项税额)"账户的贷方;另一方面使企业预收账款减少 339 000 元,应记入"预收账款"账户的借方。第二,因为名扬公司补收到货款,一方面使企业的银行存款增加 239 000 元,应记入"银行存款"的借方;另一方面使企业的预收账款增加了 239 000 元,应记入"预收账款"账户的贷方。该项经济业务用会计分录表示为:

借:预收账款——民安公司　　　　　　　　　　　　　　　　　339 000
　　贷:主营业务收入——A 产品　　　　　　　　　　　　　　　　300 000
　　　　应交税费——应交增值税(销项税额)　　　　　　　　　　39 000

同时:

借:银行存款　　　　　　　　　　　　　　　　　　　　　　　　239 000
　　贷:预收账款——民安公司　　　　　　　　　　　　　　　　　239 000

【例 4-36】 2023 年 12 月 25 日,名扬公司开出转账支票用于支付海天物流公司本月销售产品运输费 3 200 元。根据以上信息编制会计分录。

【分析】 该项经济业务的发生,一方面使名扬公司的销售费用增加 3 200 元,应记入"销售费用"账户的借方;另一方面使名扬公司的银行存款减少了 3 200 元,应记入"银行存款"账户的贷方。该项经济业务用会计分录表示为:

借:销售费用　　　　　　　　　　　　　　　　　　　　　　　　3 200
　　贷:银行存款　　　　　　　　　　　　　　　　　　　　　　　3 200

【例 4-37】 2023 年 12 月 28 日,名扬公司支付专设销售机构办公费 3 950 元,款项以银行存款支付。根据以上信息编制会计分录。

【分析】 该项经济业务的发生,一方面使名扬公司的销售费用增加 3 950 元,应记入"销售费用"账户的借方;另一方面使名扬公司的银行存款减少了 3 950 元,应记入"银行存款"账户的贷方。该项经济业务用会计分录表示为:

借:销售费用　　　　　　　　　　　　　　　　　　　　　　　　3 950
　　贷:银行存款　　　　　　　　　　　　　　　　　　　　　　　3 950

【例 4-38】 2023 年 12 月 28 日,名扬公司对外销售甲材料 1 000 千克,不含税单价 50 元,增值税税额 6 500 元,价税合计 56 500 元,款项已存入银行。根据以上信息,编制会计分录。

【分析】 该项经济业务的发生,使名扬公司的银行存款增加了 56 500 元,应记入"银行存款"账户的借方;企业销售了原材料,其他业务收入增加了 50 000 元,应记入"其他业务收入"账户的贷方;企业因销售原材料需要缴纳增值税,负债增加了 6 500 元,应记入"应交税费——应交增值税(销项税额)"账户的贷方。该项经济业务用会计分录表示为:

借：银行存款	56 500
贷：其他业务收入	50 000
应交税费——应交增值税（销项税额）	6 500

【例 4-39】 2023 年 12 月 28 日，名扬公司结转销售甲材料实际成本 40 500 元。根据以上信息编制会计分录。

【分析】 该项经济业务的发生，一方面使名扬公司其他业务成本增加了 40 500 元，应记入"其他业务成本"账户的借方；另一方面使名扬公司的库存甲材料减少 40 500 元，应记入"原材料"账户的贷方。该项经济业务用会计分录表示为：

借：其他业务成本	40 500
贷：原材料——甲材料	40 500

【例 4-40】 2023 年 12 月 30 日，名扬公司根据产品销售明细账结转本月已销售产品成本（A 产品销售数量 2 000 件，单位成本 162 元；B 产品销售 1 100 件，单位成本 169.5 元）。根据以上信息编制会计分录。

【分析】 该项经济业务的发生，一方面使名扬公司的主营业务成本增加了 510 450 元，应记入"主营业务成本"账户的借方；另一方面使名扬公司的库存商品减少了 510 450 元，由于是销售了 A、B 两种产品引起的成本分别增加 324 000 元（2 000×162）和 186 450 元（1 100×169.5），所以应分别记入"库存商品——A 产品"账户的贷方和"库存商品——B 产品"账户的贷方。该项经济业务用会计分录表示为：

借：主营业务成本——A 产品	324 000
——B 产品	186 450
贷：库存商品——A 产品	324 000
——B 产品	186 450

【例 4-41】 2023 年 12 月 30 日，名扬公司按规定计提本月应负担城市维护建设税 5 730 元。根据以上信息编制会计分录。

【分析】 该项经济业务的发生，一方面使名扬公司的本月应承担的税金费用增加 5 730 元，应记入"税金及附加"账户的借方；另一方面使名扬公司的应交税费增加了 5 730 元，应记入"应交税费——应交城市维护建设税"。该项经济业务用会计分录表示为：

借：税金及附加	5 730
贷：应交税费——应交城市维护建设税	5 730

任务六　企业财务成果核算

一、财务成果核算的主要内容

财务成果是指企业在一定时期内生产经营活动的最终成果，反映企业的全部收入减去全部费用后的净额，最终的结果为利润或亏损。此外，企业实现的利润，要按照国家的有关规定进行分配。因此,确定企业实现的利润和对利润进行分配构成了财务成果及利润分配核算的主要内容。

在企业经营过程中,利润的形成是通过净利润指标反映的。净利润是利润总额扣除所得税费用后的余额。其计算过程如下:

营业收入＝主营业务收入＋其他业务收入

营业成本＝主营业务成本＋其他业务成本

营业利润＝营业收入－营业成本－税金及附加－销售费用－管理费用－财务费用－
　　　　　资产减值损失＋公允价值变动净收益(－净损失)＋投资净收益(－净损失)

利润总额＝营业利润＋营业外收入－营业外支出

净利润＝利润总额－所得税费用

所得税费用＝利润总额(或应纳税所得额)×所得税税率

从上述计算过程可以看出,企业在一定会计期间形成的净利润受到诸多因素的影响,必须对其分项加以反映和监督。因而对净利润核算的主要内容包括:准确核算会计期间的损益类账户发生额并在会计期末如实结转至"本年利润"账户;确定本期实现的利润总额及形成的净利润。

依据《中华人民共和国公司法》的有关规定,公司分配当年税后利润时,应当提取利润的10%列入公司法定公积金,如果公司以前年度发生亏损的,在依规定提取法定公积金之前,应当先用当年利润弥补亏损。公司从税后利润中提取法定公积金后,经股东会或者股东大会决议,还可以从税后利润中提取任意公积金。公司弥补亏损和提取公积金后所余税后利润,可向投资者分配利润,利润分配的顺序如图 4-32 所示。因此,利润分配的核算包括对公司利润留存的核算和向投资者分配利润的核算。

图 4-32　利润分配的顺序

二、财务成果核算的账户设置及会计处理

财务成果及利润分配核算作为财务成果核算的主要内容,为了反映和监督企业利润的构成部分、形成过程以及分配情况,应设置所有者权益类账户、损益类账户和负债类账户。

(一) 账户设置

1. 所有者权益类账户

1)"本年利润"账户

"本年利润"账户用来核算企业实现的净利润或发生的净亏损。

账户设置:

借方:登记从损益类账户转入的本期发生的各项费用。

贷方:登记从损益类账户转入的本期发生的各项收入。

期末余额:若为借方余额表示本期发生的净亏损;若为贷方余额表示本期发生的净利润;年度终了,应当将该账户余额转入"利润分配"账户,结转后该账户无余额。

"本年利润"账户如图4-33所示。

借方	本年利润	贷方
登记从损益类账户转入的本期发生的各项费用		登记从损益类账户转入的本期发生的各项收入
期末余额:反映本期发生的净亏损		期末余额:反映本期发生的净利润

图4-33 "本年利润"账户

2)"利润分配"账户

"利润分配"账户用来核算企业的利润分配(或亏损的弥补)和历年分配(或弥补)后的结存余额。

账户设置:

借方:登记转入的全年亏损金额或本年度实际利润分配额。

贷方:登记年终从"本年利润"账户转入的净利润。

期末余额:若为借方余额反映企业历年累计的未弥补亏损;若为贷方余额反映企业累计的未分配利润。

明细账设置:按"盈余公积补亏""提取法定盈余公积""提取任意盈余公积""应付股利""未分配利润"等明细分类核算项目进行。

"利润分配"账户如图4-34所示。

借方	利润分配	贷方
登记转入的全年亏损金额或本年度实际利润分配额		登记年终从"本年利润"账户转入的净利润
期末余额:反映企业历年累计的未弥补亏损		期末余额:反映企业累计的未分配利润

图4-34 "利润分配"账户

3)"盈余公积"账户

"盈余公积"账户用来核算企业从净利润中提取的盈余公积。

账户设置:

借方:登记盈余公积的支用,如弥补亏损或转增资本等。

贷方:登记从净利润中提取的盈余公积。

期末余额:在贷方,反映企业盈余公积的结存数。

明细账设置:按"法定盈余公积"和"任意盈余公积"进行。

"盈余公积"账户如图4-35所示。

借方	盈余公积	贷方
登记盈余公积的支用,如弥补亏损或转增资本等		登记从净利润中提取的盈余公积
		期末余额:反映企业盈余公积的结存数

图4-35 "盈余公积"账户

2. 损益类账户

1)"营业外收入"账户

"营业外收入"账户用来核算企业发生的与经营活动无直接关系的各项净收入,包括非流动资产处置利得、非货币性资产交换利得、政府补助、债务重组利得、盘盈利得和捐赠利得等。

账户设置:

借方:登记期末转入"本年利润"账户的金额。

贷方:登记本期发生的各项营业外收入。

期末余额:一般无余额。

明细账设置:按营业外收入项目进行。

"营业外收入"账户如图 4-36 所示。

借方	营业外收入	贷方
登记期末转入"本年利润"账户的金额	登记本期发生的各项营业外收入	
	期末余额:一般无余额	

图 4-36 "营业外收入"账户

2)"营业外支出"账户

"营业外支出"账户用来核算企业发生的与经营活动无直接关系的净支出,包括非流动资产处置损失、非货币性资产交换损失、债务重组损失、公益性捐赠支出、非常损失和盘亏损失等。

账户设置:

借方:登记本期发生的各项营业外支出。

贷方:登记期末转入"本年利润"账户的金额。

期末余额:一般无余额。

明细账设置:按营业外支出项目进行。

"营业外支出"账户如图 4-37 所示。

借方	营业外支出	贷方
登记本期发生的各项营业外支出		登记期末转入"本年利润"账户的金额
期末余额:一般无余额		

图 4-37 "营业外支出"账户

3)"所得税费用"账户

"所得税费用"账户用来核算企业根据所得税准则确认的从当期利润中扣除的所得税费用。

账户设置:

借方:登记本期发生的所得税费用。

贷方:登记期末转入"本年利润"账户的金额。
期末余额:一般无余额。
"所得税费用"账户如图 4-38 所示。

借方	所得税费用	贷方
登记本期发生的所得税费用	登记期末转入"本年利润"账户的金额	
期末余额：一般无余额		

图 4-38 "所得税费用"账户

4)"投资收益"账户

"投资收益"账户用来核算企业对外投资取得的收入或发生的损失,如股票投资、债券投资等。

账户设置：

借方:登记企业投资发生的损失。
贷方:登记企业取得的投资收入。
期末余额:差额结转至"本年利润"账户,结转后无余额。
"投资收益"账户如图 4-39 所示。

借方	投资收益	贷方
登记企业投资发生的损失	登记企业取得的投资收入	
	期末余额：差额结转至"本年利润"账户，结转后无余额	

图 4-39 "投资收益"账户

5)"财务费用"账户

"财务费用"账户用来核算企业为筹集生产所需资金而发生的各项费用。

账户设置：

借方:登记企业本期发生的各项财务费用。
贷方:登记期末转入"本年利润"账户的财务费用。
期末余额:一般无余额。
明细账设置:按费用项目进行。
"财务费用"账户如图 4-40 所示。

借方	财务费用	贷方
登记企业本期发生的各项财务费用	登记期末转入"本年利润"账户的财务费用	
期末余额：一般无余额		

图 4-40 "财务费用"账户

3. 负债类账户

"应付股利"账户用来核算企业向投资者分配的现金股利或利润。

账户设置：

借方：登记实际支付的现金股利或利润。
贷方：登记应支付的现金股利或利润。
期末余额：在贷方，反映企业尚未支付的现金股利或利润。
明细账设置：按投资者进行。
"应付股利"账户如图4-41所示。

借方	应付股利	贷方
登记实际支付的现金股利或利润		登记应支付的现金股利或利润
		期末余额：反映企业尚未支付的现金股利或利润

图4-41 "应付股利"账户

(二) 会计处理

【例4-42】 2023年12月28日，名扬公司在一项经济交易中因对方违约而获得罚款收入5 000元，款项已存入银行。根据以上信息编制会计分录。

【分析】 该项经济业务的发生，一方面使名扬公司的银行存款增加了5 000元，应记入"银行存款"账户的借方；另一方面使企业收入增加了5 000元，应记入"营业外收入"账户的贷方。该项经济业务用会计分录表示为：

借：银行存款 5 000
　　贷：营业外收入 5 000

【例4-43】 2023年12月29日，名扬公司开出一张30 000元的转账支票用于希望工程捐款。根据以上信息编制会计分录。

【分析】 该项经济业务的发生，一方面使名扬公司的无偿捐赠支出增加了30 000元，应记入"营业外支出"账户的借方；另一方面开出转账支票使银行存款减少了30 000元，应记入"银行存款"账户的贷方。该项经济业务用会计分录表示为：

借：营业外支出 30 000
　　贷：银行存款 30 000

【例4-44】 2023年12月30日，名扬公司预提本月银行短期借款利息1 200元。根据以上信息编制会计分录。

【分析】 该项经济业务的发生，一方面使名扬公司的借款利息支出增加了1 200元，应记入"财务费用"账户的借方；另一方面使名扬公司的债务（欠银行的利息）增加了1 200元，应记入"应付利息"账户的贷方。该项经济业务用会计分录表示为：

借：财务费用 1 200
　　贷：应付利息 1 200

【例4-45】 2023年12月31日，为了计算本月损益，名扬公司将本月实现的主营业务收入（A产品600 000元，B产品540 000元）、其他业务收入50 000元、营业外收入5 000元转入"本年利润"账户。根据以上信息编制会计分录。

【分析】 该项经济业务的发生,要求进行月末收入的结转,即从"主营业务收入"账户、"其他业务收入"账户和"营业外收入"账户的借方转入"本年利润"账户的贷方。该项经济业务用会计分录表示为:

借:主营业务收入——A产品　　　　　　　　　　　　　　　　　600 000
　　　　　　　　——B产品　　　　　　　　　　　　　　　　　540 000
　　其他业务收入　　　　　　　　　　　　　　　　　　　　　　50 000
　　营业外收入　　　　　　　　　　　　　　　　　　　　　　　 5 000
　　贷:本年利润　　　　　　　　　　　　　　　　　　　　　　1 195 000

【例4-46】 2023年12月31日,为了计算本月损益,名扬公司将本月实现的主营业务成本510 450元(A产品324 000元,B产品186 450元)、其他业务成本40 500元、营业外支出30 000元、税金及附加5 730元、销售费用7 150元、管理费用26 620元、财务费用1 200元转入"本年利润"账户。根据以上信息编制会计分录。

【分析】 该项经济业务的发生,要求进行月末成本费用的结转,即从"主营业务成本""其他业务成本""营业外支出""税金及附加""销售费用""管理费用""财务费用"等账户的贷方转入"本年利润"账户的借方。该项经济业务用会计分录表示为:

借:本年利润　　　　　　　　　　　　　　　　　　　　　　　621 650
　　贷:主营业务成本——A产品　　　　　　　　　　　　　　　324 000
　　　　　　　　　　——B产品　　　　　　　　　　　　　　　186 450
　　　其他业务成本　　　　　　　　　　　　　　　　　　　　 40 500
　　　营业外支出　　　　　　　　　　　　　　　　　　　　　 30 000
　　　税金及附加　　　　　　　　　　　　　　　　　　　　　 5 730
　　　销售费用　　　　　　　　　　　　　　　　　　　　　　 7 150
　　　管理费用　　　　　　　　　　　　　　　　　　　　　　 26 620
　　　财务费用　　　　　　　　　　　　　　　　　　　　　　 1 200

【例4-47】 2023年12月31日,名扬公司按照25%的税率计算本期应缴纳的企业所得税。根据以上信息编制会计分录。

【分析】 该项经济业务的发生,一方面使名扬公司须承担的所得税费用增加了143 337.5元[(1 195 000-621 650)×25%],应记入"所得税费用"账户的借方;另一方面使名扬公司应缴纳的税金增加了143 337.5元,应记入"应交税费"账户的贷方。该项经济业务用会计分录表示为:

借:所得税费用　　　　　　　　　　　　　　　　　　　　　　143 337.5
　　贷:应交税费——应交所得税　　　　　　　　　　　　　　　143 337.5

【例4-48】 2023年12月31日,名扬公司将所得税费用账户143 337.5元转入"本年利润"账户。根据以上信息编制会计分录。

【分析】 该项经济业务的发生,要求名扬公司进行月末费用的结转,即从"所得税费用"账户的贷方转入"本年利润"账户的借方。该项经济业务用会计分录表示为:

借:本年利润　　　　　　　　　　　　　　　　　　　　　　　143 337.5
　　贷:所得税费用　　　　　　　　　　　　　　　　　　　　　143 337.5

【例 4-49】 2023 年 12 月 31 日,名扬公司对净利润进行结转。根据以上信息编制会计分录。

【分析】 净利润＝573 350－143 337.5＝430 012.5(元)

该项经济业务的发生,一方面本月实现净利润为 430 012.5 元,结转净利润应减少"本年利润"账户中登记的净利润,应记入"本年利润"账户的借方;另一方面使名扬公司的未分配利润增加了 430 012.5 元,应记入"利润分配——未分配利润"明细账户的贷方。该项经济业务用会计分录表示为:

借:本年利润　　　　　　　　　　　　　　　　　　　　　　　　　430 012.5
　　贷:利润分配——未分配利润　　　　　　　　　　　　　　　　　　430 012.5

【例 4-50】 2023 年 12 月 31 日,名扬公司按税后利润 10%计提法定盈余公积金,同时按税后利润 5%计提任意盈余公积金。根据以上信息编制会计分录。

【分析】

法定盈余公积金＝430 012.5×10%＝43 001.25(元)

任意盈余公积金＝430 012.5×5%＝21 500.63(元)

该项经济业务的发生,一方面使名扬公司的利润分配增加了 64 501.88 元(43 001.25＋21 500.63),应记入"利润分配"账户的借方;另一方面使企业的盈余公积增加了 64 501.88 元,应记入"盈余公积"账户的贷方。该项经济业务用会计分录表示为:

借:利润分配——提取法定盈余公积　　　　　　　　　　　　　　　　43 001.25
　　　　　　——提取任意盈余公积　　　　　　　　　　　　　　　　21 500.63
　　贷:盈余公积——法定盈余公积　　　　　　　　　　　　　　　　　43 001.25
　　　　　　　　——任意盈余公积　　　　　　　　　　　　　　　　　21 500.63

【例 4-51】 2023 年 12 月 31 日,经公司董事会决定,名扬公司向投资者分配利润 100 000 元。根据以上信息编制会计分录。

【分析】 该项经济业务的发生,一方面使名扬公司的所有者权益减少了 100 000 元,即实际分配利润 100 000 元,应记入"利润分配"账户的借方;另一方面使名扬公司应向投资者分配的利润增加了 100 000 元,应记入"应付股利"账户的贷方。该项经济业务用会计分录表示为:

借:利润分配——应付股利　　　　　　　　　　　　　　　　　　　　100 000
　　贷:应付股利　　　　　　　　　　　　　　　　　　　　　　　　　100 000

【例 4-52】 2023 年 12 月 31 日,名扬公司将利润分配其他明细账户期末余额转入"未分配利润"明细账户。根据以上信息编制会计分录。

【分析】 该项经济业务的发生,要求名扬公司从"利润分配——提取法定盈余公积"账户、"利润分配——提取任意盈余公积"账户和"利润分配——应付股利"账户的贷方转入"利润分配——未分配利润"账户的借方。该项经济业务用会计分录表示为:

借:利润分配——未分配利润　　　　　　　　　　　　　　　　　　　164 501.88
　　贷:利润分配——提取法定盈余公积　　　　　　　　　　　　　　　43 001.25
　　　　　　　　——提取任意盈余公积　　　　　　　　　　　　　　　21 500.63
　　　　　　　　——应付股利　　　　　　　　　　　　　　　　　　　100 000.00

任务七　资金退出企业核算

根据企业资金活动的过程表现,企业的资金除了参与日常经济业务的循环与周转,还有一部分资金会按照规定程序退出企业,如用于企业债务的偿还、上缴各项税金、进行利润或股利的分派等。下面以常见典型业务为例进行相应的会计处理讲解。

一、偿还银行借款的会计处理

企业在筹集资金过程中有可能会进行借款,按照借款合同约定,当借款到期时,企业需要及时偿还借款本金及一定期限内的利息。这种经济业务的发生,一般会使得企业的资产减少,同时又使得企业的债务减少。针对此种经济业务设置的账户主要有"短期借款""长期借款""银行存款""库存现金"等。

【例 4-53】 2023 年 12 月 28 日,名扬公司开出转账支票一张,用于支付 9 个月前所借的现已到期的银行借款本金 100 000 元和全部已预提的利息 6 000 元(合同约定一次还本付息)。根据以上信息编制会计分录。

【分析】 该项经济业务的发生,一方面使名扬公司借款本金减少了 100 000 元,应记入"短期借款"账户的借方,同时也使名扬公司所欠银行的借款利息减少了 6 000 元,应记入"应付利息"账户的借方;另一方面使名扬公司的银行存款减少了 106 000 元,应记入"银行存款"账户的贷方。该项经济业务用会计分录表示为:

```
借:短期借款                              100 000
    应付利息                                6 000
    贷:银行存款                          106 000
```

【例 4-54】 2023 年 12 月 30 日,收到银行通知,名扬公司向银行借入的长期借款已到期,共计 120 000 元,已直接从存款户中划转。根据以上信息编制会计分录。

【分析】 该项经济业务的发生,一方面使名扬公司所欠银行的长期借款减少了 120 000 元,应记入"长期借款"账户的借方;另一方面使名扬公司用于偿还借款本息的银行存款减少了 120 000 元,应记入"银行存款"账户的贷方。该项经济业务用会计分录表示为:

```
借:长期借款                              120 000
    贷:银行存款                          120 000
```

二、税费缴纳的会计处理

企业在生产经营过程中,根据国家税收法律规定,应当按期如数缴纳税款。企业纳税过程中,一般是先根据税法规定计算出应纳税额,然后按照确定的税额缴纳相应的税款,对于增值税、土地增值税和企业所得税企业需要向税务部门预缴税金。在税费缴纳的时候,企业的资产会减少,同时企业的负债(所负担的税费)也会减少,进行会计处理时设置的主要账户有"应交税费""银行存款""库存现金"等。

【例 4-55】 2023 年 12 月 31 日,名扬公司以银行存款缴纳本月的企业所得税 143 337.5 元。

根据以上信息编制会计分录。

【分析】 该项经济业务的发生,一方面使名扬公司因纳税而减少了债务 143 337.5 元,应记入"应交税费"账户的借方;另一方面使名扬公司的银行存款减少了 143 337.5 元,应记入"银行存款"账户的贷方。该项经济业务用会计分录表示为:

借:应交税费——应交所得税　　　　　　　　　　　　143 337.5
　　贷:银行存款　　　　　　　　　　　　　　　　　　　　143 337.5

三、现金股利支付的会计处理

企业资金的来源主要有两方面:一是吸收投资,二是向银行等债权人借款。也就是说,投资者和债权人是企业资产的提供者,他们对企业有着不同的要求(即权益),其中投资者的权益主要表现为要分享企业的利润,即享有企业利润分配的权利。企业利润分配的方式主要有:①按股权比例分配利润;②按业绩分配利润;③给予股权激励;④分红制度。

现金股利就属于分红制度,是指以现金形式分派给股东的股利,通过发放现金股利可以刺激投资者的信心。这类业务一般会使得企业的资金减少,在进行会计处理时设置的账户主要有"应付股利""银行存款""库存现金"等。

【例 4-56】 2023 年 12 月 31 日,名扬公司以银行存款向投资者支付应付股利 100 000 元。根据以上信息编制会计分录。

【分析】 该项经济业务的发生,一方面使名扬公司因向投资者支付利润而减少义务 100 000 元,应记入"应付股利"账户的借方;另一方面也使得名扬公司的银行存款减少了 100 000 元,应记入"银行存款"账户的贷方。该项经济业务用会计分录表示为:

借:应付股利　　　　　　　　　　　　　　　　　　　100 000
　　贷:银行存款　　　　　　　　　　　　　　　　　　　　100 000

项目小结

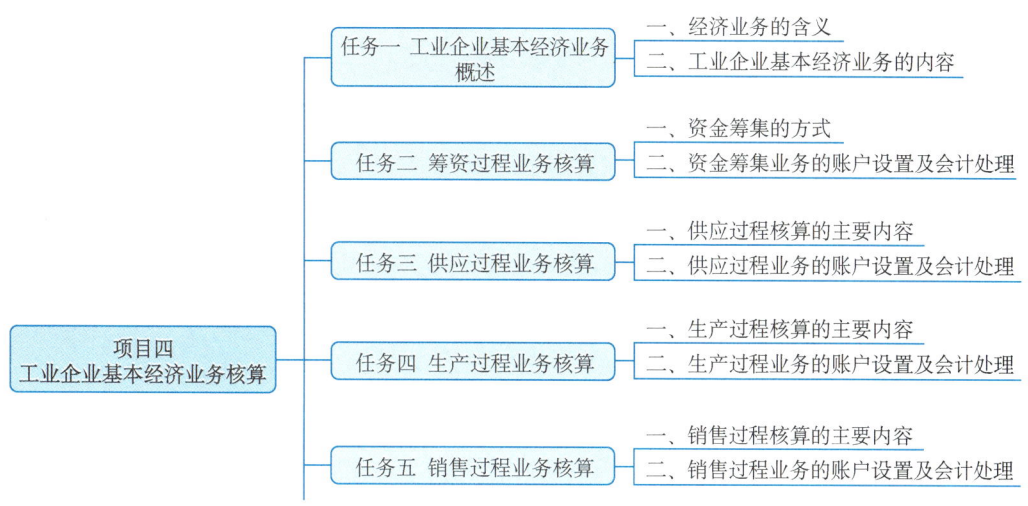

- 任务六 企业财务成果核算
  - 一、财务成果核算的主要内容
  - 二、财务成果核算的账户设置及会计处理
- 任务七 资金退出企业核算
  - 一、偿还银行借款的会计处理
  - 二、税费缴纳的会计处理
  - 三、现金股利支付的会计处理

项目五　编制会计凭证

坚持一切从实际出发,是我们想问题、作决策、办事情的出发点和落脚点。坚持从实际出发,前提是深入实际、了解实际,只有这样才能做到实事求是。

——2021年9月1日,习近平总书记在中央党校中青年干部培训班开班式上的讲话

教学目标

知识目标

理解会计凭证的概念;了解会计凭证的作用和种类;了解原始凭证的基本内容;掌握原始凭证的审核和填制;掌握记账凭证的填制和审核。

技能目标

学习和把握会计凭证的填制方法;运用所学知识规范会计凭证的相关技能活动。

素养目标

学会理论和实务相结合,培养学生的认知能力和动手能力;运用会计凭证知识强化学生的职业道德素质,在编制会计凭证中做到客观公正、明辨是非、遵纪守法。

小小清单,牵出舞弊大案

作为一家500强企业的售后技术人员,小明年纪轻、能力强、前景好,但原本前途无量的他,却因一张疏忽的发票而误入歧途,最终自毁前程。小明因工作需要经常出差,一次酒店工作人员错将发票上的金额248元开具成428元,面对诱惑小明私心蠢动,顺理成章地获得了财务报销。有了第一次,就有了第二次、第三次……一张张看似符合标准的差旅费票据,却成了小明的生财之道。但很快就被单位审计人员发现了端倪——小明提供的酒店消费清单,无论去全国各地的哪家酒店,竟然都惊人地相似。为了解开疑惑,单位审计人员根据发票上的信息,通过询问酒店、比较订房网站、安排分公司的财务实地走访,发现小明报销的金额明显高于实际。在证据面前,小明对他虚开发票、伪制酒店清单的行为供认不讳,也一再强调自己是因生活中的压力而一时起了贪念。

可正当单位决定处理小明时,奇怪的事又发生了——小明的领导老王过度维护小明,甚至不惜阻挠财务核查工作。这个反常举动引起了内控人员小周的疑惑:公司内控范围仅限于销售、采购、库存管理和财务报告,售后服务并未列入,莫非其中还藏有猫腻? 这个猜想很快也得到了证实,原来老王利用维修流程中的漏洞,虚报维修数量,而小明正是老王指派负

责质检的工程师,两人合伙舞弊骗取维修费用。所有疑团都已解开,管理层也对老王和小明做出了处罚。

思考: 小明是通过什么方式进行虚假报销的?发票和清单的作用是什么呢?发票和清单在会计中属于什么类型的单据呢?

任务一　会计凭证概述

一、会计凭证的概念

会计凭证是记录经济业务事项发生和完成情况的书面证明,是登记账簿的依据。

会计管理工作要求会计核算提供真实的会计资料,强调记录的经济业务必须有根据。因此,任何企事业单位在处理经济业务时,都必须办理会计凭证手续,由执行和完成该项经济业务的有关部门和人员取得或填制会计凭证,记录经济业务内容、数量和金额,并在凭证上签名和盖章,从而明确经济责任。例如,购买商品和材料需要由供货方开出发票;领用材料需要有领用单;发出商品需要有出库单等。这些发票、领料单、出库单都是会计凭证。所有会计凭证必须认真填制,同时还需要经过会计部门审核无误后才能作为经济业务的证明和登记账簿的依据。

二、会计凭证的作用

填制和审核会计凭证是会计核算方法之一,也是会计核算工作的基础。填制和审核会计凭证对于如实反映和有效监督经济业务,确保会计信息真实、正确。发挥会计在经济管理中的作用具有重要意义,主要有以下三点。

(一) 为会计核算提供记账依据

会计凭证上记载了经济业务发生的时间和内容,从而为会计核算提供了原始单据。当经济业务发生时,通过取得或填制会计凭证并经审核,据以登记账簿,有利于有关经手人员如实了解经济业务的实质内容,从而保证了会计核算的客观性和真实性,使会计信息质量得到了可靠保障。

(二) 发挥监督作用,严格控制经济活动

经济业务是否合法、合理,是否客观真实,在记账前都必须经过财会部门审核。通过审核会计凭证,可以充分发挥会计监督作用。通过检查每笔经济业务是否符合有关政策、法令、制度、计划和预算的规定,有无铺张浪费和违纪行为,从而促进各单位和经办人树立遵纪守法的观念,促使各单位建立健全各项规章制度,确保财产安全完整。

(三) 明确经济责任,落实岗位责任制

由于每项经济业务发生后,都需要相关单位和经办人员办理有关手续,凭证传递过程中需要在凭证上签名或盖章,这样就明确了相关单位和经办人员关于经济业务的真实性和合法性以及会计凭证的合法性和合规性的责任。如果一旦出现问题,便于分清责任,及时采取措施,有利于岗位责任制的落实。

三、会计凭证的种类

会计凭证种类繁多,按其填制程序和用途不同,可以分为原始凭证和记账凭证。

(一) 原始凭证

原始凭证又称为原始单据,是指在经济业务发生或完成时取得或填制的、用以记录和证明经济业务的发生或完成情况,明确经济责任的书面证明,也是记账的原始依据,如购货单位开具的发票、职工出差的飞机票、产品发货的出库单等。凡是不能够证明经济业务发生或完成情况的各种单证不能作为原始凭证并据以记账,如购销合同、施工单、银行存款余额调节表等都不属于原始凭证。

(二) 记账凭证

记账凭证又称记账凭单,是指会计人员根据审核无误的原始凭证填制,记载经济业务主要内容,确定会计分录并作为记账依据的会计凭证。

原始凭证是经济业务事项的证据,也是会计核算的原始依据;记账凭证以原始凭证为依据编制、确定会计分录,是登记账簿的依据。

原始凭证和记账凭证有着密切的联系,但又存在一定的区别,主要表现如下:

(1) 填制人员不同。原始凭证大多数是由经办人员填制;记账凭证一律由本单位的会计人员填制。

(2) 填制依据不同。原始凭证是根据已经发生或完成的经济业务填制,记账凭证是根据审核后的原始凭证填制。

(3) 填制方式不同。原始凭证只是经济业务发生时的原始证明,记账凭证是依据会计科目对已经发生的经济业务进行归类。

(4) 发挥作用不同。原始凭证是填制记账凭证的依据,记账凭证是登记会计账簿的依据。

任务二　原始凭证

一、原始凭证的基本内容

由于不同企事业单位发生的经济业务事项的内容和性质各不相同,导致原始凭证的格式和内容千差万别。但是无论何种原始凭证都应具备以下基本内容(也称为原始凭证的要素):①原始凭证的名称;②填制凭证的日期;③凭证的编号;④填制凭证单位名称或填制人姓名;⑤对外凭证要有接受单位的名称;⑥经济业务的内容摘要、所涉及的财物数量、单价和金额;⑦填制单位及有关人员的签名或盖章。

对于一些特殊的原始凭证,除应当具备以上基本内容外,还应当符合下列要求。

(1) 从外单位取得的原始凭证,必须盖有填制单位的公章;同样对外开出的原始凭证也必须加盖本单位的公章。没有公章的原始凭证不能作为编制记账凭证的依据。但几种公认的特殊外来原始凭证例外,如火车票、汽车票等。

(2) 支付款项的原始凭证,必须有收款单位和收款人的收款证明,不能仅以支付款项的有关证明作为编制记账凭证的依据。

（3）购买实物的原始凭证，必须有验收证明。实物验收工作由经管实物的人员负责办理，会计人员通过有关的原始凭证进行监督检查。不需要入库的实物，除经办人员在凭证上签章外，必须交给实物保管人员或者使用人员进行验收后在凭证上签章。需要入库的实物，必须填写入库验收单，由实物保管人员验收后在入库单上如实填写实收数量，并加盖印章。

（4）发生销货退回的，除填制退货发票后，还必须有退货验收证明；退款时必须取得对方的收款收据或者汇款银行的凭证，不得以退货发票代替收据。

（5）职工公出借款凭据，必须附在记账凭证之后。收回借款时，应当另开收据或者退还借据副本，不得退还原借据。

（6）经上级有关部门批准的经济业务，应当将批准文件作为原始凭证附件。

 温馨提示：

公章是指具有法律效力和特定用途能够证明身份和性质的印鉴，如业务公章、财务专用章、结算专用章、发票专用章等。

二、原始凭证的种类

任何经济业务发生都必须取得和填制原始凭证，原始凭证是会计核算的依据。企业发生的每项经济业务取得或填制的原始凭证都不太相同，因此原始凭证的种类是多样的，可以按照以下标准进行划分。

（一）按来源不同划分

原始凭证按其来源不同，可以划分为自制原始凭证和外来原始凭证。

1. 自制原始凭证

自制原始凭证是指本企业经办部门和人员在办理或完成某项经济业务时填制的单据。例如，材料入库时填制的收料单如表 5-1 所示，领用材料时填写的领料单如表 5-2 所示，报销出差费用时填写的差旅费报销单如表 5-3 所示。

表 5-1 收料单

年　　月　　日　　　　　　　　　　　　　编号：

供应单位：　　　　　　材料类别：　　　　　　收料仓库：

材料编号	材料名称	规格	计量单位	数量		实际价格				计划价格	
				实收	应收	单价	发票金额	运杂费	合计	单价	金额
合计											

部门经理：　　　　　　记账：　　　　　　仓库保管：　　　　　　收料：

表 5-2　领料单

年　　月　　日　　　　　　　　　　　　编号：

领用部门：　　　　　　　　用途：　　　　　　　　材料类别：

材料名称	材料规格	单位	实发数量	单价	金额								
					百	十	万	千	百	十	元	角	分
				合计									

记账：　　　　　　　发料：　　　　　　　领料：　　　　　　　制单：

表 5-3　差旅费报销单

年　　月　　日　　　　　　　　　　　　单位：元

姓名：

起日		止日		合计天数	各项补助费								车船杂支费						合计	
					伙食补助			住宿补助			未买卧铺补助			夜间乘硬座费	火车费	汽车费	轮船费	飞机费	市内交通	住宿费	其他杂支	金额
月	日	月	日		天数	标准	金额	天数	标准	金额	票价	标准	金额									
合计人民币大写				万		仟		佰		拾		元		角		分					
原借差旅费____元　　报销____元　　剩余交回____元																					
出差事由																					

附件　张

领导：　　　　　　　财务主管：　　　　　　　审核：　　　　　　　领款人：

2. 外来原始凭证

外来原始凭证是指经济业务发生时从外部单位或个人取得的凭证。例如，购货单位开具的电子发票如图 5-1 所示，对外支付款项取得的收据如图 5-2 所示，出差人员报销提供的航空运输电子客票行程单如图 5-3 所示。

（二）按填制方法不同划分

原始凭证按其填制方法的不同，可以划分为一次凭证、累计凭证、汇总原始凭证。

1. 一次凭证

一次凭证是指只反映一项或同时反映若干项同类性质的经济业务，填制手续是一次完成的原始凭证，已经填列的原始凭证不能再重复使用。外来原始凭证一般都是一次凭证，自制原始凭证大多数也是一次凭证，如各种银行结算凭证、借款单、收料单、领料单、差旅费报销单等。借款单如表 5-4 所示。

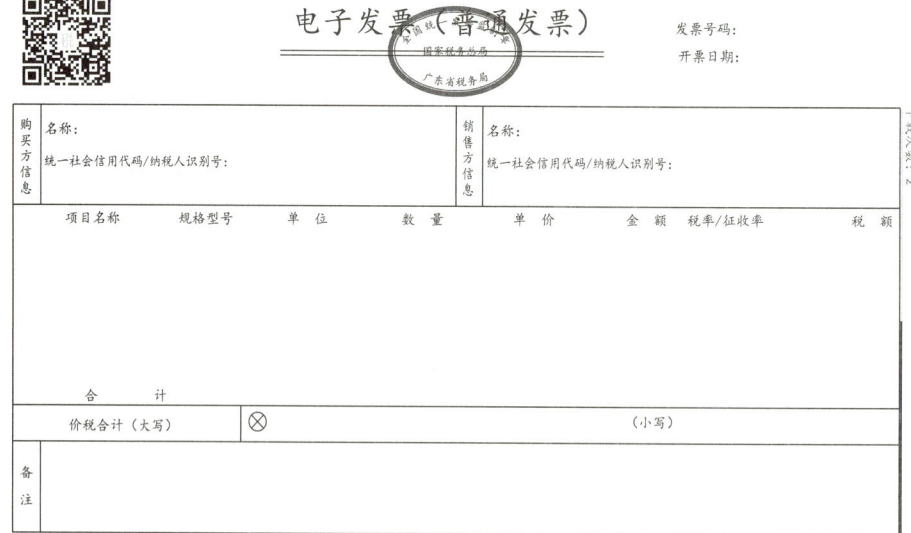

图 5-1　电子发票(普通发票)

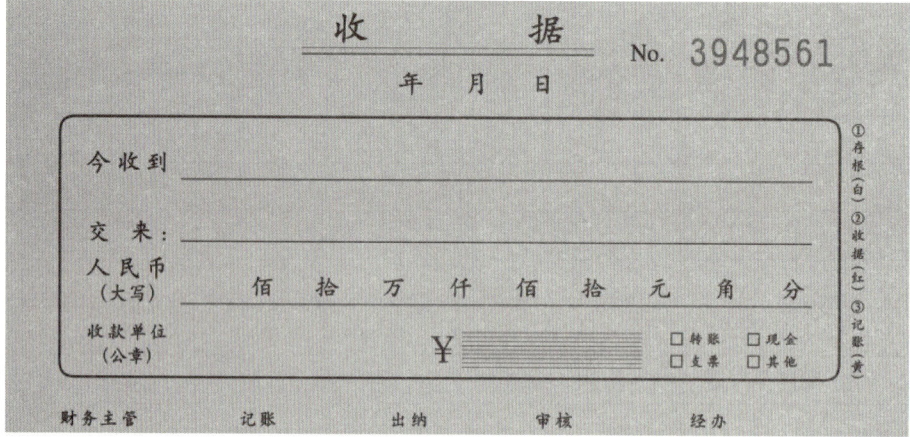

图 5-2　收据

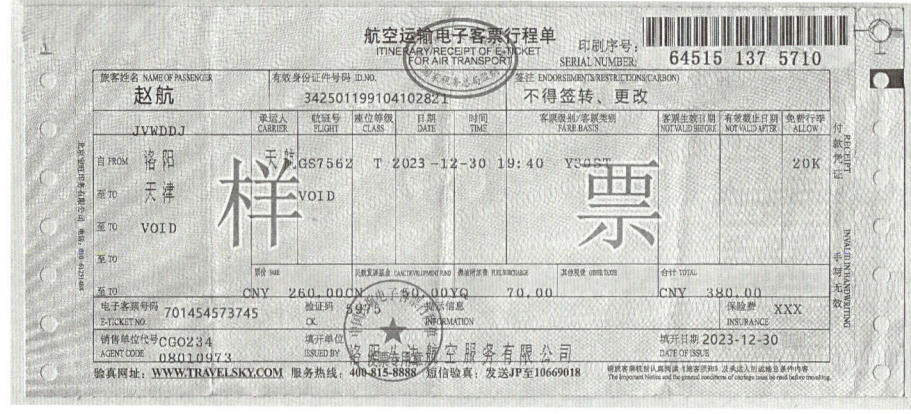

图 5-3　航空运输电子客票行程单

表 5-4 借款单

部门：　　　　　　　　　　　　　年　　月　　日

事由		支付方式		现金（　　）支票（　　）
		支票号码：		

借款金额(大写)	￥：
备注：	
公司领导审批：	

部门领导：　　　　复核：　　　　出纳：　　　　借款人：

2. 累计凭证

累计凭证是指在一定时期内多次记录发生的同类经济业务的原始凭证。它们一般都是自制原始凭证，最具代表性的是制造业企业的限额领料单如表 5-5 所示。累计凭证的特点是在一张凭证内可以连续登记相同性质的经济业务，随时结出累计数与结果数。累计凭证是多次有效的原始凭证。

表 5-5 限额领料单

　　　　　　　　　　　　　　　　年　　月　　　　　　　　　　　　　编号：

领料部门：　　　　产品名称：　　　　计划产量：　　　　仓库

材料编号	材料名称	规格	计量单位	计划单价	领料限额	全月实用	
						数量	金额

领料日期	请领数量	实发数量	领料人签章	发料人签章	限额结余
合计					

供应部门负责人：　　　　生产部门负责人：　　　　仓库管理员：

3. 汇总原始凭证

汇总原始凭证又称原始凭证汇总表，是根据许多同类经济业务的原始凭证定期汇总编制而成的原始凭证，如发料汇总表、工资结算汇总表、差旅费报销单等，发料汇总表如表 5-6 所示。汇总原始凭证所汇总的内容，只能是同类经济业务，不能汇总两类或两类以上的经济业务。

表 5-6 发料汇总表

　　　　　　　　　　　　　　年　　月　　日　　　　　　　　　　　　单位：元

项目	甲材料	乙材料	丙材料	合计金额
A 产品				

(续表)

项目	甲材料	乙材料	丙材料	合计金额
B产品				
C产品				
车间一般性消耗				
合计金额				

审核：　　　　　　　　　　　　　　　　　　　　　　　　　　　制单：

（三）按格式不同划分

原始凭证按其格式不同，可分为通用原始凭证和专用原始凭证。

1. 通用原始凭证

通用原始凭证是指由有关部门统一印制、在一定范围内使用的具有统一格式和使用方法的原始凭证。通用原始凭证的使用范围，因制作部门不同而异，可以是某一地区、某一行业，也可以是全国通用。例如，某省（市）印制的发货票、收据等，在该省（市）通用；由中国人民银行制作的银行结算凭证，在全国通用等。

2. 专用原始凭证

专用原始凭证是指由单位自行印制，仅在本单位内部使用的原始凭证，如差旅费报销单、固定资产折旧计算表、工资费用分配表等。

三、原始凭证的填制

（一）原始凭证填制的要求

原始凭证是编制记账凭证的依据，是会计核算最基础的原始资料。为了保证会计核算资料的真实性和准确性，原始凭证的填制必须符合以下基本要求。

1. 记录要真实可靠

原始凭证填制的日期、内容、数量和金额都必须如实填写，确保原始凭证所反映的经济业务真实可靠，不得歪曲经济业务真相、弄虚作假。对实物的数量和金额的计算，要准确无误，不得匡算和估算。

2. 内容要完整

原始凭证中规定的项目必须填写齐全，不能缺漏。日期要按照经济业务事项发生的实际日期填写；原始凭证要连续编号；名称要齐全，不能随意简化；品名或用途要填写明确，不能含糊不清；金额的大写、小写必须相符，数量、金额的散数与总数要相符（简称散总相符）；有关部门和人员的签名与盖章必须齐全，不能缺漏；有附件的，还必须注明附件的自然张数。

3. 手续要完备

单位自制的原始凭证必须附有经办单位领导或其他指定人员的签名、盖章；对外开出的原始凭证必须加盖本单位公章；从外部取得的原始凭证，必须盖有填制单位的公章；从个人取得的原始凭证，必须有填制人员的签名、盖章。

4. 书写必须清晰规范

填写原始凭证的文字、数字的书写要清晰规范，文字要简要，字迹要清楚易于辨认，不得使用未经国务院公布的简化汉字。具体的书写要求有以下五点。

（1）凭证上的阿拉伯数字不得连笔写，应当一个一个地写，特别是要连着写几个"0"时，一定要单个写，不能将"0"连在一起一笔写完。数字排列要整齐，数字之间的空格要均匀，不宜过大。书写时还要注意紧靠横格底线，上方留出一定的空位，以便需要更正时可以再次书写。

（2）所有以元为单位的阿拉伯数字，除表示单价等情况外，一律填写到角分；无角分的，角位和分位可写"00"或者符号"—"；有角无分的，分位应当写"0"，不得用符号"—"代替。

（3）汉字大写金额必须使用汉字壹、贰、叁、肆、伍、陆、柒、捌、玖、拾、佰、仟、万、亿、元、角、分、零、整等，一律使用正楷或者行书体书写，不得使用〇、一、二、三、四、五、六、七、八、九、十等简化字代替，不得任意自造简化字。大写金额前未印有"人民币"字样的，应加写"人民币"3个字，"人民币"字样和大写金额之间不得留有空白。大写数字金额到元或者角为止的，在"元"或者"角"字之后应当写"整"字或者"正"字；大写数字金额有分的，"分"字后面不写"整"或者"正"字。

（4）阿拉伯数字金额前面应当书写币种符号，如人民币符号"￥"。币种符号与阿拉伯数字金额之间不得留有空白。凡阿拉伯数字前写有币种符号的，数字后面不再写货币单位。

（5）阿拉伯数字金额中间有"0"时，汉字大写金额要写"零"字；阿拉伯数字金额中间连续有几个"0"时，汉字大写金额中只写一个"零"字，如小写金额为￥3 001.50，大写金额应写为"人民币叁仟零壹元伍角整"；阿拉伯数字金额元位是"0"，或者数字中间连续有几个"0"、元位也是"0"但角位不是"0"时，汉字大写金额可以只写一个"零"字，也可以不写"零"字。例如，小写金额为￥50 030.60，大写金额应写为"人民币伍万零叁拾元陆角整"或"人民币伍万零叁拾元零陆角整"；小写金额"￥380 068.80"对应的大写金额为"人民币叁拾捌万零陆拾捌元捌角整"。

5．编号要连续

原始凭证要连续编号。有些凭证已预先预定编号，特别是涉及库存现金、银行存款收付的原始凭证，如发票、收据、支票，都有连续编号，应按编号连续使用。这类凭证在填写错误时，应予以作废并重填，并在填错的凭证上加盖"作废"戳记，与存根一起保存，不得任意销毁。

6．不得涂改、刮擦和挖补

原始凭证有错误的，应当由出具单位重开或更正，更正处应当加盖出具单位印章。原始凭证金额有错误的，应当由出具单位重开，不得在原始凭证上更正。

7．填制要及时

原始凭证必须要及时填制，并按照规定的程序及时送交会计部门进行审核、记账，不能提前，也不能事后补办。

（二）原始凭证的填制方法

由于各种凭证的内容和格式千差万别，原始凭证的填制方法也不同，下面介绍几种常见的原始凭证的填制方法。

1．数电发票

发票作为生活中常用到的票据，目前逐渐由纸质发票走向全面化的电子发票（数电发票）。自2021年12月1日起，广东省（不含深圳市）、上海市和内蒙古自治区3地率先开展数电发票试点工作，此后逐步扩大试点范围。截至2023年11月，全国35个省市自治区及计划单列市可以开具数电发票。

数电发票和纸质发票具有同等法律效力，数电发票包含电子发票（增值税专用发票）、电子发票（普通发票）、电子发票（航空运输电子客票行程单）、电子发票（铁路电子客票）。

数电发票的基本内容主要包括发票号码、开票日期、购买方信息、销售方信息、项目名称、规格型号、单位、数量、单价、金额、税率/征收率、税额、合计、价税合计（大写、小写）、备注、开票人等。电子发票（增值税专用发票）如图5-4所示、电子发票（普通发票）如图5-5所示。

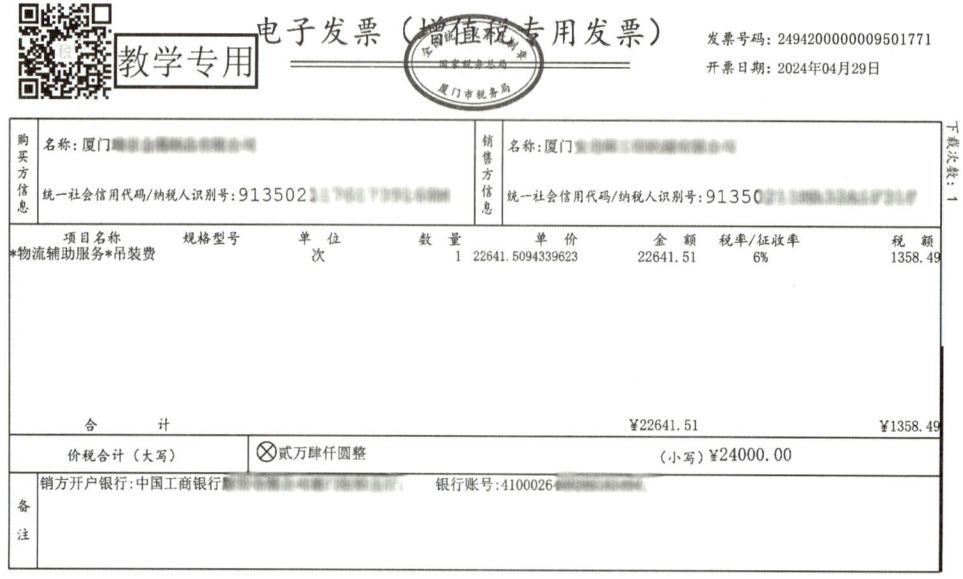

图 5-4 电子发票(增值税专用发票)

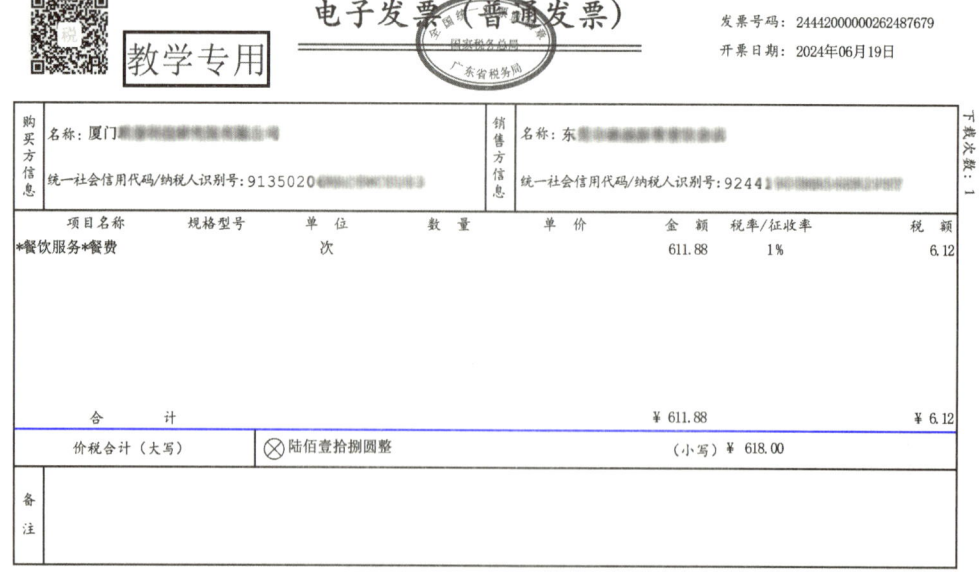

图 5-5 电子发票(普通发票)

下面以电子发票(增值税专用发票)为例,来说明发票的信息填写要求。发票的填写要求如下:

(1) 填写【购买方信息】:开具增值税专用发票的,【名称】和【统一社会信用代码/纳税人识别号】为必填项;开具普通发票的,仅【名称】为必填项。

(2) 填写【开票信息】:【项目名称】【金额】【税率/征收率】【税额】四项为必填项。

(3) 存在【特定业务】的还需要填写【特定信息】:如货物运输服务的特定信息,需要填报【运输工具种类】【运输工具牌号】【起运地】【到达地】【运输货物名称】。

注:特定业务包括但不限于稀土、建筑服务、旅客运输服务、货物运输服务、不动产销售、不动产经营租赁服务、农产品收购、光伏收购、代收车船税、自产农产品销售、差额征税等。

 温馨提示:

纸质发票具有增值税专用发票、增值税普通发票、通用机打发票、通用定额发票等多个票种。纸质发票需要纳税人向税务机关申请领用,其中增值税发票需要依托专用税控设备等介质才能开具发票。

2. 收料单的填制

收料单是在材料物资验收入库时填制的凭证,一般一式三联,一联验收人员留存,一联交仓库保管人员据以登记明细账,一联连同发票交财会部门办理结算。

【例5-1】 2023年8月2日,东升五金建材有限公司收到供货方永环贸易有限公司发来的B材料2 000千克,经仓库验收合格后存入2号仓库。填制收料单如表5-7所示。

表5-7 收料单

2023年8月2日　　　　　　　　　　　　　　　　　　　　编号:NO.0008

供应单位:永环贸易有限公司　　材料类别:原材料　　　　收料仓库:2号仓

材料编号	材料名称	规格	计量单位	数量		实际价格(元)				计划价格(元)	
				实收	应收	单价	发票金额	运杂费	合计	单价	金额
1022	B材料	y103b	千克	2 000	2 000	50	113 000	2 000	115 000	45	101 700
合计									115 000		

部门经理:齐宁　　　　　　记账:王林　　　　　　仓库保管:张辉　　　　　　收料:张辉

3. 领料单的填制

领料单的填写一般是一料一单,由领料经办人填写"领料单",经该单位负责人批准后到仓库领料。仓库保管员根据领料单审核用途后,认真计量发放材料,并在领料单上签字。

【例5-2】 东升五金建材有限公司二车间李建国2023年8月8日领用单价60元/千克B材料500千克,用于乙产品生产。2号仓库保管员张辉发料后填制领料单。填制领料单如表5-8所示。

表 5-8　领料单

2023 年 8 月 8 日　　　　　　　　　　　　　　编号：NO.0018

领用部门：二车间　　　用途：生产乙产品　　　材料类别：原材料

材料名称	材料规格	单位	实发数量	单价（元/千克）	金额(元)								
					百	十	万	千	百	十	元	角	分
B材料	y103b	千克	500	60	¥		3	0	0	0	0	0	0
				合计	¥		3	0	0	0	0	0	0

记账：　　　　　　发料：张辉　　　　　　领料：李建国　　　　　　制单：

4. 限额领料单的填制

只要领用数量不超过限额，限额领料单一般在一个月的有效期内可以连续使用。领料单位领料时，注明请领数量，经负责人签字、盖章批准后，到仓库领料。仓库发料时，根据材料品种、规格在限额内发料，同时填写实发数量和限额结余，领发料双方在限额领料单内签字、盖章。

【例 5-3】 东升五金建材有限公司一车间 2023 年 8 月计划限额领用 A 材料 1 000 千克，单价 100 元/千克，由计划部门下达限额领料单，填制一车间在 8 月份领用 A 材料情况如表 5-9 所示。

表 5-9　限额领料单

2023 年 8 月　　　　　　　　　　　　　　　　编号：NO.0016

领料部门：一车间　　产品名称：甲产品　　计划产量：10 吨　　仓库：1 号仓

材料编号	材料名称	规格	计量单位	计划单价（元/千克）	领料限额	全月实用	
						数量	金额(元)
988	A材料	B-588	千克	100	1 000	980	980 000
领料日期	请领数量	实发数量	领料人签章		发料人签章	限额结余	
3 日	180	180	黄盖		马东华	820	
6 日	200	200	黄盖		马东华	620	
11 日	130	130	黄盖		马东华	490	
15 日	220	220	黄盖		马东华	270	
23 日	250	250	黄盖		马东华	20	
合计	980	980					

供应部门负责人：　　　　　生产部门负责人：　　　　　仓库管理员：

5. 发出材料汇总表的填制

发料汇总表是根据一定时期内所有的领料单、限额领料单等发料凭证，按照材料类别和用途定期汇总编制而成的汇总原始凭证。发料汇总表的编制时间根据业务量的大小确定，可以5天、10天、15天或一个月汇总编制一次。汇总时，要根据领发料凭证、领料部门以及材料的用途进行分类。

【例5-4】 2023年8月31日，东升五金建材有限公司仓库管理员赵杰对当月发出材料进行汇总，填写发料汇总表，如表5-10所示。

表5-10 发料汇总表

2023年8月31日　　　　　　　　　　　　　　　　　　　　　　　单位：元

项目	A材料	B材料	C材料	合计金额
甲产品	980 000	480 000	180 000	1 640 000
乙产品	400 000	300 000	240 000	940 000
丙产品	300 000	400 000	200 000	900 000
车间一般性消耗	100 000	50 000	60 000	210 000
合计金额	1 780 000	1 230 000	680 000	3 690 000

审核：齐宁　　　　　　　　　　　　　　　　　　　　　　　　　制单：赵杰

6. 借款单的填制

借款单由借款人填写，经单位负责人审批签字后，以此为凭据到会计部门经审核后借款。报销或还款时，由出纳人员填写副联，交借款人作为还款凭证。

【例5-5】 东升五金建材有限公司销售部刘海2023年8月12日因出差向财务部门借款3 000元，填写借款单，如表5-11所示。

表5-11 借款单

部门：销售部　　　　　　　　　　2023年8月12日

事由	预借出差广西差旅费	支付方式	现金（✓）支票（　　　）
		支票号码：	
借款金额（大写）	人民币叁仟元整		¥3 000.00
备注：			
公司领导审批：同意			

部门领导：沈洁　　　复核：刘丽　　　出纳：王涵　　　借款人：刘海

（印章：现金付讫）

7. 收款收据的填制

收款收据一般适用于单位内部职能部门或职工之间的现金及与外部单位和个人之间的非经营性现金往来。收款收据可以分为外部收据和内部收据。外部收据分为税务部门监制、财政部门监制、部队监制三种，内部收据是单位内部的自制凭证，用于单位内部发生的业务，如收取员工押金、退还多余出差借款等。内部收据一般包括存根联（白）、收据联（红）、记账联（黄）。

【例5-6】 东升五金建材有限公司销售部刘海2023年8月15日出差退回多余借款600元，出纳黄丽娜据此填写收据，如图5-6所示。

图 5-6 收据

8. 支票的填制

支票是由出票人签发的，委托办理支票存款业务的银行或者其他金融机构，在见票时无条件支付确定的金额给收款人或者持票人的票据。支票分为现金支票、转账支票和普通支票三种。现金支票只能用于支取现金，转账支票只能用于转账。支票应按规定程序申领，并经审批后按要求内容填写齐全，支票填写后，沿虚线剪掉支票存根，作为记账的原始凭证。

填写支票时应使用炭素墨水或墨汁，支票上的所有要素必须填写完整，并在支票上加盖企业在银行的预留印鉴。除此之外，填写支票时还应注意以下几点：①出票日期必须使用中文大写，出票人银行存款账号使用阿拉伯数字小写；②大写金额前应标明中文"人民币"字样，"人民币"字样和大写金额之间不能留有空白，人民币小写金额的前一位用"￥"封顶，书写数字要求完整清楚；③现金支票收款人填写本单位名称，背面背书人栏加盖本单位财务专用章和法人章，转账支票收款人填写对方单位名称，背面不盖章；④支票用途必须填写清楚，如现金支票的用途常为"备用金""工资"等，转账支票的用途没有具体规定，可填写"货款""运输费"等；⑤支票正面必须同时盖有红色财务专用章和法人章，缺一不可，印章必须字迹清楚。

【例 5-7】 2023 年 8 月 20 日，东升五金建材有限公司支付前欠供应商南京哈吉贸易有限公司货款 100 000 元，开出一张转账支票，填写转账支票，如图 5-7 所示。

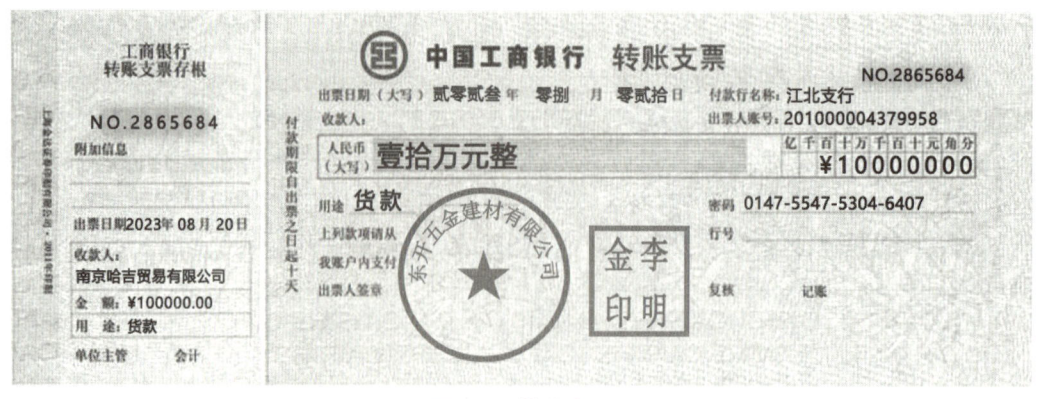

图 5-7 转账支票

四、原始凭证的审核

(一) 原始凭证审核的内容

为了如实反映经济业务的发生和完成情况,充分发挥会计的监督职能,保证会计信息质量的真实性、可靠性和正确性,会计机构、会计人员应根据有关法规、政策和制度对填制的原始凭证进行严格审核。具体包括以下几点。

1. 真实性审核

真实性审核即审核原始凭证中所记录的内容是否同实际情况相符,具体包括:①经济业务发生的时间、地点和凭证日期是否真实;②经济业务的内容是否真实;③经济业务的实物量和价值量是否真实;④经济业务双方责任人和责任单位是否真实。

2. 合法性审核

合法性审核即审核原始凭证上记载的经济业务是否符合国家的政策法规、制度办法等的规定要求;审核经济业务是否按规定的程序办理,有无违反企业内控的要求;审核经济业务是否符合成本开支范围,是否贯彻了增产节约、增收节支的原则,是否出现贪污盗窃、虚报冒领、伪造凭证等行为。

3. 合理性审核

合理性审核即审核原始凭证记载的经济业务内容是否符合企业生产经营活动的需要,是否符合有关的计划和预算等。

4. 完整性审核

完整性审核即审核原始凭证中记录的内容是否全部填写,各项要素是否齐全,有关人员签章是否齐全,编号是否连续,附件是否齐全等。

5. 正确性审核

正确性审核即审核原始凭证中数字、单价、金额的计算和填写是否正确,小计和总计的加总数是否准确,大、小写金额是否一致。

6. 及时性审核

及时性审核即审核原始凭证的填制是否及时,是否按时进行凭证的传递。

(二) 审核后对原始凭证的处理

对审核后的原始凭证,应针对出现的不同情况进行及时处理,具体要求如下。

(1) 对于完全符合要求的原始凭证,应及时据此编制记账凭证入账。

(2) 对于不真实、不合法的原始凭证,会计机构、会计人员有权不予接受,并向单位负责人报告。

(3) 对于不正确、不完整的原始凭证,应退回有关经办人员,由经办人员退回开具凭证的单位和个人,并令其补办手续或进行更正。但是,如果原始凭证金额填写错误,则不得在原始凭证上进行更正,必须由原凭证开具单位重新开具,并在错误凭证上加盖"作废"戳记,同存根一起保存,不得任意销毁;如果原始凭证不是金额错误,则应由原开具单位重新开具或更正,更正的凭证应在更正处加盖更正单位公章,由经办人员签字、盖章;对于单位自行填制的提交银行的各种结算凭证,其填制错误一律不得更改,相关人员应在其上加盖"作废"戳记将其同存根一起保存,并重新填写正确的结算凭证。

(4) 对于弄虚作假、严重违法的原始凭证,会计人员在不予受理的同时,应当予以扣留,并及时向单位领导人报告,请求查明原因,追究当事人的责任。

任务三 记账凭证

一、记账凭证的基本内容

在实际工作中,记账凭证(图 5-8)的种类和格式不尽相同,但是作为记账的依据,为了满足记账的基本要求,记账凭证应具备以下基本内容(也称为记账凭证的要素):①记账凭证名称;②填制记账凭证的日期;③记账凭证编号;④经济业务事项的内容摘要;⑤涉及的会计科目及记账方向;⑥经济业务事项金额;⑦记账标记;⑧所附原始凭证张数;⑨有关人员的签名盖章。

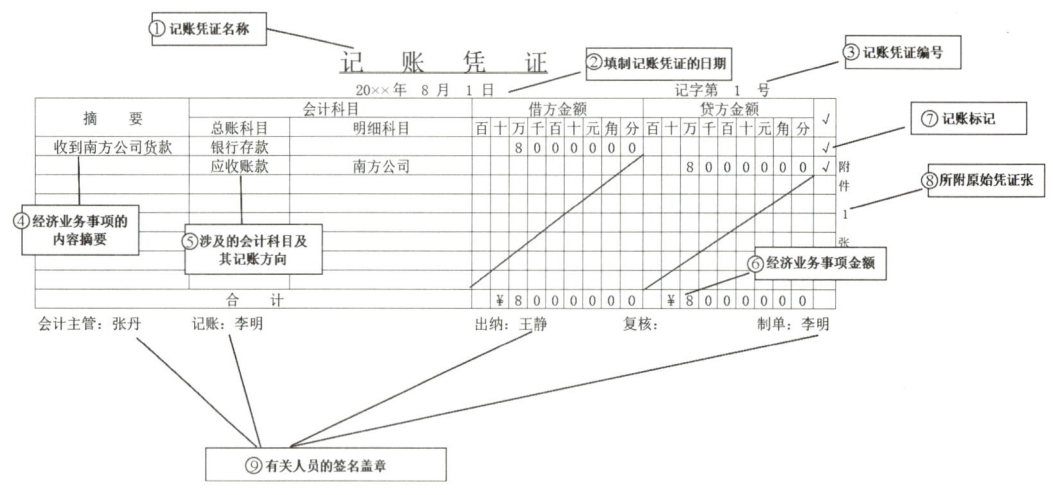

图 5-8 记账凭证的基本内容

二、记账凭证的种类

由于经济业务种类繁多,记账凭证反映的经济内容也有很大的区别,因此导致记账凭证有多种种类,可以按照不同标准进行划分。

(一)按反映的经济内容不同

记账凭证按其反映的经济内容不同,可分为通用记账凭证和专用记账凭证。

1. 通用记账凭证

通用记账凭证(图 5-9)是指凭证格式具有通用性,可以记录各种经济业务的记账凭证。通用记账凭证适用于规模小、会计业务少、经济业务比较简单的企业。

2. 专用记账凭证

专用记账凭证是指其格式专用,适用特定业务种类的记账凭证。专用记账凭证按其格式和反映的内容不同,又可以分为收款凭证、付款凭证和转账凭证三种。

记 账 凭 证

年 月 日 记字第 号

摘要	会计科目		借方金额									贷方金额									✓
	总账科目	明细科目	百	十	万	千	百	十	元	角	分	百	十	万	千	百	十	元	角	分	
合计																					

附件 张

会计主管： 记账： 出纳： 复核： 制单：

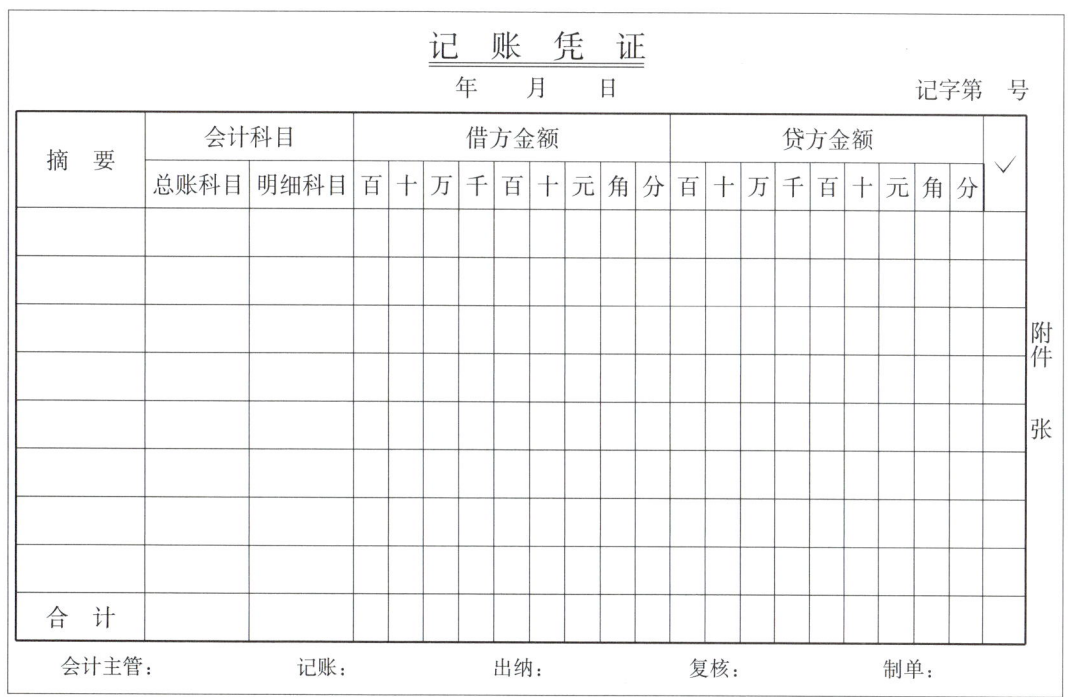

图 5-9 通用记账凭证

1）收款凭证

收款凭证（图 5-10）是用于记录现金和银行存款收款业务的记账凭证，可以分为现金收款凭证和银行存款收款凭证，分别根据现金或银行存款收入业务的原始凭证填制，如销售商品收到的银行存款、收取现金的包装物押金等。

收 款 凭 证

借方科目： 年 月 日 收字第 号

摘要	贷方会计科目		金额									✓
	总账科目	明细科目	百	十	万	千	百	十	元	角	分	
合计												

附件 张

会计主管： 记账： 审核： 出纳： 制单：

图 5-10 收款凭证

2）付款凭证

付款凭证（图5-11）是用于记录现金和银行存款付款业务的记账凭证，可以分为现金付款凭证和银行存款付款凭证，分别根据现金或银行存款付出业务的原始凭证填制，如用银行存款支付水电费、以现金预借员工差旅费等。

图5-11 付款凭证

> **温馨提示：**
>
> 对于现金和银行存款之间的相互划转业务，为了防止业务重复处理，只填制付款凭证，不填制收款凭证。例如，将现金存入银行、从银行提取现金或银行存款各账户之间的相互划转等业务均应填制付款凭证。

3）转账凭证

转账凭证（图5-12）是用于记录不涉及现金和银行存款收付业务的记账凭证，根据有关不涉及现金和银行存款业务的原始凭证填制，如结转产品成本、计提所得税费用等。

（二）按填列方式不同

记账凭证按其填列方法的不同，可分为单式记账凭证和复式记账凭证。

1. 单式记账凭证

单式记账凭证是指每一张记账凭证只填列经济业务所涉及的一个会计科目及其金额的记账凭证。填列借方科目的称为借项凭证，填列贷方科目的称为贷项凭证。单式记账凭证的优点是单式记账凭证反映内容单一，便于按科目汇总，有利于分工填制凭证和记账；缺点是一项经济业务需要反映在两张或两张以上的记账凭证上，不利于反映经济业务的全貌，不便于检查会计分录的正确性。借项记账凭证如图5-13所示、贷项记账凭证如图5-14所示。

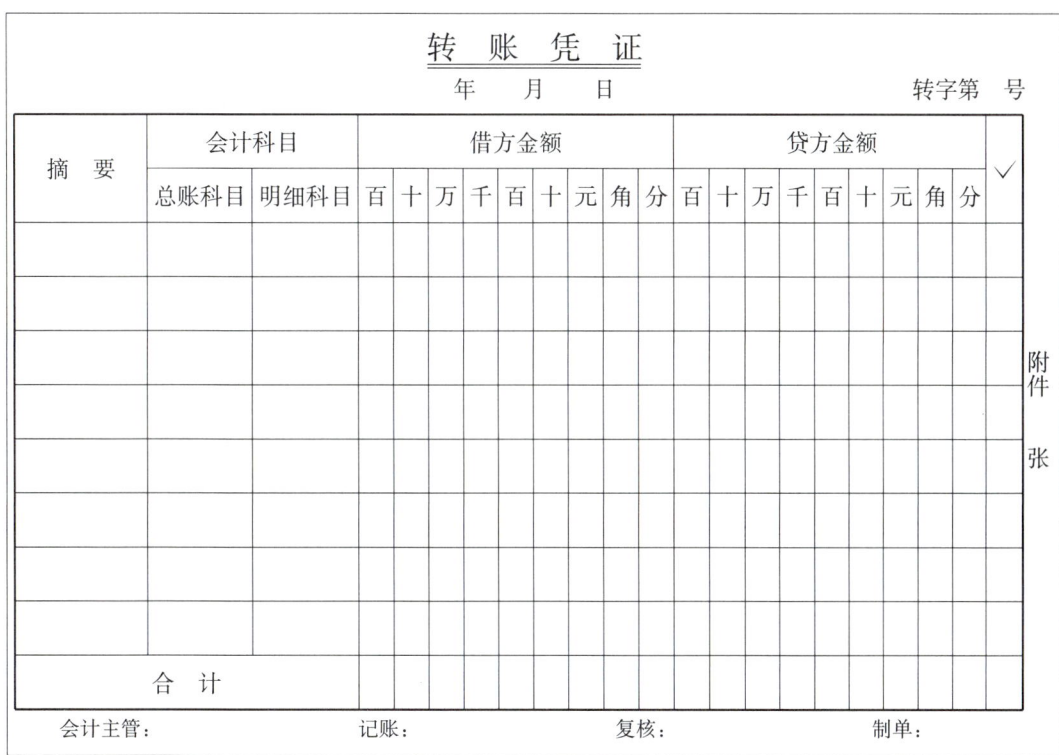

图 5-12 转账凭证

图 5-13 借项记账凭证

贷项记账凭证

年　　月　　日　　　　　　　　　　　　　　　　编号：

摘　要	总账科目	明细科目	账页	金额
			.	
合计				

会计主管：　　　记账：　　　审核：　　　出纳：　　　制单：

图 5-14　贷项记账凭证

2. 复式记账凭证

复式记账凭证是指将每一笔经济业务所涉及的全部会计科目及其发生额均在同一张记账凭证中反映的记账凭证。复式记账凭证的优点是在一张凭证上能反映每一笔经济业务的全貌，便于与所附原始凭证相互核对，反映经济业务的来龙去脉。其缺点是不便于会计岗位上的分工记账和汇总计算每一会计科目的发生额。前面介绍的通用记账凭证、收款凭证、付款凭证、转账凭证都是复式记账凭证。

三、记账凭证的填制

（一）记账凭证的填制要求

填制记账凭证是会计核算工作的重要环节，记账凭证的填制工作是保证会计核算准确无误的前提，因此记账凭证的填制必须符合以下基本要求。

1. 审核无误

审核无误是指在填制记账凭证之前必须保证有关原始凭证的正确性，方可进行记账凭证的填制，以避免发生差错，这是最重要的要求。除结账和更正错误的记账凭证可以不附原始凭证外，其他记账凭证应根据审核无误的原始凭证及有关资料填制，记账凭证必须附有原始凭证并如实填写所附原始凭证的张数。记账凭证所附原始凭证张数的计算一般应以原始凭证的自然张数为准。如果记账凭证中附有原始凭证汇总表，则应该把所附的原始凭证和原始凭证汇总表的张数一起记入附件的张数之内。但报销差旅费等零散票券，可以粘贴在一张纸上，作为一张原始凭证。一张原始凭证如果涉及几张记账凭证的，可以将原始凭证附在一张主要的记账凭证后面，在该主要记账凭证摘要栏注明"本凭证附件包括××号记账凭证业务"字样，并在其他记账凭证上注明该主要记账凭证的编号或者附上该原始凭证的复印件，以便复核查阅。如果一张原始凭证所列的支出需要由两个以上的单位共同负担时，应当由保存该原始凭证的单位开给其他应负担单位原始凭证分割单，原始凭证分割必须具备原始凭证的基本内容,并可作为填制记账凭证的依据,计算在所附原始凭证张数之内。

2. 内容完整

内容完整是指记账凭证填制的基本内容都应当包括,要按照记账凭证上所列项目逐一填写清楚,有关人员的签名或者盖章要齐全不可缺漏。如有以自制的原始凭证或者原始凭证汇总表代替记账凭证使用的,也必须具备记账凭证应有的内容。金额栏数字的填写必须规范、准确,与所附原始凭证的金额相符。金额登记方向、数字必须正确,角分位不留空格。

3. 分类正确

分类正确是指根据经济业务的内容,正确区分不同类型的原始凭证,正确应用会计科目。记账凭证可以根据每一张原始凭证单独地填制,也可以根据反映同类经济业务的若干张原始凭证汇总填制;也可以根据原始凭证汇总表填制,但不得将不同内容或类别的原始凭证汇总填制在一张记账凭证上。

4. 连续编号

连续编号是指记账凭证应当连续编号。填制记账凭证时,应当按业务发生顺序和不同种类的记账凭证连续编号,即采用"字号编号法",如"收字1号""付字1号""转字1号"等。一笔经济业务需要填制两张以上记账凭证时,应采用分数编号法编号,如"转字4 1/2号""转字4 2/2号"。前面的数表示凭证顺序为转字第4号凭证,后面分数的分母表示该号凭证共有2张,分子1表示2张凭证中的第一张,以此类推。为便于监督,反映付款业务的会计凭证不得由出纳人员编号。

5. 日期正确

日期正确是指记账凭证的填制日期一般应填制记账凭证当天的日期,不能提前或拖后;按权责发生制原则计算收益、分配费用、结转成本利润等调整分录和结账分录的记账凭证,虽然需要到下月才能填制,但为了便于在当月的账内进行登记,仍应填写当月月末的日期。

6. 摘要简明

摘要简明是指填写的摘要需要简明扼要。摘要是对经济业务的简要说明,摘要应以原始凭证内容一致,能正确反映经济业务的主要内容,因而记账凭证的摘要应该用简明扼要的语言,既要防止简而不明,又要防止过于烦琐。

7. 分录正确

分录正确是指在记账凭证中,要正确编制会计分录并保持借贷平衡,同时根据国家统一会计制度的规定和经济业务的内容,正确使用会计科目,不得任意简化或改动。会计科目的对应关系要填写清楚,应先借后贷,一般填制一借一贷,一借多贷或者多借一贷的会计分录,尽量避免编制多借多贷的会计分录,以便从账户对应关系中反映经济业务的情况。

8. 空行注销

空行注销是指记账凭证填制完经济业务事项后,如有空行,应当自金额栏最后一笔金额数字下的空行处至合计数上的空行处划斜线或"～"行线注销。同时需要注意填制记账凭证时,应按行次逐行填写,不得跳行或留有空行。

9. 填错更改

填错更改是指填制记账凭证时如果发生错误,应当重新填制。已经登记入账的记账凭证需要进行更正的,具体方法如下:

(1) 在当年内发生错误的,如果是使用的会计科目或记账凭证方向有错误,可以用红字金额填制一张与原始凭证内容相同的记账凭证,在摘要栏注明"注销某月某日某号凭证"字样,同时再用蓝字重新填制一张正确的记账凭证,在摘要栏注明"更正某月某日某号凭证"字样。如果会计科目和记账方向都没有错误,只是金额错误,可以按正确数字和错误数字之间的差额,另编一张调整的记账凭证,调增金额用蓝数字,调减金额用红数字。

(2) 发现以前年度的金额有错误时,应当用蓝字填制一张更正的记账凭证。

10. 其他

记账凭证中,文字、数字和货币符号的书写要求,与原始凭证相同。实行会计电算化的单位,其机制记账凭证应当符合对记账凭证的基本要求,并应认真审核,做到会计科目使用正确,数字准确无误。打印出来的机制记账凭证上,要加盖制单人员、审核人员、记账人员和会计主管人员印章或者签字,以明确责任。

(二) 记账凭证的填制方法

记账凭证种类不同,在填制记账凭证时,要先根据企业会计核算要求和经济业务内容选择恰当的记账凭证,然后再根据不同记账凭证所需记录的内容逐项填制。

1. 专用记账凭证的填制方法

1) 收款凭证的填制

收款凭证是根据审核无误的现金和银行存款收款业务的原始凭证编制的。收款凭证左上角的"借方科目"按实际收到的款项的性质填写"库存现金"或"银行存款"科目;"日期"栏填写的是编制本凭证的日期;右上角填写收款凭证顺序号;"摘要"栏填写对经济业务的简要说明;"贷方会计科目"栏内填写与收到的"库存现金"或"银行存款"科目相对应的总账科目及所属明细科目;"金额"栏内填写实际收到的现金或银行存款的数额;"记账"栏用于表示该凭证已经登记账簿,防止经济业务的事项的重记或漏记;该凭证右边"附件 张"栏根据所附原始凭证的张数填写;凭证最下方有关人员签章处供有关人员在履行了责任后签名或签章,以明确经济责任。

【例 5-8】 2023 年 8 月 2 日,东升五金建材有限公司收到方一有限公司上月所欠货款 120 000 元,存入银行。根据这项经济业务的原始凭证填制收款凭证,如图 5-15 所示。

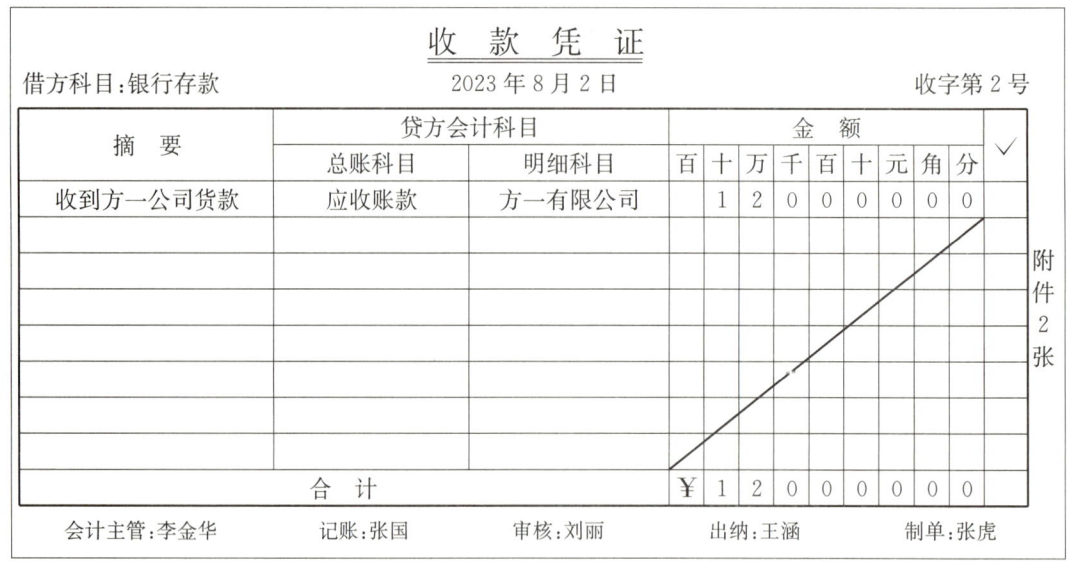

图 5-15 收款凭证的填制

2) 付款凭证的填制

付款凭证是根据审核无误的现金和银行存款付款业务的原始凭证编制的。付款凭证的左上角"贷方科目"应填列"库存现金"或者"银行存款";右上角填写的是该凭证在付款凭证中的顺序号;"借方科目"栏应填写与"库存现金"或"银行存款"科目相对应的总账科目及所属的明细科目。其余各部分的填制方法与收款凭证基本相同。

【例 5-9】 2023 年 8 月 12 日,东升五金建材有限公司购入 B 材料一批,买价 200 000 元,增值税税额 26 000 元,全部款项已用转账支票支付。根据该项经济业务的原始凭证填制付款凭证,如图 5-16 所示。

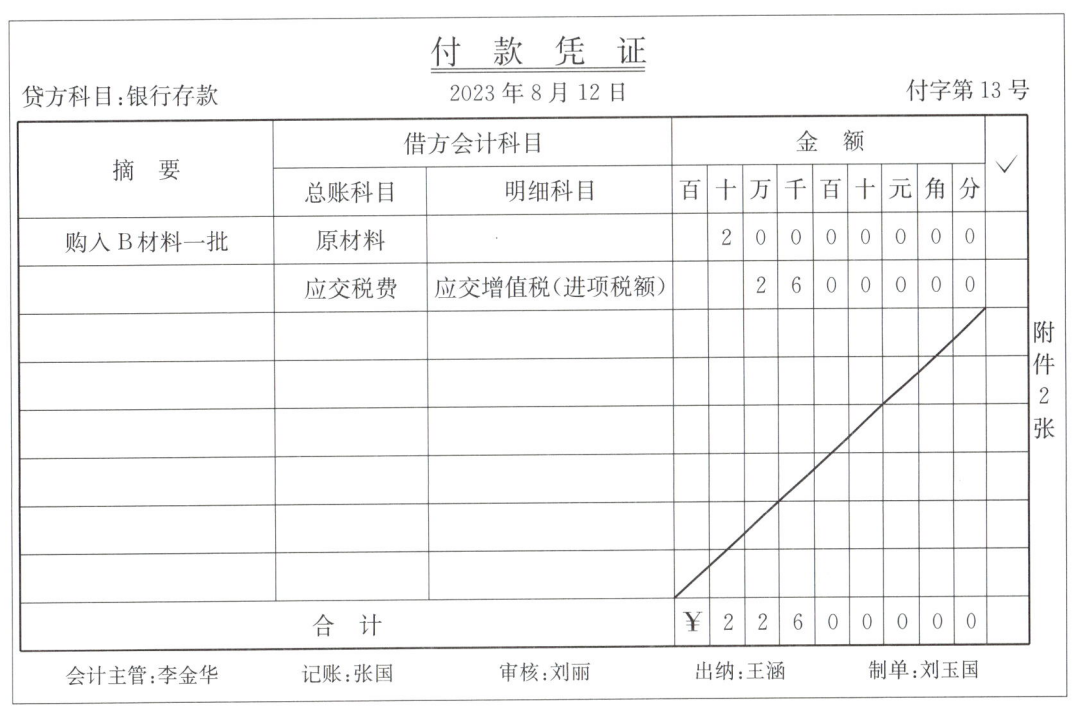

图 5-16 付款凭证的填制

3) 转账凭证的填制

转账凭证是根据审核无误的不涉及现金和银行存款收付的转账业务的原始凭证编制的。转账凭证的"会计科目"栏应按照先借后贷的顺序分别填写应借应贷的总账科目及所属的明细科目;借方总账科目及所属明细科目的应记金额,应在与科目同一行的"借方金额"栏内相应栏次填写,贷方总账科目及所属明细科目的应记金额,应在与科目同一行的"贷方金额"栏内相应栏次填写;"合计"行只合计借方总账科目金额和贷方总账科目金额,借方总账科目金额合计数与贷方总账金额合计数应相等。其他项目的填列与收、付款凭证相同。

【例 5-10】 2023 年 8 月 1 日,新股东王鹤以生产设备投资公司享有公司资本金 280 000 元,开具的增值税专用发票显示设备价款为 300 000 元,增值税额为 39 000 元,设备已交付使用。根据该项经济业务的原始凭证填制转账凭证,如图 5-17 所示。

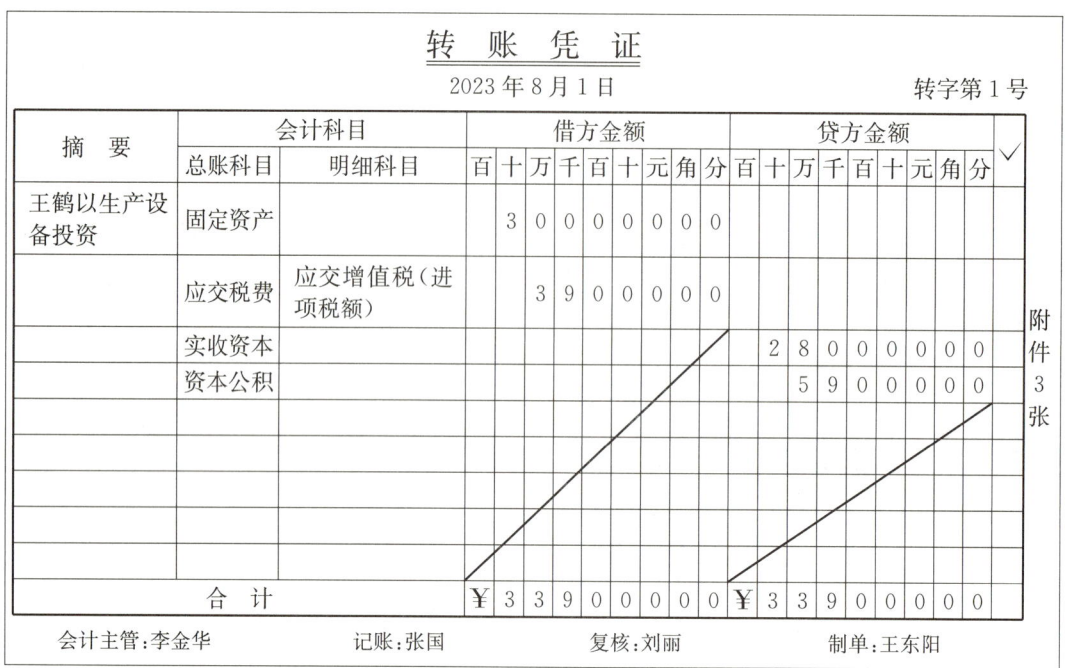

图 5-17 转账凭证的填制

2. 通用记账凭证的填制方法

通用记账凭证是用以记录各种经济业务的凭证。采用通用记账凭证的经济单位,不再根据经济业务的内容分别填制收款凭证、付款凭证和转账凭证,而是将所发生的各种经济业务填制在一种通用格式的记账凭证中。其登记方式与转账凭证类似。

【例 5-11】 2023 年 8 月 31 日,根据当月领用材料汇总生产甲产品所用 A 材料 980 000 元,根据这项经济业务的原始凭证填制通用记账凭证,如图 5-18 所示。

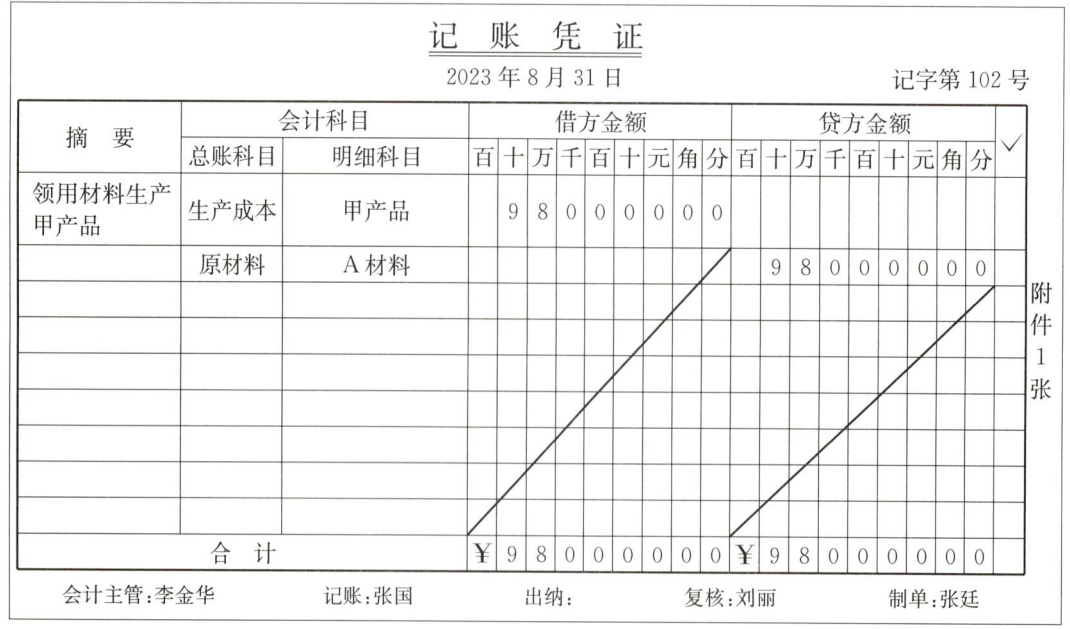

图 5-18 通用记账凭证的填制

3. 单式记账凭证的填制方法

单式记账凭证是指在一张凭证上只填列一个会计科目。一项经济业务的会计分录涉及几个会计科目,就填几张记账凭证。为了保持会计科目间的对应关系,便于核对,在填制一个会计分录时编一个总号,再按凭证张数编几个分号,如第 6 笔经济业务涉及三个会计科目,编号则为 6 1/3 号,6 2/3 号,6 3/3 号。

【例 5-12】 2023 年 8 月 31 日,计提当月折旧费 60 000 元,其中生产车间计提折旧 48 000 元,厂部管理部门计提折旧 12 000 元。根据这项经济业务的原始凭证填制单式记账凭证,如图 5-19 至图 5-21 所示。

借 项 记 账 凭 证

对方科目:累计折旧　　　　　　2023 年 8 月 31 日　　　　　　编号:105 1/3 号

摘　要	总账科目	明细科目	账页	金额
计提折旧	制造费用			48 000
合　　计				¥48 000.00

会计主管:　　　　记账:　　　　审核:　　　　出纳:　　　　制单:

图 5-19　借项记账凭证

借 项 记 账 凭 证

对方科目:累计折旧　　　　　　2023 年 8 月 31 日　　　　　　编号:105 2/3 号

摘　要	总账科目	明细科目	账页	金额
计提折旧	管理费用			12 000
合　　计				¥12 000.00

会计主管:　　　　记账:　　　　审核:　　　　出纳:　　　　制单:

图 5-20　借项记账凭证

贷 项 记 账 凭 证

对方科目:制造费用
　　　　　管理费用　　　　　2023 年 8 月 31 日　　　　　编号:105 3/3 号

摘　要	总账科目	明细科目	账页	金额
计提折旧	累计折旧			60 000
合　　计				￥60 000.00

会计主管:　　　记账:　　　审核:　　　出纳:　　　制单:

图 5-21　贷项记账凭证

四、记账凭证的审核

记账凭证是登记账簿的直接依据,只有经审核后的记账凭证才能用于登记账簿,因此必须由有关稽核人员对记账凭证进行严格的审核。记账凭证审核的主要内容如下。

1. 填写内容是否真实

审核记账凭证是否有原始凭证为依据,所附原始凭证是否手续健全、符合有关规定,审核记账凭证的内容与所附原始凭证的内容是否一致,审核汇总记账凭证与其所依据的非汇总记账凭证内容是否一致。

2. 填写项目是否齐全

审核记账凭证各项目的填写是否齐全,如日期、凭证编号、摘要、会计科目、金额、附原始凭证张数、有关人员签章等。出纳人员在办理收款或付款业务后,应在原始凭证上加盖"收讫"或"付讫"的戳记,以避免重收、重付。

3. 会计科目是否正确

审核记账凭证所使用的会计科目是否符合有关会计制度的规定,应借、应贷的总账科目、明细科目填写是否正确,是否有明确的账户对应关系。

4. 金额是否正确

审核记账凭证所记录的金额与原始凭证的有关金额是否一致,记账凭证汇总表的金额与记账凭证的金额合计是否相符,原始凭证中的数量、单价、金额计算是否正确等。

5. 书写是否正确

审核记账凭证中的记录文字是否工整、数字是否清晰,是否按规定使用蓝黑墨水,是否按规定进行更正等。在审核过程中,如果发现差错,应及时查明原因,按规定办法及时处理和更正,只有经过审核无误的记账凭证,才能据以登记账簿。

任务四　会计凭证的传递与保管

一、会计凭证的传递

会计凭证的传递是指从会计凭证的取得或填制时起至归档保管时止,在单位内部有关部门和人员之间按照规定的时间、程序进行处理的过程。正确、合理地组织会计凭证的传递有利于提高会计核算资料的收集速度,保证企业经济业务得到及时处理,帮助企业提升工作效率;有利于协调单位各部门和人员之间的关系,加强岗位责任制,充分发挥会计监督的作用。

各企事业单位的经营性质是多种多样的,在经营过程中产生的经营业务各具特点,所以办理各项经济业务的部门和人员以及办理凭证所需要的时间、传递程序也必然各不相同。这就要求每个单位在会计凭证传递中做好组织工作,保证各个部门及人员有序、及时地按规定处理会计凭证传递。会计凭证传递的组织工作包括以下内容。

(一) 规定会计凭证的传递程序

会计凭证的传递程序是指凭证流经的各环节及其先后次序。各单位的经济业务不同,内部机构设置和人员分工情况不同,会计凭证的传递程序也不同。因此各单位要根据本单位机构的设置,人员岗位分工情况和经营管理的需要,结合岗位责任制,具体规定会计凭证的传递程序。传递程序既要严密完备,保证会计凭证经过必要的环节进行处理和审核;又要简便易行,防止会计凭证传递层次过多,延误时间,影响及时登账。

(二) 规定会计凭证的传递时间

会计凭证的传递时间是指凭证在各经办部门、环节所停留的最长时间。关于会计凭证传递时间的确定要考虑有关部门和人员办理各项手续的正常完成时间。传递时间既要避免时间过长造成凭证积压,又要避免时间过短造成工作质量低下。只有合理安排凭证的传递时间才能保证凭证传递畅通无阻,使其通过最短途径并以最快速度传递。

(三) 规定会计凭证的传递手续

会计凭证的传递手续是指凭证在传递过程中的衔接手续。在会计凭证传递过程中应建立一定的交接签收制度,以确保会计凭证的安全和完整。例如,各单位应当设立传递凭证登记簿,可登记制证或接办日期,凭证种类和名称、编号、张数、经办人签章、交接时间、接办人签章等。

二、会计凭证的装订

会计凭证在记账后应及时装订,一般每月装订一次,装订好的凭证按年分月妥善保管归档。

正式装订之前需要将凭证进行分类整理,按顺序排列,检查日数、编号是否齐全;按照凭证汇总日期归集(如上、中、下旬汇总归集)确定装订成册的本数;摘除凭证内的金属物(如订书钉、大头针、回形针),对大的张页或附件要折叠成同记账凭证大小,且要避开装订线,以便翻阅保持数字完整;整理检查凭证顺序号,如有颠倒要重新排列,发现缺号要查明原因,再检查附件是否漏缺;检查记账凭证上有关人员(如财务主管、复核、记账、制单等)的印章是否齐全。

正式装订时准备好封皮(包括封面和封底)、锥子或装订机,以及线、铁夹、胶水、对角纸等。会计凭证封面如表 5-12 所示,封底(抽出附件登记表)如表 5-13 所示。

表 5-12　会计凭证封面

年　　月　　日　　　　　　　　　　　　　　　　　　　　编号

单位名称	
记账凭证	自　　　字第　　　号至　　　字第　　　号
凭证汇总表	自　　　字第　　　号至　　　字第　　　号
附　　件	
册　　数	第　　　册　　共　　　册
起讫日期	自　　年　　月　　日至　　　年　　月　　日

财务主管:　　　　　　　　　　　　　　　　　　　　　装订:

表 5-13　封底(抽出附件登记表)

时间			记账凭证号数	事　　由	经办人签章	财务主管签章
年	月	日				

会计凭证装订一般按照以下步骤进行:

(1)将整理后的会计凭证加封面及封底,凭证封面和封底分别附在凭证前面和后面,在会计凭证封面的左上角将包角纸翻过来反放上,用夹子夹住,如图 5-22 所示。

图 5-22　装订凭证

(2)用铅笔在包角纸的左上角画一个边长为 5 厘米的等腰三角形,在包角纸所画的线上适当位置上选两个点均匀地打两个眼儿,如图 5-23 所示。

(3)将装订针从封底进线(酌留线头)循外沿绕一圈或两圈,再从封底原孔进针,至封面另一孔进线,循另外沿绕一圈或两圈回到封底,抽紧打结。

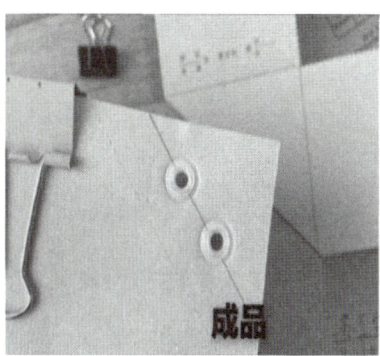

图 5-23　装订凭证

（4）将包角纸沿对角线向左上侧折，上方长方形和左边长方形均向后折叠，黏贴在封底。

（5）由装订人员在凭证本的脊背上面写上"某年某月第几册共几册的字样"，并在封底上盖上骑缝章，如图 5-24 所示。

图 5-24　装订凭证

三、会计凭证的保管

会计凭证的保管是指会计凭证记账后的整理、装订、归档和存查工作。会计凭证是记录经济业务、明确经济责任的具有法律效力的证明文件，又是登记账簿的依据，所以会计凭证是重要的会计档案和经济资料。因此，任何企业在完成经济业务手续和记账之后，必须按规定立卷归档，形成会计档案资料，妥善保管，以便于日后随时查阅。会计凭证一般的保管方法和要求如下。

（一）装订成册

会计凭证应定期装订成册，防止丢失。会计部门的有关人员根据会计凭证登记账簿后，应该将各种记账凭证按照编号顺序连同所附原始凭证定期（一般为每月）进行分类整理，在确保完整无损后，将其装订成册，加上封面，并在装订线上加贴封签，便于日后查阅。应在封面上注明单位名称、所属的年度月份或起止日期以及记账凭证的种类、张数、起止号数等，并由有关人员在装订线封签处签名盖章。如果原始凭证数量过多，可以另行装订或单独保管，但应在记账凭证中注明"附件另订"。各种经济合同和重要的涉外文件等凭证，应另编目录，单独登记保管，并在有关原始凭证和记账凭证上注明。

（二）归档保管

装订成册的会计凭证，应按规定归档保管。一般情况下，当年的会计凭证，在会计年度终了后，可暂由本单位会计部门保管 1 年，期满后原则上应由会计部门编造清册移交本单位档案机构统一保管;未设置档案机构的,应当在会计机构内部指定专人保管。档案部门接收的会计凭证,原则上要保持原卷册的封装,个别需要拆封重新整理的,应由会计部门和经办人员共同拆封,以明确各自的责任。会计凭证应严格保管,防止损毁或泄密。

(三)借阅

本单位会计人员确因工作需要,可以借阅会计凭证,但必须经会计主管人员同意,办理借阅手续,如实填写借阅登记簿。会计凭证原则上不外借,如因特殊情况其他单位需要使用时,经本单位领导批准,并限期归还。若需复制,应在专门的登记簿上进行登记,并由提供人员和收取人员共同签字、盖章。

(四)销毁

会计凭证有规定的保管期限,企业应严格遵守会计凭证的保管期限要求。会计凭证等档案的保管期限表如表5-14所示。

表5-14 会计凭证等档案的保管期限表

序号	档案名称	保管期限	备注
一	会计凭证类		
1	原始凭证	30年	
2	记账凭证	30年	
二	会计账簿类		
3	总账	30年	
4	明细账	30年	
5	日记账	30年	
6	固定资产卡片账		固定资产报废清理后保管5年
7	其他辅助账簿	30年	
三	财务报告类		
8	月、季度财务报告	10年	
9	年度财务报告(决算)	永久	
四	其他类		
10	银行存款余额调节表	10年	
11	银行对账单	10年	
12	纳税申报表	10年	
13	会计档案移交清册	30年	
14	会计档案保管清册	永久	
15	会计档案销毁清册	永久	
16	会计档案销毁鉴定意见书	永久	

会计凭证保管期限未满时,任何人不得随意销毁。保管期满后需销毁的,由本单位档案机构提出销毁意见,编制会计档案销毁清册,报经批准后,由档案部门和会计部门共同派员监督销毁。在销毁前,应由负责监销的人员认真核对清单,销毁后,应在销毁清册上签名或

盖章,并将监销情况书面报告本单位负责人。但保管期满而未结清的债权债务原始凭证和涉及其他未了事项的会计凭证,不得销毁,应当单独抽出立卷,保管到未了事项完结时为止。

 思政德育

【关键词】 "世界观、人生观和价值观""不忘初心""勤学善思""做一行,爱一行,干一行、精一行"

【政策方向】

(1) 习近平总书记 2021 年 9 月 1 日在中央党校(国家行政学院)中青年干部培训班开班式上的讲话中提到:严以修身,才能严以律己。一个干部只有把世界观、人生观、价值观的总开关拧紧了,把思想觉悟、精神境界提高了,才能从"不敢腐"到"不想腐"。

(2) 习近平总书记在"不忘初心、牢记使命"主题教育总结大会上讲话时指出:"各级党组织和广大党员、干部深入学习实践新时代中国特色社会主义思想,提高了知信行合一能力。"

 情境

徐英明:勇于开拓的会计人

1997 年,徐英明考入了安徽商业高等专科学校的会计系。

初识会计,它那份独具的严密性,让徐英明为之着迷。随后他一头扎进去,慢慢学习上手。"做一行、爱一行,干一行、精一行。"徐英明一直坚信着。

在大学阶段,正值互联网刚刚起步,这片未知的领域引起了徐英明浓郁的学习兴趣。1998 年,他就学习并创办了自己的网络主页。随着会计专业学习的日益深入,他敏锐地觉察到互联网、信息化与会计在将来势必会擦出火花,成为未来会计的发展趋势。他在大学阶段也侧重于学习信息化在会计中的应用。事实证明,他这一想法是正确的。

2000 年毕业后,徐英明进入了我国最大的叉车企业——安徽合力股份有限公司。

刚来到公司的徐英明并没有被直接安排到财务部门,而是担任二金工车间一名成本员。经过两年的磨炼,徐英明正式担任财务处会计一职。适逢公司集团化进行财务信息系统建设,当时大部分会计人都没系统学习过计算机,这让徐英明占得先机。2002 年,他负责公司金蝶集团财务信息系统的具体实施工作。在此期间,他细致地研究每个岗位、每个科目和每个流程。最终,徐英明帮助集团公司在所有分公司实施"统一财务"信息化改造,使集团所有企业的会计科目等基础信息都做到了一致。通过建立集中管理系统,实现数据的集中和共享,财务能做到实时查询、审计,使得公司所有分公司、子公司不仅实现了财务报表的及时合并,而且还实现了账务实时合并,为公司全面预算管理、资金统一调配奠定了基础。

经过集团公司信息化改造的磨砺,徐英明渐渐感觉到系统学习的重要性。

2004 年,徐英明考取了会计师中级职称。"财务管理""经济法"和"中级会计实务"科目的学习,为他在集团公司创建合力工业园的标准成本核算体系和实施信息化下的企业新旧会计准则转换工作,将理论与实际紧密结合提供了保障。

2007 年,徐英明任衡阳合力工业车辆有限公司财务负责人,2012 年任安徽合力股份有

限公司财务部副部长,2013年至2017年任安徽合泰融资租赁有限公司副总经理。

短短几年中,徐英明从财务团队的成员历练成为一支财务团队的领头人。

在负责安徽合泰融资租赁公司的筹建工作中,徐英明带领团队共同学习融资租赁的相关法律和税收政策。在营运的第一年里,公司开出了安徽省融资租赁行业转租赁和联合租赁第一单并实现了当年零坏账的目标。在徐英明看来,这主要得益于公司团队的集体努力和决策层的智慧,高级职称内容的学习也提升他自己分析问题的能力。他告诉记者,参加高级会计职称考试,通过对企业内部控制和事业单位会计等内容的学习,使他能够在对接企业、政府、教育和医疗类项目时发挥指导性作用。

管理层必须把控企业的运营风险。此时,安徽合泰融资租赁有限公司要按照风险控制的要求适时开展每个项目的投放,达到风险可控。例如,公司设立了三级审核机制,建立风险预审辩论机制,充分保障每个人对项目有充分的发言权和解答权,在重大项目决议上分级召开项目风审会、董事会和股东大会来进行集体决策,联席签署相关文件。不仅针对自身,徐英明在判断合作企业方运营风险环节中,利用所学知识判断、审核对方公司内控体系是否完善,做出合理的投资方向,这都是基于对内控知识的运用。

在完成工作既定要求之余,徐英明还兼任安徽大学会计专业硕士(MPAcc)校外导师的职位。在教授过程中,他更注重应用型能力的培养。他建议学生在进行职业规划的过程中,打开思路,去除守旧的想法,大胆尝试投入新兴领域。但无论如何都要"做一行、爱一行、干一行、精一行"。这或许就是徐英明成功的秘籍。

资料来源:节选自中国会计报《【会计人故事】徐英明:勇于开拓的会计人》。

【启示】

青年时期是人生的黄金阶段,这个阶段的学生思维活跃、学习能力强、可塑性高,更应该珍惜时光,在学习上下苦功夫,不断加快知识更新,拓宽眼界,提升能力。坚持"干什么学什么、缺什么补什么",如饥似渴地学习,干好本职工作,学习专业岗位所需的各种业务知识,力争成为本领过硬的行家里手。

项目小结

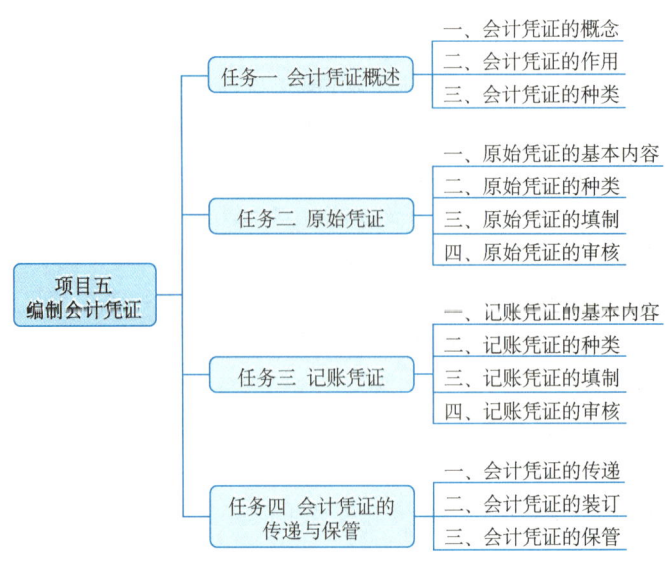

项目六 设置和登记会计账簿

要坚持党内政治生活准则,全面贯彻执行民主集中制,时时处处讲原则、按原则办事。
——2015年7月16日至7月18日,习近平总书记在吉林调研时强调

教学目标

知识目标

理解会计账簿的概念及种类;掌握会计账簿登记的一般规则;掌握对账、错账更正、结账的内容与方法。

技能目标

能够识别和判断各类会计账簿及其适用范围;能够根据会计凭证登记有关明细账;能够对各类账簿进行对账、查找错账并进行更正以及进行结账。

素养目标

学会理论和实务相结合,培养学生具备细心谨慎的工作作风、良好的沟通能力、严谨的逻辑思维能力。

会计中"帐"到"账"的运用及发展

帐,从巾。巾,麻丝织品。《说文》解释:"帐,帱也。"《尔雅》中说:"帱谓之帐。"《何承天纂要》中说:"在上曰帐,在旁曰帷,禅帐曰帱。"《释名》中说:"帐,张也,张施于床上也。"古诗《焦仲卿妻》中写道:"红罗复斗帐,四角垂香囊。"可见帐,在古代是和人们的日常生活相关的,与会计核算本不相关,但为什么后来会被运用到会计核算中呢?

郭道扬先生在《中国会计史稿》中讲述了"帐"运用到会计核算中的两种起源。一是起源于官厅"供帐"核计之事。古代皇帝和高官显贵出外巡游,为了方便休息住宿,沿路派人设有帏帐,帐内供有各种生活必需品和装饰品,供其享用,此种帏帐称为"供帐"。为了核算供帐内的财产和经费支出,逐渐将登记这部分财产及供应之费的簿书称为"簿帐"或"帐",将登记供帐内的经济事项称为"记帐"。后来的财计官员将登记日用款目的簿书称为"簿帐",大约是"簿"称出现在前,"帐"称出现在后的缘故。二是起源于民间的帐帘。古代那些坐店销售的商人,通常是店前售货,店后有人随时登记进行核算。为了内外有别,保守私人经营秘密,往往在前后之间,悬挂一布帘作为遮隔,这种布帘在当时称为帐帘。久而久之,便将帐帘之后称作"帐房",进而将对会计事项的记录称为"记帐"。记帐的人便称呼为"帐房先生"了。

《中国会计史稿》中记载,根据现有史料考察,"帐"字的内在涵义引申到对社会经济的核算方面,乃起源于南北朝时期。发展到唐代,"帐"字的意义又进一步向纵深扩展了。除了表示具体的会计、统计事项,一笔又一笔经济收支事项的总称外,还单独或者同"簿"结合在一起来表示一种会计方法的名称。"帐""簿帐""帐簿",将以往杂乱的称谓统一起来并沿用至今。到了明代,"帐"字的内涵已经延伸到了会计核算中的许多方面。如赊欠财物的叫"赊帐",将盈利的分配称为"分帐",将药物的赊欠称为"药帐",将生丝的赊欠称为"丝帐",将往来客户的欠款称为"客帐"。

随着社会经济的发展,"账"字也在明代开始出现并使用了。大约因为"帐"是和生活用品相关的,用在会计核算方面不够恰当,而"账"从贝,贝以前是金钱和财物的等价物,用于会计核算,计算钱物等经济事项,方名副其实。但由于"帐"的运用已深入人心并习惯成自然,所以自明代以后,"帐"与"账"并行运用,只不过当时用"帐"的多,用"账"的少,而持续到现在,反而用"账"的多,用"帐"的少了。

思考:

什么是账簿?账簿在会计核算中有什么作用?账簿应该如何进行登记呢?

任务一　会计账簿概述

一、会计账簿的概念和作用

会计账簿是指由具有一定格式、相互联系的账页组成,并以会计凭证为依据,连续、系统、全面、综合地记录和反映各项经济业务的簿籍。

根据《会计法》的规定,各单位应当按照国家统一会计制度的规定和会计业务的需要设置会计账簿。设置和登记会计账簿是会计核算的专门方法,是编制会计报表的基础,是连接会计凭证与会计报表的中间环节,在会计核算中具有以下重要意义。

(1)设置和登记会计账簿为单位管理部门提供系统、完整的会计信息。通过设置和登记账簿,可以系统地归纳和积累会计核算的资料,通过获得的各种总括资料和明细资料,初步形成经济管理所需的系统、完整的会计信息。

(2)设置和登记会计账簿为编制会计报表提供依据。所有的经济业务在账簿中均进行了登记,在会计期间终了时,根据账簿记录的费用、成本和收入等资料,可以计算一定时期的财务成果。通过核对无误的账簿资料对其进行加工,形成了会计报表编制所需的各项数据,这些数据是编制会计报表的主要依据。

(3)设置和登记会计账簿为开展财务分析和会计检查提供依据。通过对账簿资料的检查和分析可以了解企业是否贯彻有关方针、政策和制度,以及用以考核的各项计划的完成情况。此外,对于资金的使用是否合理,费用开支是否符合标准,经济效益有无提高,利润的形成和分配是否符合规定等作出分析、评价,从而找出问题,提出改进措施。

二、会计账簿的种类

由于各单位的经济业务和经营管理的要求不同,会计账簿的种类也有所不同,通常按照账簿的用途、外表形式和账页格式对账簿进行分类。

(一) 按用途分类

会计账簿按用途不同,可以分为序时账簿、分类账簿和备查账簿三种。

1. 序时账簿

序时账簿又称日记账,它是按照经济业务发生或完成时间的先后顺序逐日逐笔进行连续登记的账簿。序时账簿可以用来核算和监督某一类型经济业务或全部经济业务的发生或完成情况。序时账簿按其记录的经济业务内容不同又分为普通日记账和特种日记账。

普通日记账是指用来记录会计主体全部经济业务的发生和完成情况的日记账,即把每天发生的各项经济业务逐日逐笔地登记在日记账中,并确定其会计分录,然后据以登记分类账。由于普通日记账手续烦琐,目前很少使用。

特种日记账是指用来记录某一经济业务的发生和完成情况的日记账,通常用来记录某一类比较重要的经济业务,库存现金日记账和银行存款日记账都属于特种日记账。为了简化核算手续,在会计实务中,企业一般只设置库存现金日记账和银行存款日记账两个特种日记账,目的在于及时、系统、全面地反映库存现金、银行存款等资金的增减变动情况,便于对账、查账,确保财产物资的安全与完整。

2. 分类账簿

分类账簿是指按照账户(会计科目)进行分类登记经济业务的账簿。分类账簿是编制会计报表的主要依据,也是会计账簿体系的主干部分。分类账簿按其反映内容的详细程度不同,又可分为总分类账簿和明细分类账簿。

总分类账簿简称总账,是根据总分类科目(一级会计科目)开设的,用于分类记录全部经济业务,提供总括核算的分类账簿。总分类账簿主要为编制会计报表提供直接数据资料,主要采用三栏式明细账。

明细分类账簿简称明细账,是根据总分类账所属的二级或明细科目设置的,详细记录某一类经济业务,提供比较详细核算资料的账簿。明细分类账簿可采用的格式主要有:三栏式明细账、数量金额式明细账和多栏式明细账等。

 温馨提示:

在实际工作中,经济业务比较简单、总账科目数量不多的单位,可将日记账和分类账合并设置和登记,称为联合账簿,使一本账簿兼有日记账和分类账两种用途。

3. 备查账簿

备查账簿也称辅助账簿或备查账,是用来补充登记日记账和分类账等主要账簿中未记载或记载不全的经济业务的账簿,如租入固定资产登记簿、委托加工材料登记簿、代管商品物资登记簿等。备查账簿记录的内容不受总分类账的制约,是对日记账和明细账的补充,它可以为某些经济业务的内容提供必要的参考资料。备查账簿没有固定格式,可由各单位根据管理的需要自行设置与设计。

(二) 按外表形式分类

会计账簿按外表形式不同,可以分为订本式账簿、活页式账簿和卡片式账簿三种。

1. 订本式账簿

订本式账簿简称订本账,是指在账簿启用之前进行顺序编号并固定装订成册的账簿。使用订本式账簿的优点在于可以避免账页的散失,防止任意抽换账页。其缺点是由于账页固定,不能增减,在使用时,必须为每一账户预留账页,不便于按需求增减账页,容易出现账页的余缺,造成浪费或影响账户记录的连续登记。此外,采用订本式账簿在同一时间内,只能由一人负责登记,不便于分工。

2. 活页式账簿

活页式账簿简称活页账,是指年度内账页不固定装订成册,而是将其放置在活页账夹中的账簿。当账簿登记完毕之后(通常是一个会计年度结束之后),才能将账页予以装订,加具封面,并给各账页连续编号。使用这种账簿的优点是记账时可以根据实际需要,随时加入、抽出或移动账页,使用灵活,而且可以分工记账,有利于提高工作效率。但这种账簿由于账页是分开的,因此账页容易散失或被任意抽换。为避免这种舞弊现象产生,在使用活页式账簿时应将账页按顺序编号,置于账夹内,并在账页上由有关人员签名或盖章。在年度终了时,应将使用过的账页装订成册,作为会计档案予以保管。

3. 卡片式账簿

卡片式账簿简称卡片账,是指用硬质纸张印刷专门格式的账卡,不加装订,存放在卡片箱中的账簿。严格来说,卡片账也是一种活页账,只不过它不是装在活页账夹中,而是装在卡片箱内。使用这种账簿的优点是便于查阅,也便于按不同要求归类整理,不易损坏。但这种账簿在使用中账页容易散失和随意抽换,因此在使用时应对账页连续编号,并加盖有关人员图章,卡片箱应由专人保管,更换新账后也应封扎保管,以保证其安全。卡片账一般适用于财产物资的实物登记,如固定资产登记卡,低值易耗品登记卡等。

> **温馨提示:**
>
> 在实际工作中,企业应对比较重要、容易丢失的项目,采用订本账,对次要的或者不容易丢失的项目,可以采用活页账或卡片账。活页账和卡片账在使用结束、不再继续登记时,必须装订成册,妥善保管。

(三) 按账页格式分类

账簿按账页格式不同,可以分为两栏式账簿、三栏式账簿、多栏式账簿和数量金额式账簿四种。

1. 两栏式账簿

两栏式账簿是指只有借方和贷方两个基本金额栏目的账簿。普通日记账和转账日记账一般采用两栏式。

2. 三栏式账簿

三栏式账簿是指设有借方(或收入)、贷方(或发出)和余额(或结存)三个基本栏目的账簿。这种格式适用于总分类账,也适用于只需要进行金额核算而不需要进行数量核算的明细分类账,如"应收账款""应付账款""其他应收款""其他应付款"等账户的明细分类核算。

3. 多栏式账簿

多栏式账簿是指在账簿的两个基本栏目借方和贷方按需要分设若干专栏的账簿。这种格式适用于核算项目较多,且管理上要求提供各核算项目详细信息的账簿,如多栏式日记账、多栏式明细账。多栏式账簿按其记录的交易或事项的内容又可以分为借方多栏式账簿、贷方多栏式账簿和借贷方多栏式账簿。这种格式适用于"生产成本""制造费用""管理费用"等收入、费用明细账户的核算。

4. 数量金额式账簿

数量金额式账簿是指在借方、贷方和余额三个栏目内,都分别设有数量、单价、金额等三个小栏,借以反映财产物资的实物数量和价值数量。这种格式适用于既要进行金额核算又要进行实物数量核算的各种财产物资账户,如"原材料""库存商品"等账户的明细分类核算。

账簿的智慧

账簿可以化琐碎为条理。账簿之于会计,就像兵器之于士兵。其实生活中又何尝不需要做到条理清晰呢?

6-1　账簿的智慧

任务二　会计账簿的使用登记规范

一、会计账簿的基本结构

尽管各种会计账簿记录的经济内容、格式多种多样,但是都具备以下基本要素。

1. 封面

封面主要用于标明账簿的名称和记账单位名称,如现金日记账、银行存款日记账、总分类账、应收账款明细账等。

2. 扉页

扉页上主要列示账簿启用表及账户目录。账簿启用及交接表如表6-1所示,主要用于明确单位名称、账簿名称、启用日期、记账人员、账簿交接情况等内容。账户目录注明各个账户所在页次,是由记账人员在分类账簿中开设账户页头后,按每个账户的名称和页数进行登记。活页式账簿和卡片式账簿在装订成册后需填写账户目录,如表6-2所示。

3. 账页

账页是账簿用来记录具体经济业务的载体,其格式因记录经济业务内容的不同而有所不同,但基本内容应包括:①账户名称(填写总账科目或明细科目);②日期栏(填写记账凭证的日期);③凭证(填写记账凭证的种类而后编号);④摘要栏(填写经济业务的简要说明);⑤金额栏(填写经济业务项目增减的金额);⑥总页次和分户页次。

表6-1　账簿启用及交接表

单位名称							公章	
账簿名称					（第　册）			
账簿编号								
账簿页数	本账簿共计　　　　　页（本账簿页数 检点人盖章　　　　）							
启用日期	公元　　　　　　　　　　　　　年　月　日							
经管人员	单位主管		财务主管		复核		记账	
	姓名	盖章	姓名	盖章	姓名	盖章	姓名	盖章
接交记录	经管人员			接管			交出	
	职别	姓名		年　月　日		盖章	年　月　日	盖章
备注								

表6-2　目录

编号	科　目	起讫页次	编号	科　目	起讫页次	编号	科　目	起讫页次

二、会计账簿的启用原则

为了保证会计账簿记录的合法性和会计资料的真实性、完整性,明确经济业务,会计账簿应由专人负责登记。启用会计账簿应遵循以下原则。

(1) 启用时,在账簿封面上写明单位名称和账簿名称。

(2) 在账簿封面上写明单位名称和账簿名称,并认真填写账簿启用登记表,加盖单位公章和有关个人名章。

(3) 启用订本式账簿,应当从第一页到最后一页顺序编定页码,不得跳页、缺号;使用活页式账页,应当按账户顺序编号,并须定期装订成册,装订后再按实际使用的账页顺序编定页码,另加目录,记明每个账户的名称和页次。

(4) 在账页上开设账户,即填列会计科目。总账应按照会计科目顺序填写科目名称及启用页号。在启用活页式明细分类账时,应按照所属会计科目填写科目名称和页码,在年度结账后,撤去空白账页,填写使用页码。

三、会计账簿的记账规则

会计账簿是编制会计报表的依据,为了保证账簿记录的真实可靠,会计人员在登记账簿时,必须严格遵守记账规则。

(一) 根据审核无误的会计凭证登记账簿

登记账簿的依据是经过审核的会计凭证,记账人员在登记账簿之前,应当先审核会计凭证的合法性、完整性和真实性,然后根据审核无误的会计凭证进行账簿登记。

(二) 记账时做到准确完整

登记账簿时,应当将会计凭证的日期、编号、经济业务内容摘要、金额和其他有关资料逐项记入账内,每一个会计事项,要按平行登记方法,一方面记入有关总账,另一方面记入总账所属的明细账,做到数字准确、摘要清楚、登记及时、字迹清晰工整。记账后,记账人员要在记账凭证上签字或盖章,并在记账凭证的"过账"或"账页"栏内注明账簿页数或打"√"等符号,表示已经记账,避免重记或漏记。

(三) 书写留空

为了便于更正记账和方便查账,登记账簿时,书写的文字和数字应紧靠底线,上面要留有适当的空格,不要写满格,一般应占格距的1/2,最多不能超过2/3。

(四) 顺序连续登记

会计账簿应当按照账页顺序进行登记,不得跳行、隔页。如果发生跳行、隔页,应当将空行、空页划线注销,或者注明"此行空白""此页空白"字样,并由记账人员签名或盖章,不得将账页随意抽调或销毁。

(五) 正常记账使用蓝黑墨水

为了保证账簿的持久性和防止涂改,登记账簿时必须使用蓝黑墨水或碳素墨水笔书写,不得使用圆珠笔(银行的复习账簿除外)或者铅笔书写。

(六) 特殊记账使用红色墨水

在下列情况下,可以用红色墨水记账:

(1) 按照红字冲账的记账凭证,冲销错误记录。

(2) 在不设借或贷的多栏式账页中,登记减少数。
(3) 在三栏式账户的余额前,如未印明余额方向的,在余额栏内登记负数余额。
(4) 根据国家统一的会计制度的规定可以用红字登记的其他事项。

(七) 结出余额

凡须结出余额的账户,应当定期结出余额。库存现金日记账和银行存款日记账必须每天结出余额。结出余额后,应在"借或贷"栏内写明"借"或"贷"的字样。没有余额的账户,应在该栏内写"平"字,并在余额栏"元"位上用"0"表示。

(八) 过次承前

每登记满一张账页结转下页时,应当结出本页合计数和余额,写在本页最后一行和下页第一行有关栏内,并在本页的摘要栏内注明"过次页"字样,在次页的摘要栏内注明"承前页"字样;也可以将本页合计数及金额只写在下页第一行有关栏内,并在摘要栏内注明"承前页"字样,以保持账簿记录的连续性,便于对账和结账。

(九) 记录错误按规定的办法更正

账簿记录发生错误时,不得刮、擦、挖、补、随意涂改或用褪色药水更改字迹,应根据错误的情况,按规定的方法进行更正。

(十) 定期打印

实行会计电算化的单位,总账和明细账应当定期打印。发生收款和付款业务的,在输入收款凭证和付款凭证当天必须打印出现金日记账和银行存款日记账,并与库存现金核对无误。这是因为在以机器或其他磁性介质储存的状态下,各种资料或数据的直观性不强,而且信息处理的过程不明,不便于进行某些会计操作和进行内部或外部审计,对会计信息的安全和完整也不利。

四、日记账的设置和登记

日记账按照经济业务内容分为普通日记账和特种日记账。由于我国很少使用普通日记账,这里仅介绍特种日记账的设置和登记方法。企业设置的特种日记账主要有现金日记账和银行存款日记账两种。在企事业行政单位中,做好现金日记账和银行存款日记账的登记有利于加强货币资金的日常核算和监督,有利于贯彻执行国家规定的货币资金管理制度。

(一) 现金日记账的设置和登记

现金日记账是用来核算和监督库存现金每日的收入、支出和结存情况的账簿。它由出纳人员根据审核后的库存现金收、付款凭证(包括从银行提取现金时的银行存款付款凭证),按经济业务发生时间的先后顺序,逐日逐笔进行登记。

现金日记账通常采用三栏式订本式账簿,其结构一般"收入""支出""结余"或"借方""贷方""余额"三个主要栏目,具体登记方法如下。

(1) 根据记账凭证的日期、编号、摘要登记账簿中的日期、凭证号码和摘要。
(2) "对方科目"栏填入会计分录中"库存现金"科目的对应科目,用于反映库存现金增减变化的来龙去脉。
(3) "借方"(收入)栏根据现金收款凭证和引起现金增加的银行存款付款凭证登记。
(4) "贷方"(支出)栏根据现金付款凭证登记。

(5)"余额"栏应根据"本行余额数＝上行余额数＋本行借方数(或收入数)－本行贷方数(或支出数)"公式计算填写。

(6)每日终了应分别计算库存现金收入和支出的合计数,结出余额,将余额与出纳员的库存现金实有数进行核对。每月期末同样要计算出库存现金收付和结余的合计数,并与库存现金总分类账核对一致,做到日清月结,账实相符。如账实不符,应查明原因。

现金日记账如表6-3所示。

表6-3 现金日记账

2023年		凭证号数	摘要	对方科目	借方 亿千百十万千百十元角分	贷方 亿千百十万千百十元角分	借或贷	余额 亿千百十万千百十元角分
月	日							
12	1		期初余额				借	2 0 0 0 0 0
	2	银付1	提取现金	银行存款	2 0 0 0 0 0			
	2	现付1	借支差旅费	其他应收款		1 5 0 0 0 0		
	2	现收1	销售产品	主营业务收入	1 5 0 0 0 0 0			
	2	现收2	收到职工罚款	营业外收入	3 0 0 0 0			
	2	现付2	购买办公用品	管理费用		6 0 0 0 0		
			本日合计		2 0 0 0 0 0 0	2 1 0 0 0 0	借	1 9 9 0 0 0 0
	31		本日合计		5 8 0 0 0 0	1 2 8 0 0 0 0	借	5 6 0 0 0 0
	31		本月合计		1 1 0 8 0 0 0 0	1 0 7 2 0 0 0 0	借	5 6 0 0 0 0

 实训6-1 现金日记账的登记

【例6-1】 南方亿恒有限公司2023年12月1日,现金日记账余额为1 500元,当日发生3笔现金收付业务:

(1)购买办公用品300元,以现金支付。
(2)从银行提取现金2 000元备用。
(3)销售产品收取现金12 000元。

根据上述资料,编制记账凭证如下:

现付1号:

借:管理费用　　　　　　　　　　　　　　　　　300
　　贷:库存现金　　　　　　　　　　　　　　　　　300

银付 1 号：

借：库存现金　　　　　　　　　　　　　　　　　　　　　2 000
　　贷：银行存款　　　　　　　　　　　　　　　　　　　　　　2 000

现收 1 号：

借：库存现金　　　　　　　　　　　　　　　　　　　　　12 000
　　贷：主营业务收入　　　　　　　　　　　　　　　　　　　12 000

根据上述记账凭证登记现金日记账，如表 6-4 所示。

表 6-4　现金日记账

2023年		凭证号数	摘要	对方科目	借方										贷方										借或贷	余额									
月	日				亿	千	百	十	万	千	百	十	元	角	分	亿	千	百	十	万	千	百	十	元	角	分		亿	千	百	十	万	千	百	十	元	角	分
12	1		期初余额																								借				1	5	0	0	0	0
	1	现付1	购买办公用品	管理费用																			3	0	0	0	0										
	1	银付1	借支差旅费	银行存款							2	0	0	0	0	0																					
	1	现收1	销售产品收取现金	主营业务收入					1	2	0	0	0	0	0																					
	1		本日合计					1	4	0	0	0	0	0								3	0	0	0	0			1	5	2	0	0	0	0

（二）银行存款日记账的设置和登记

银行存款日记账是用来核算和监督银行存款每日的收入、支出和结存情况的账簿。银行存款日记账须按企业在银行开立的账户和币种分别设置，每个银行账户设置一本日记账。其由出纳人员根据银行存款收款凭证（包括现金存入银行的现金付款凭证）、银行存款付款凭证逐日逐笔按照业务发生的时间先后顺序进行登记。每日终了，应分别计算的当日银行存款收入、支出的合计数及账面余额。每日余额的计算方法与库存现金日记账相同。

银行存款日记账一般也采用"收入""支出""结余"或"借方""贷方""余额"三个主要栏目，其登记方式和登记库存现金日记账类似，可以参照前述现金日记账的登记方法。需要注意的是，银行存款日记账还设有"结算凭证"栏，以便记账时标明每笔业务的结算凭证及编号，便于与银行核对账目。

银行存款日记账如表 6-5 所示。

表 6-5　银行存款日记账

2023年		结算凭证	凭证号数	摘要	对方科目	借方	贷方	借或贷	余额
月	日					亿千百十万千百十元角分	亿千百十万千百十元角分		亿千百十万千百十元角分
12	1			期初余额				借	1 3 5 0 0 0 0 0
	2	现金支票001#	银付1	提取现金	库存现金		2 0 0 0 0 0		
	2	转账支票008#	银收1	收到货款	应收账款	8 0 0 0 0 0			
	2	转账支票024#	银收2	销售产品	主营业务收入	1 2 0 0 0 0 0			
	2	转账支票033#	银付2	缴纳税金	应交税费		2 3 0 0 0 0		
	2	转账支票048#	银付3	支付广告费	销售费用		7 0 0 0 0 0		
				本日合计		2 0 0 0 0 0 0	9 5 0 0 0 0	借	2 4 0 0 0 0 0
	31			本日合计		1 6 6 0 0 0 0	2 7 6 0 0 0 0	借	3 4 8 0 0 0 0
	31			本月合计		1 4 9 6 0 0 0 0	1 2 8 3 0 0 0 0	借	3 4 8 0 0 0 0

实训 6-2　银行存款日记账的登记

【例 6-2】 南方亿恒有限公司 2023 年 12 月 1 日,银行存款日记账余额为 210 000 元,当日发生 4 笔银行存款收付业务:

(1) 销售商品(销售方式:现销)收到对方转账 198 000 元,转账支票号码 001#。
(2) 将多余的现金 3 000 元存入银行,现金支票号码 001#。
(3) 购买原材料款支付首期货款 110 000 元,转账支票号码 038#。
(4) 转账支付前钱货款 80 000 元,转账支票号码 062#。

根据上述资料,编制记账凭证如下:

银收 1 号:

借:银行存款　　　　　　　　　　　　　　　　　　　　　　　　　　198 000
　　贷:主营业务收入　　　　　　　　　　　　　　　　　　　　　　　198 000

银收 2 号:

借:银行存款　　　　　　　　　　　　　　　　　　　　　　　　　　　3 000
　　贷:库存现金　　　　　　　　　　　　　　　　　　　　　　　　　　3 000

银付 1 号:

借:原材料　　　　　　　　　　　　　　　　　　　　　　　　　　　110 000
　　贷:银行存款　　　　　　　　　　　　　　　　　　　　　　　　　110 000

银付 2 号：

借：应付账款　　　　　　　　　　　　　　　　　　　　　　　　80 000
　　贷：银行存款　　　　　　　　　　　　　　　　　　　　　　　　80 000

根据上述记账凭证登记银行存款日记账，如表 6-6 所示。

表 6-6　银行存款日记账

2023年		结算凭证	凭证号数	摘要	对方科目	借方 亿千百十万千百十元角分	贷方 亿千百十万千百十元角分	借或贷	余额 亿千百十万千百十元角分
月	日								
12	1			期初余额				借	2 1 0 0 0 0 0 0
	1	转账支票001#	银收1	销售产品	主营业务收入	1 9 8 0 0 0 0 0			
	1	现金支票001#	银收2	现金存入银行	库存现金	3 0 0 0 0 0			
	1	转账支票038#	银付1	购买材料	原材料		1 1 0 0 0 0 0 0		
	1	转账支票062#	银付2	支付前欠货款	应付账款		8 0 0 0 0 0 0		
12	1			本日合计		2 0 1 0 0 0 0 0	1 9 0 0 0 0 0 0	借	2 2 1 0 0 0 0 0

温馨提示：

现金日记账和银行存款日记账必须采用订本式账簿。

五、分类账的设置和登记

分类账有总分类账和明细分类账两种。

（一）总分类账的设置和登记

总分类账是指根据总分类账户进行分类登记，全面、总括地反映和记录经济活动的情况，并为编制会计报表提供资料的账簿。在总分类账中，一般按照一级会计科目的编码顺序分别开设账户，并为每个账户预留若干账页。由于总分类账能总括、全面地反映经济活动和财务收支情况，并为编制会计报表提供资料，因此，任何单位都必须设置总分类账。

总分类账应采用订本式账簿，一般采用"借方""贷方""余额"三栏式，也可设置多栏式，如表 6-7 所示。

表 6-7 总分类账

科目名称：应付账款　　　　　　　　　　　　　　　　　　　　　　　　　　　第　　页

2023年		凭证号数	摘要	借方	贷方	借或贷	余额
月	日			亿千百十万千百十元角分	亿千百十万千百十元角分		亿千百十万千百十元角分
12	1		月初余额			贷	8 5 6 0 0 0 0
	1	银付1	支付前欠货款	8 0 0 0 0 0 0		贷	5 6 0 0 0 0
	6	转12	赊购		1 5 6 0 0 0 0 0	贷	1 6 1 6 0 0 0 0
	31		本月合计	1 2 4 0 0 0 0 0	1 8 4 5 0 0 0 0	贷	

总分类账的登记可以直接根据记账凭证逐笔进行登记，也可以将一定时期的各种记账凭证编制为科目汇总表或汇总记账凭证后，再据以登记总账。总分类账的登记方法，取决于企业采用的账务处理程序。

企业每月应将当月已完成的经济业务全部登记入账，并于月终结出总分类账簿中各账户的本期发生额和期末余额，再与明细账余额核对相符，其提供的资料即为编制会计报表的主要依据。

（二）明细分类账的设置和登记

明细分类账是根据明细分类账户详细登记某一经济业务的账簿，根据实际需要，各明细账分别按二级科目或明细科目开设账户，并为每个账户预留账页，用来分类、连续记录和反映有关资产、负债、所有者权益和收入、费用、利润等会计要素的详细情况。各单位应结合经济业务特点和经营管理的需要，在总分类账的基础上设置若干明细账，作为总分类账的补充，以形成既能提供经济活动总括情况，又能提供具体详细情况的账簿体系。

明细账的格式根据所反映的经济业务的特点以及财产物资管理的不同要求可以分为三栏式、数量金额式、多栏式和横线登记式四种。

1. 三栏式明细账

三栏式明细账是只设有"借方""贷方"和"余额"三个栏目，不设数量栏。这种格式适用于只需要进行金额明细核算而不需要核算数量的明细分类账户，如"应收账款""应付账款""短期借款"等账户的明细核算。它的格式同总分类账的格式基本相同，不同的地方在于总分类账为订本式账簿，而三栏式明细账多为活页账，如表6-8所示。

三栏式明细账的登记方法一般是根据记账凭证和原始凭证逐笔序时登记，即根据记账凭证内容依次登记账簿中的日期、凭证编号、摘要、借方金额或贷方金额，并随时结出余额。

2. 数量金额式明细账

数量金额式明细账是指在借方（或收入）、贷方（或支出）和结余（或结存）栏内分别设置"数量""单价"和"金额"三小栏，用于登记实物的数量和金额。这种格式适用于既要进行金额核算，又要进行实物数量核算的各种财产物资账户，如"原材料""库存商品""周转材料"等存货账户的明细分类核算，如表6-9所示。

表 6-8 应收账款明细账

明细科目：元申公司   第　　页

2023年		凭证号数	摘要	借方 亿千百十万千百十元角分	贷方 亿千百十万千百十元角分	借或贷	余额 亿千百十万千百十元角分
月	日						
12	1		月初余额			借	1 0 4 8 0 0 0 0
	4	转8	销售商品款项未收	9 8 0 0 0 0		借	2 0 2 8 0 0 0 0
	13	银收5	收回欠款		1 1 5 0 0 0 0 0	借	8 7 8 0 0 0 0
	31		本月合计	2 4 0 0 0 0 0	1 8 5 0 0 0 0 0	借	1 5 9 8 0 0 0 0

表 6-9 原材料明细账

最高存量_____　　　编号_____
最低存量_____　　　规格_____　　　单位_____　　　名称 甲材料

2023年		凭证号数	摘要	收入			支出			结存		
月	日			数量	单价	金额 千百十万千百十元角分	数量	单价	金额 千百十万千百十元角分	数量	单价	金额 千百十万千百十元角分
12	1		期初余额							1 200	10	1 2 0 0 0 0
	7	付7	购入材料	2 000	10	2 0 0 0 0 0				3 200	10	3 2 0 0 0 0
	18	转12	生产领用				1 800	10	1 8 0 0 0 0	1 400	10	1 4 0 0 0 0
	25	付18	购入材料	1 000	10	1 0 0 0 0 0				2 400	10	2 4 0 0 0 0
	31		本月合计	3 000	10	3 0 0 0 0 0	1 800	10	1 8 0 0 0 0	2 400	10	2 4 0 0 0 0

数量金额式明细账的登记方法一般是：①根据记账凭证的日期、凭证编号、摘要登记账簿中的日期、凭证编号、摘要；②根据记账凭证和原始凭证登记收入或发出数量、单价和金额；③随时结出结存存货的数量、单价和金额并定期与实物核对。

一般来说，"原材料""库存商品"不应出现负结余，因此数量金额式明细账中未设结存方向栏。若由于特殊原因在账面上负结存，则应在结存栏中用红字登记。

3. 多栏式明细账

多栏式明细账是指根据经济业务的特点和提供资料的要求，在一张账页内按有关明细账科目或明细项目分设若干专栏，用于集中反映有关明细项目的核算资料。这种格式适用于只记金额、不记数量，而且在管理上需要了解其构成内容的有关费用、成本、收入、利润账户，如"生产成本""制造费用""管理费用""本年利润"等账户。

多栏式明细账格式视管理需要而呈多种多样，根据明细账户之间相互联系方式不同，账页格式分为三种：①借方多栏式明细账②贷方多栏式明细账③借方贷方均多栏式明细账。

1) 借方多栏式明细账

借方多栏式明细账的账页格式适用于借方需要设多个明细科目或明细项目的账户，一般适用于费用类账户的明细核算,如"生产成本""制造费用""管理费用""财务费用""销售费用"等账户。管理费用明细账如表6-10所示。

2) 贷方多栏式明细账

贷方多栏式明细账的账页格式适用于贷方需要设多个明细科目或明细项目的账户,一般适用于收入类账户的明细核算,如"主营业务收入""营业外收入"等账户。主营业务收入明细账如表6-11所示。

3) 借方贷方均多栏式明细账

借方贷方多栏式明细账的账页格式适用于借方贷方均需要设多个明细账户或明细项目的账户,如"本年利润""应交税费(增值税)"等账户。应交税费(增值税)明细账如表6-12明细账所示。

4. 横线登记式明细分类账

横线登记式明细分类账又称平行式明细分类账,它的账页特点是将前后密切相关的经济业务在同一横行内进行详细登记,以检查每笔业务的变动及完成情况。这种明细账适用于登记在途物资、应收票据和一次性备用金业务。在途物资明细分类账如表6-13所示。

横线登记式明细分类账的借方一般在购料付款或借出备用金时按会计凭证的编号顺序逐日逐笔登记,其贷方则不要求按会计凭证编号逐日逐笔进行登记,而是在材料验收入库或者备用金使用后报销和收回时,在与借方记录的同一行内进行登记。同一行内借方、贷方均有记录时,表示该项经济业务已处理完毕,若同一行内只有借方记录而无贷方记录的,表示该项经济业务尚未结束。

(三) 总分类账与明细分类账的关系及其平行登记

1. 总分类账与明细分类账的关系

总分类账与明细分类账既存在内在联系,又存在区别。

两者之间的内在联系主要表现在以下几个方面:

(1) 两者所反映的经济业务内容相同。例如,"原材料"总分类账与其所属的"甲材料""乙材料""丙材料"等明细分类账户都是用来反映原材料的收发结存业务的。

(2) 两者登记账簿的原始依据相同。登记总分类账和明细分类账所依据的原始凭证是相同的。

两者之间的区别主要表现在以下几个方面:

(1) 反映经济业务内容的详细程度不同。总分类账提供某类经济业务总括的核算指标,明细分类账则提供某类经济业务详细的核算指标。

(2) 两者的作用不同。总分类账对明细分类账起到控制和统驭作用,即总分类账控制着明细分类账的核算内容和核算数据,明细分类账则对总分类账起着辅助和补充说明的作用。

因此,总分类账和明细分类账两者是控制与从属的关系,总分类账和明细分类账所记录的经济业务内容是相同的,是对同一核算资料的相互补充,只是两者提供核算资料的详细程度存在差别。

表 6-10 管理费用明细账

年		凭证号数	摘要	借方											贷方											借或贷	余额											借方金额分析																																							
																																					电话费											招待费											办公费											差旅费											水电费									
月	日			亿	千	百	十	万	千	百	十	元	角	分	亿	千	百	十	万	千	百	十	元	角	分		亿	千	百	十	万	千	百	十	元	角	分	千	百	十	万	千	百	十	元	角	分	千	百	十	万	千	百	十	元	角	分	千	百	十	万	千	百	十	元	角	分	千	百	十	万	千	百	十	元	角	分	千	百	十	万	千	百	十	元	角	分

表 6-11　主营业务收入明细账

年		凭证号数	摘要	借方											贷方										借或贷	余额										贷方金额分析																																		
																																					A产品											B产品											C产品											D产品											其他									
月	日			亿	千	百	十	万	千	百	十	元	角	分	亿	千	百	十	万	千	百	十	元	角	分		亿	千	百	十	万	千	百	十	元	角	分	亿	千	百	十	万	千	百	十	元	角	分	亿	千	百	十	万	千	百	十	元	角	分	亿	千	百	十	万	千	百	十	元	角	分	亿	千	百	十	万	千	百	十	元	角	分	亿	千	百	十	万	千	百	十	元	角	分

表 6-12 应交税费(增值税)明细账

年 月 日	凭证号数	摘要	借方							贷方						借或贷	余额
			合计	进项税额	已交税金	减免税款	转出未交增值税	出口抵减内销产品税		合计	销项税额	出口退税	进项税额转出	转出多交增值税			

表 6-13　在途物资明细分类账

凭证号数		摘要	借方金额			贷方金额		余额
年 月 日			买价	采购费用	合计	凭证号数 月 日	金额	
			千百十万千百十元角分	千百十万千百十元角分	千百十万千百十元角分		千百十万千百十元角分	亿千百十万千百十元角分

2. 总分类账与明细分类账的平行登记

为了便于账户核对,使总分类账户与其所属的明细分类账之间能起到统驭和补充的作用,并确保核算资料的正确完整,必须采用平行登记的方法。平行登记是指对同一项交易或者事项要记入有关的总分类账,设有明细分类账户的,还要记入有关的明细分类账户。采用平行登记记账应该注意以下四点。

(1) 依据相同。对于每一项发生的有关经济业务,都是根据相关的会计凭证一方面在有关的总分类账户中进行登记;另一方面在其所属的明细分类账中进行登记。

(2) 期间相同。对于每一项发生的经济业务,总分类账和明细分类账必须在同一会计期间(如1个月、1个季度等)全部登记入账。需要注意的是登记总分类账与明细分类账的具体日期不一定相同,但都要在同一会计期间内。

(3) 方向相同。将发生的经济业务记入总分类账和其所属的明细分类账时,记账的借贷方向应当一致。一般情况下,如果总分类账中登记的是在借方,其所属的明细分类账应登记在借方;如果总分类账中登记的是在贷方,其所属的明细分类账也应登记在贷方。

(4) 金额相等。将发生的经济业务在总分类账及其所属的明细分类账中登记的金额是相等的。当总分类账户同时涉及几个明细分类账户时,则在总分类账户中登记的金额应当与其所属的明细分类账中登记的金额之和相等。

总分类账与其所属的明细分类账之间平行登记的结果是:总分类账与其所属的明细分类账之间必然形成相互核对的关系,可用以下公式表示:

总分类账期初借(或贷)方余额＝所属明细分类账期初借(或贷)方余额之和
总分类账本期借(或贷)方发生额＝所属明细分类账本期借(或贷)方发生额之和
总分类账期末借(或贷)方余额＝所属明细分类账期末借(或贷)方余额之和

在会计核算工作中,可以利用上述公式来检查账簿记录是否正确。检查时,一般是通过编制"明细分类账本期发生额与余额表"与相应的总分类账本期发生额和余额进行相互核对,以检查总分类账与其所属的分类明细账记录的正确性。

6-2 平行登记的哲理

【例 6-3】 国富贸易有限公司 2023 年 12 月 1 日 "应收账款" 的期初余额如下:

"应收账款"180 000 元,其中三明源兴有限公司 80 000 元,恒星达有限公司 100 000 元。

该公司当月发生如下经济业务:

(1) 12 月 3 日,向恒星达有限公司销售 A 产品一批,货款 60 000 元,增值税 7 800 元,款项尚未收到。

(2) 12 月 13 日,收到三明源兴有限公司偿还前欠货款 70 000 元,恒星达有限公司偿还前欠货款 50 000 元。

(3) 12 月 24 日,向三明源兴有限公司销售 B 产品一批,货款 40 000 元,增值税 5 200 元,款项尚未收到。

根据上述资料,用平行登记法登记"应收账款"账户及其所属明细分类账户。

首先,将两个账户的期初余额分别在总账和明细账中进行登记。

其次，根据资料编制会计分录如下：

（1）借：应收账款——恒星达有限公司　　　　　　　　　　　　　67 800
　　　　贷：主营业务收入　　　　　　　　　　　　　　　　　　　60 000
　　　　　　应交税费——应交增值税（销项税额）　　　　　　　　7 800

（2）借：银行存款　　　　　　　　　　　　　　　　　　　　　　120 000
　　　　贷：应收账款——三明源兴有限公司　　　　　　　　　　　70 000
　　　　　　　　　　　——恒星达有限公司　　　　　　　　　　　50 000

（3）借：应收账款——三明源兴有限公司　　　　　　　　　　　　45 200
　　　　贷：主营业务收入　　　　　　　　　　　　　　　　　　　40 000
　　　　　　应交税费——应交增值税（销项税额）　　　　　　　　5 200

再次，根据上述会计分录，采用平行登记法，在"应收账款"总账和其所属明细账中登记，分别如表6-14至表6-16所示。

表6-14　总分类账

科目名称：应收账款　　　　　　　　　　　　　　　　　　　　　　　　　　第　　页

2023年		凭证号数	摘要	借方										贷方										借或贷	余额									
月	日			亿	千	百	十	万	千	百	十	元	角	分	亿	千	百	十	万	千	百	十	元	角	分		亿	千	百	十	万	千	百	十	元	角	分
12	1		期初余额																							借				1	8	0	0	0	0	0	0
	3	转6	销售产品					6	7	8	0	0	0	0												借				2	4	7	8	0	0	0	0
	13	银收15	收回前欠货款																1	2	0	0	0	0	0	0	借				1	2	7	8	0	0	0	0
	24	转36	销售产品					4	5	2	0	0	0	0												借				1	7	3	0	0	0	0	0
	31		本月合计				1	1	3	0	0	0	0	0					1	2	0	0	0	0	0	借				1	7	3	0	0	0	0	0

表6-15　应收账款明细账

明细科目：三明源兴有限公司　　　　　　　　　　　　　　　　　　　　　　第　　页

2023年		凭证号数	摘要	借方										贷方										借或贷	余额									
月	日			亿	千	百	十	万	千	百	十	元	角	分	亿	千	百	十	万	千	百	十	元	角	分		亿	千	百	十	万	千	百	十	元	角	分
12	1		期初余额																							借					8	0	0	0	0	0	0
	13	银收15	收回前欠货款																	7	0	0	0	0	0	0	借					1	0	0	0	0	0	0
	24	转36	销售产品					4	5	2	0	0	0	0												借					5	5	2	0	0	0	0
	31		本月合计					4	5	2	0	0	0	0						7	0	0	0	0	0	0	借					5	5	2	0	0	0	0

表 6-16　应收账款明细账

明细科目:恒星达有限公司　　　　　　　　　　　　　　　　　　　　　　　　　第　　页

2023年		凭证号数	摘要	借方	贷方	借或贷	余额
月	日			亿千百十万千百十元角分	亿千百十万千百十元角分		亿千百十万千百十元角分
12	1		期初余额			借	1 0 0 0 0 0 0 0
	3	转6	销售产品	6 7 8 0 0 0 0		借	1 6 7 8 0 0 0 0
	13	转36	收回前欠货款		5 0 0 0 0 0 0	借	1 1 7 8 0 0 0 0
	31		本月合计	6 7 8 0 0 0 0	5 0 0 0 0 0 0	借	1 1 7 8 0 0 0 0

最后,编制明细分类账户本期发生额及余额表,对"应收账款"及其所属明细分类账平行登记的结果进行核对,如表 6-17 所示,以便发现错误及时进行更正。

 温馨提示:

明细分类账户本期发生额及余额表一般在期末进行编制。

表 6-17　明细分类账户本期发生额及余额表

2023 年 12 月

账户名称	期初余额		本期发生额		期末余额	
	借方	贷方	借方	贷方	借方	贷方
三明源兴有限公司	80 000		45 200	70 000	55 200	
恒星达有限公司	100 000		67 800	50 000	117 800	
合计	180 000		113 000	120 000	173 000	

任务三　错账更正与对账

一、错账更正

在传统会计核算工作中,尽管我们在填制记账凭证、登记账簿前,对原始凭证、记账凭证都进行过复核。但由于种种原因,账簿登记有时仍会出现错误。按《会计基础工作规范》的规定,错账更正不准使用涂改、挖补、刮擦或者用药水消除字迹,不准重新抄写,而必须采用规定的更正方法。错账更正方法通常有划线更正法、红字更正法和补充登记法等。

(一) 划线更正法

划线更正法是对账簿记录中的错误文字或者数字划红线注销并作更正的一种方法。在结账以前,如果发现账簿记录有错误,而记账凭证没有错误,即纯属账簿记录中的文字或数字的笔误,可用划线更正法予以更正。

具体更正的方法是:先将错误的文字或数字用一条红色横线划去,表示注销;再在划线的上方用蓝色字迹写上正确的文字或数字,并在划线处加盖更正人图章,以明确责任。对于文字的错误,可以只划去错误的部分,并更正错误的部分,对于错误的数字,应当全部划红线更正,不能只更正其中的个别错误数字,并保持被划去的字迹仍可清晰辨认。例如,登账时将金额1 896元误写为1 996元,应将错误数字1 996全部用红线注销后,再写上正确的数字1 896,如表6-18所示。而不是只删改一个8字,如表6-19所示。更正后记账人员应在上方盖章,以示负责。

表6-18 正确的更正方法

2023年		凭证号数	摘要	借方										贷方										借或贷	余额									
月	日			亿	千	百	十	万	千	百	十	元	角	分	亿	千	百	十	万	千	百	十	元	角	分		亿	千	百	十	万	千	百	十	元	角	分
12	1		期初余额																							借				1	0	0	0	0	0	0
	4	转6	销售产品				2	5	0	0	0	0	0													借				3	5	0	0	0	0	0
	16	现付3	提取现金															1̶ ̶8̶ ̶9̶ ̶6̶								借				3	3	1	0	4	0	0
																		1	9	9	6	0	0												
	31		本月合计				2	5	0	0	0	0	0					1	8	9	6	0	0						3	3	1	0	4	0	0

表6-19 错误的更正方法

2023年		凭证号数	摘要	借方										贷方										借或贷	余额									
月	日			亿	千	百	十	万	千	百	十	元	角	分	亿	千	百	十	万	千	百	十	元	角	分		亿	千	百	十	万	千	百	十	元	角	分
12	1		期初余额																							借				1	0	0	0	0	0	0
	4	转6	销售产品				2	5	0	0	0	0	0													借				3	5	0	0	0	0	0
	16	现付3	提取现金																8							借				3	3	1	0	4	0	0
																		1	9̶	9	6	0	0												
	31		本月合计				2	5	0	0	0	0	0					1	8	9	6	0	0						3	3	1	0	4	0	0

(二) 红字更正法

红字更正法是指由于记账凭证中应借应贷的会计科目、方向或金额发生错误时而使账簿记录发生错误,而用红字冲销原记账凭证进行更正的一种方法。红字更正法适用于以下两种情况:

(1) 记账以后发现记账凭证中的应借、应贷会计科目或记账方向有误引起的记账错误。更正方法是:先用红字金额填制一张与原错误记账凭证内容完全相同的记账凭证,在"摘要"栏内注明"冲销某月某日某号凭证",并据以用红字金额登记有关账簿,冲销原来的错误记录;然后再用蓝字金额填制一张正确的记账凭证,在"摘要"栏内注明"更正某月某日某号凭证",并据以用蓝字登记有关账簿。

【例6-4】 南峰易有限公司向银行借入一笔为期3年的借款500 000元,款项已转入公司账户。根据下列信息,对该项业务进行处理。

(1) 填制凭证时,误将贷方科目写成"短期借款"并已登记入账。原错误记账凭证如下:

借：银行存款　　　　　　　　　　　　　　　　　　　　　　　　　　500 000
　　贷：短期借款　　　　　　　　　　　　　　　　　　　　　　　　　500 000

（2）发现错误后，用红字填制一张与原错误记账凭证内容完全相同的记账凭证。

借：银行存款　　　　　　　　　　　　　　　　　　　　　　　　　　500 000
　　贷：短期借款　　　　　　　　　　　　　　　　　　　　　　　　　500 000

（3）用蓝字填制一张正确的记账凭证。

借：银行存款　　　　　　　　　　　　　　　　　　　　　　　　　　500 000
　　贷：长期借款　　　　　　　　　　　　　　　　　　　　　　　　　500 000

有关账簿更正记录如图 6-1 所示。

借方	银行存款	贷方		借方	短期借款	贷方		借方	长期借款	贷方
(1) 500 000				(1) 500 000						(3) 500 000
(2) 500 000				(2) 500 000						
(3) 500 000										

图 6-1　有关账簿更正记录

（2）记账以后发现记账凭证和账簿记录中应借、应贷会计科目无误，只是所记金额大于应记金额。更正方法是：将多记的金额用红字填制一张记账凭证，而应借、应贷会计科目与原错误记账凭证相同，在"摘要"栏写明"冲销多记金额"以及原错误记账凭证的号数和日期，并据以登记入账，以冲销多记的金额。

【例 6-5】　南峰易有限公司一车间领用材料 3 000 元用于一般消耗。根据下列信息，对该项业务进行处理。

（1）填制记账凭证时，误作以下凭证，并已入账：

借：制造费用　　　　　　　　　　　　　　　　　　　　　　　　　　30 000
　　贷：原材料　　　　　　　　　　　　　　　　　　　　　　　　　　30 000

（2）所记金额 30 000 元减去应记金额 3 000 元等于 27 000 元，将所记金额大于应记金额的 27 000 元作红字凭证，冲销多记金额，并据以用红字入账。

借：制造费用　　　　　　　　　　　　　　　　　　　　　　　　　　27 000
　　贷：原材料　　　　　　　　　　　　　　　　　　　　　　　　　　27 000

有关账簿更正记录如图 6-2 所示。

借方	制造费用	贷方		借方	原材料	贷方
(1) 30 000						(1) 30 000
(2) 27 000						(2) 27 000

图 6-2　有关账簿更正记录

（三）补充登记法

补充登记法是指记账之后发现记账凭证和账簿记录中应借、应贷会计科目无误，只是所记金额小于应记金额，对于这种错误进行更正的方法是：将少记的金额用蓝字填制一张应借、应贷会计科目与原错误记账凭证相同的记账凭证，在"摘要"栏中写明"补充少记金额"以及原错误记账凭证的号数和日期，并据以登记入账，以补充登记少记的金额。

【例 6-6】 南峰易有限公司二车间领用材料 2 000 元用于一般消耗。根据下列信息，对该项业务进行处理。

（1）填制记账凭证时，误作以下凭证，并已入账：

借：制造费用　　　　　　　　　　　　　　　　　　　　　　　　　200
　　贷：原材料　　　　　　　　　　　　　　　　　　　　　　　　　　200

（2）应记金额 2 000 元减去所记金额 200 元等于 1 800 元，将少记的 1 800 元以蓝字金额做一张与原来错误凭证相同的记账凭证并据以入账。

借：制造费用　　　　　　　　　　　　　　　　　　　　　　　　　1 800
　　贷：原材料　　　　　　　　　　　　　　　　　　　　　　　　　　1 800

有关账簿更正记录如图 6-3 所示。

借方	制造费用	贷方		借方	原材料	贷方
(1)	200			(1)		200
(2)	1 800			(2)		1 800

图 6-3　有关账簿的更正记录

二、对账

对账是指将账簿记录与会计凭证核对，将账簿之间的数字核对，将账簿记录与实物及货币资金的实存数核对。在会计工作中，由于种种原因，账簿记录难免会有错漏。为了保证账簿记录的正确、完整、合理和可靠，如实地反映和监督经济活动，并为编制会计报表提供真实的数据和资料，就必须做好对账工作。

对账工作一般在月末进行，即在记账之后，结账之前进行。对账工作每年至少进行一次。对账工作的主要内容包括账簿与凭证的核对、账簿与账簿的核对以及账簿与实物的核对，即账证核对、账账核对、账实核对。

（一）账证核对

账证核对是指将会计账簿与有关会计凭证（包括原始凭证和记账凭证）进行核对。这种核对主要是在平时编制凭证和记账过程中的复核环节进行的。核对时主要将会计账簿记录与其对应的会计凭证（包括时间、编号、内容、金额、记录方向等）逐项核对，检查是否一致。如有不符之处，应当及时查明原因，予以更正。保证账证相符，是会计核算的基本要求之一，也是账账相符、账实相符的基础。

（二）账账核对

账账核对是指将账簿之间的有关数据进行核对。由于会计账簿之间相对应的记录存在着内在联系,通过账账核对,可以检查、验证会计账簿记录的正确性,以便及时发现错账,予以更正,保证账账相符。账账核对的主要内容有以下几个方面。

1. 总分类账户之间的核对

总分类账户之间的核对,一方面可以核对总分类账中全部总账账户的期末借方余额合计数与全部总账账户的期末贷方余额合计数是否相等,这种核对可以通过编制总账账户试算平衡表进行;另一方面核对各总分类账户本期借方发生额合计数是否等于本期贷方发生额合计数,这种核对可以通过编制"总分类账户与明细分类账户发生额及余额对照表"来进行。

2. 总分类账户与所属明细分类账户之间的核对

总分类账户与所属明细分类账户之间的核对,即核对总分类账户本期借、贷方发生额及期末余额是否与所属明细账户本期借、贷发生额及期末余额相符,这种核对可以通过编制总分类账户与明细分类账户对照表进行。

3. 总分类账户与现金日记账、银行存款日记账之间的核对

总分类账户与现金日记账、银行存款日记账之间的核对,即核对总分类账户中"库存现金"和"银行存款"账户期末余额与现金日记账、银行存款日记账的期末余额是否相符。

4. 财产物资明细分类账的核对

财产物资明细分类账的核对,即核对财会部门的各种财产物资明细分类账的期末余额与财产物资保管和使用部门的财产物资明细账的结存数额是否相符。

(三) 账实相符

账实核对是指各项财产物资的账簿记录结存数与实存数进行核对。由于实物的增减变化、款项的收付都要在有关账簿中如实反映,因此,通过会计账簿记录与实物、款项的实有数进行核对,可以检查、验证款项、实物会计账簿记录的正确性,以便于及时发现财产物资和货币资金管理中存在的问题,查明原因,分清责任,改善管理,保证账实相符。账实核对的主要内容包括以下几方面。

(1) 现金日记账账面余额与库存现金实存数的核对。

(2) 银行存款日记账账面余额与银行对账单的核对。

(3) 各种应收、应付款项明细账账面余额与有关债务人、债权人的相关账面余额核对相符。

(4) 各种财产物资明细分类账账面余额与财产物资实存数核对相符。

任务四　结账及账簿的更换与保管

一、结账

结账是在将本期发生的全部经济业务登记入账的基础上,按规定的方法将各种账簿的记录进行小结,计算并记录本期发生额和期末余额,并将期末余额结转下期或者转入下年新账的过程。

结账工作是编制会计报表的前提条件,为了正确反映一定时期内在账簿中已经记录的

经济业务,总结有关经济活动和财务状况,为编制会计报表提供资料,各单位应在会计期末进行结账。

(一) 结账的内容和主要程序

结账的内容通常包括两个方面:一方面是结清各种损益类账户,并据以计算确定本期利润;另一方面是结出各资产、负债和所有者权益账户的本期发生额合计和期末余额。

结账前必须将属于本期内发生的各项经济业务和应由本期受益的收入、负担的费用全部登记入账。为了保证结账的准确性,不得把将要发生的经济业务提前入账,也不得把已经在本期发生的经济业务递延至下期(甚至以后期间)入账。结账的主要程序为:

(1) 将本期发生的经济业务事项全部登记入账,并保证其正确性。
(2) 根据权责发生制的要求,调整有关账项,合理确定本期应计的收入和费用。
(3) 将损益类账户转入"本年利润"账户,结平所有损益类账户。
(4) 结出资产、负债和所有者权益账户的本期发生额和期末余额,并结转下期。

(二) 结账的方法

结账一般在会计期末进行,根据会计期间的划分,将结账工作分为月结、季结和年结。结账时,应当结出每个账户的期末余额。需要结出当月(季、年)发生额的账户,如各项收入、费用账户等,应单列一行登记发生额,在摘要栏内注明"本月(季)合计"或"本年累计"。结出余额后,应在余额前的"借或贷"栏内写"借"或"贷"字样,没有余额的账户,应在余额栏前的"借或贷"栏内写"平"字,并在余额栏内用"Ө"表示。

结账采用的主要方法是划线法,即期末结出各账户的本期发生额和期末余额后,为了将本期与下期账簿记录区分开来,一般使用划"结账线"的方法。划线时,月结和季结通栏划单红线,年结通栏划双红线。

结账时,应根据不同的账户记录,分别采用不同的结账方法。

(1) 总账账户的记账方法。总账账户平时只需要结出月末余额,不需要结出本月发生额。每月结账时,应将月末余额计算出来并写在本月最后一笔经济业务记录的同一行内,并在下面通栏划单红线。年终结账时,为了反映全年各会计要素增减变动的全貌,核对账目,要将所有总账账户结出全年发生额和年末余额,在摘要栏内注明"本年合计"字样,并在合计数下通栏划双红线。

(2) 现金日记账和银行存款日记账和需要按月结计发生额的收入、费用等明细账的结账方法。每月结账时,要在最后一笔经济业务记录下面通栏划单红线,结出本月发生额和余额,在摘要栏内注明"本月合计"字样,在下面通栏划单红线。

(3) 不需要按月结计发生额的债权、债务和财产物资等明细分类账的结账方法。对这类明细账,每次记账后,都要在该行余额栏内随时结出余额,每月最后一笔余额即为月末余额。也就是说月末余额就是本月最后一笔经济业务记录的同一行内的余额。月末结账时只需在最后一笔经济业务记录之下通栏划单红线,不需再结计一次余额。

(4) 需要结计本年累计发生额的收入、成本等明细账的结账方法。每月结账时,应在"本月合计"行下结出自年初起至本月末止的累计发生额,在"本月合计"行下的摘要栏内注明"本年累计"字样,并在下面通栏划单红线。12月末的"本年累计"就是全年累计发生额,全年累计发生额下面通栏划双红线。

年度终了结账时,有余额的账户,要将其余额结转到下一会计年度,并在摘要栏内注明

"结转下年"字样；在下一会计年度新建有关会计账簿的第一行余额栏内填写上年结转的余额，并在摘要栏内注明"上年结转"字样。

> **温馨提示：**
>
> 结转下年时，既不需要编制记账凭证，也不必将余额再记入本年账户的借方或贷方，使本年有余额的账户的余额变为零，而是使有余额的账户的余额如实反映在账户中。

总分类账如表6-20所示。

表6-20 总分类账

科目名称：应收账款　　　　　　　　　　　　　　　　　　　　　　　　第　页

2023年		凭证号数	摘要	借方 亿千百十万千百十元角分	贷方 亿千百十万千百十元角分	借或贷	余额 亿千百十万千百十元角分
月	日						
11	1		年初余额			借	8 0 0 0 0 0 0
			……				
	31		本月合计	1 3 6 8 0 0 0 0	1 5 3 0 0 0 0 0	借	6 3 8 0 0 0 0
2	1						
			……				
	28		本月合计	1 5 8 0 0 0 0 0	1 4 1 0 0 0 0 0	借	8 0 8 0 0 0 0
3	1						
			……				
	31		本月合计	1 6 7 6 0 0 0 0	1 8 0 1 0 0 0 0	借	6 8 3 0 0 0 0
			第一季度合计	4 6 2 4 0 0 0 0	4 7 4 1 0 0 0 0	借	6 8 3 0 0 0 0
			……				
12	1						
			……				
	31		本月合计	1 2 0 0 0 0 0 0	1 2 3 0 0 0 0 0	借	9 0 1 0 0 0 0
	31		第四季度合计	5 1 0 0 0 0 0 0	4 9 3 0 0 0 0 0	借	9 0 1 0 0 0 0
			本年合计	1 8 4 7 5 0 0 0 0	1 8 3 7 4 0 0 0 0	借	9 0 1 0 0 0 0
			结转下年				

二、账簿的更换与保管

（一）账簿的更换

账簿的更换是指在会计年度终了结账完毕后，用下一年的新账簿代替上一年度的旧账簿。一般来说，总账、日记账和多数明细账应每年更换一次，这些账簿在每年年终按规定办理完毕结账手续后，就应更换、启用新的账簿，并将余额结转记入新账簿中。但有些财产物资明细账和债权债务明细账，由于材料等财产物资的品种、规格繁多，债权、债务单位也较多，如果更换新账，重抄一遍的工作量相当大，因此可以不必每年更换一次，可以跨年度继续使用,如固定资产明细账、应收账款明细账等。卡片式账簿如固定资产卡片和各种备查账簿也可以跨年度连续使用。

(二) 账簿的保管

会计账簿是重要的会计档案之一,必须严格按《会计档案管理办法》规定保管,不得丢失或任意销毁。对于会计账簿的保管包括两个方面的内容。

1. 账簿的日常管理

(1) 账簿要分工明确,指定专人管理,账簿经管人员既要负责记账、对账、结账等工作,又要负责保证账簿的安全、完整。

(2) 未经领导和会计负责人或有关人员批准,非经管人员不能随意翻阅查看、摘抄和复制会计账簿。

(3) 会计账簿除需要与外单位核对外,一般不能携带外出,需要携带外出的账簿,通常由经管人员负责或会计主管人员指定专人负责。

(4) 会计账簿不能随意交与其他人员管理,以保证账簿安全完整和防止任意涂改、毁坏账簿等问题的发生。

2. 旧账的归档保管

启用新账后,需要对更换的旧账进行整理、装订成册,并办理交接手续,归档保管。具体内容如下。

1) 整理

检查应归档的旧账是否收集齐全;检查各种账簿应办的会计手续是否完备,对于手续不完备的应补办手续,如注销空行空页、加盖印章、结转余额等。

2) 装订成册

账簿经过整理后要装订成册。装订前应检查账簿的扉页内容是否填写齐全,手续是否完备;再检查订本式账页从第一页到最后一页是否按顺序编写页数,有无缺页或跳页,活页账或卡片账是否按账页顺序编号,是否加具封面。装订时,根据实际情况,一个账户可装订一册或数册,也可以将几个账户合并装订成一册。装订后应由经管人员、装订人员和会计主管人员在封口处签字或盖章。

3) 办理交接手续

账簿装订成册后,应编制目录,填写移交清单,办理交接手续,归档保管。保管人员应按照《会计档案管理办法》的要求,编制索引、分类储存、妥善保管,以便于日后查阅。要注意防火、防盗,使库房通风良好,以防毁损、霉烂。

思政德育

【关键词】 "使命担当""责任意识""会计担当精神""会计责任""会计准则"
【政策方向】

(1) 2022年5月10日习近平总书记在庆祝中国共产主义青年团成立100周年大会上的讲话中提到"自觉担当尽责,始终成为组织中国青年永久奋斗的先锋力量。奋斗是青春最亮丽的底色,行动是青年最有效的磨砺。有责任有担当,青春才会闪光。"

(2)《会计法》规定会计人员在执行其职责时,应承担以下法律责任:①民事责任:会计人员在执行职务时,如因过失或故意行为造成单位或个人财产损失的,应承担相应的民事责任。②行政责任:会计人员如违反国家有关会计法律、法规和规章制度的规定,可能会受到行政处罚,如罚款、警告、责令改正等。③刑事责任:会计人员如果违反有关会计法律、法规和规章制度的规定,情节严重的可能会被追究刑事责任,如贪污、挪用公款、假冒伪造会计凭证等。

 情境

财务失职导致重大损失的法律责任

01

• 国有公司财务人员在接到冒充公司董事长要求打款的微信信息后未认真核实对方身份信息,未严格履行财务制度进行汇款,导致该公司遭受重大损失的,构成国有公司人员失职罪。

——汪某　某国有公司、企业、事业单位人员失职案

• 案例要旨:行为人系国有公司财务主管人员,收到诈骗人员打款的微信信息后没有仔细辨别和核实对方真实信息,未严格按照公司制定的财务制度执行报批手续,而是疏忽大意轻信对方的打款要求,导致国有公司财产遭受重大损失的,构成国有公司人员失职罪,对其案发后积极配合公安机关追赃,量刑时可酌情从轻处罚。

• 案号:(2018)黔＊＊＊＊刑初＊＊号

审理法院:贵州省贵阳市修文县人民法院

02

• 国有公司会计人员不认真履行会计职责,将印章交由出纳人员加盖,致使出纳挪用公司资金使国家利益遭受重大损失的,构成国有公司人员失职罪。

——孔某　某国有公司、企业、事业单位人员失职案

• 案例要旨:身为国有公司会计人员不认真履行会计职责将其保管的印章交由出纳加盖,办理资金支付手续,并且长期不记账、不对账,出纳人员利用该漏洞多次挪用公款,导致单位遭受重大财产损失,对会计的严重不负责任行为,依法应以国有公司人员失职罪追究刑事责任。

• 案号:(2017)鄂＊＊＊＊刑初＊＊号

• 审理法院:湖北省宜昌市夷陵区人民法院(原宜昌县法院)

03

• 国有事业单位会计未妥善保管财务审核账户,致单位出纳员利用其账户挪用公款,给单位造成重大损失,不能因事后如实供述犯罪事实并作为证人配合调查而免予刑事处罚。

——伍某　某国有事业单位人员失职案

• 案例要旨:会计人员应当妥善保管财务审核账户并认真履行会计监督职责。对国有事业单位会计不妥善保管财务审核账户致出纳人员利用该账户挪用公款的,属于严重不负

责任的行为,基于上述行为导致单位遭受重大财产损失的,应当以国有事业单位人员失职罪追究刑事责任。对于依法被认定为国有事业单位人员失职罪的,不能因存在自首、案发后作为证人积极配合调查的情形而认定为犯罪情节轻微,从而适用免予刑事处罚的法律规定。

• 案号:(2018)湘＊＊＊＊刑初＊＊＊号
• 审理法院:湖南省隆回县人民法院

【启示】

当代会计人员应当具备担当精神,加强自身的责任意识,具备相应的责任感,如工作责任、法律责任、道德责任等,在会计工作中做到尽职尽责,敢于承担责任,勇于承担起应该完成的任务。

应怎样评价"中国会计的担当精神"?

项目小结

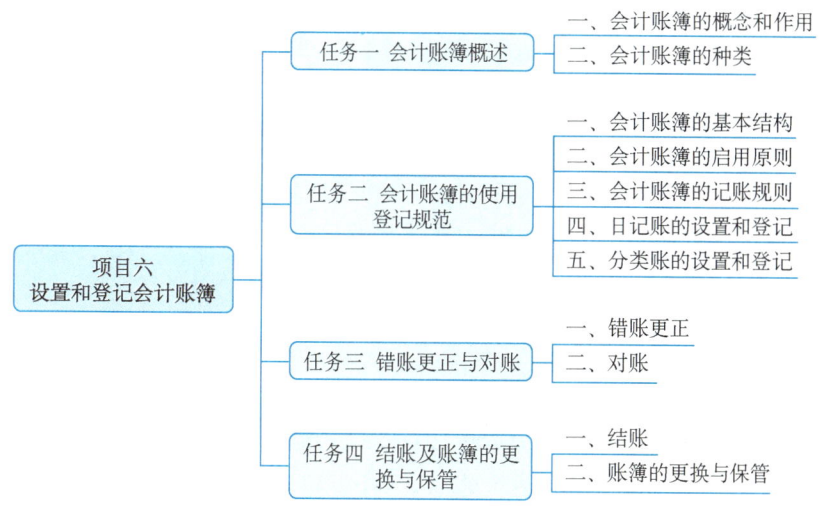

项目七　财产清查

要严肃财经纪律,维护财经秩序,健全财会监督机制。
　　　　——2022年4月19日,习近平总书记在中央全面深化改革委员会第二十五次会议

教学目标

知识目标

理解财产清查的概念、意义和种类;理解财产物资盘存制度;掌握各种财产清查的方法。

技能目标

能够使用正确的方法进行各种财产物资、债务债权的清查;能够正确编制银行存款余额调节表;能够掌握和运用财产清查结果的账务处理。

素养目标

树立财产清查意识,保证单位财产物资安全完整。

新任出纳员小王难忘的事情

星海公司出纳员小王由于刚参加工作不久,对于货币资金业务管理和核算的相关规定不甚了解,所以出现一些不应有的错误,有两件事情让他印象深刻,至今记忆犹新。

第一件事是在2023年6月8日和10日,在这两天的库存现金业务结束后例行的库存现金清查中,小王分别发现库存现金短缺50元和库存现金溢余20元的情况,对此他经过反复思考也弄不明白原因。为了保全自己的面子和息事宁人,同时又考虑到两次账实不符的金额又很小,他决定采取下列办法进行处理:库存现金短缺50元,自掏腰包补齐;库存现金溢余20元,暂时收起。

第二件事是小王经常对其银行存款的实有额心中无数,甚至有时会影响到公司日常业务的结算。公司经理因此指派有关人员检查小王的工作。结果发现,他每次编制银行存款余额调节表时,只根据公司银行存款日记账的余额加或减对账单中企业的未入账款项来确定公司银行存款的实有数,而且每次做完此项工作后,小王就立即将这些未入账的款项登记入账。

思考:小王对上述两项业务的处理是否正确?财产清查的内容除了库存现金和银行存款,还有什么?财产清查的具体程序和方法是什么?

任务一　财产清查概述

一、财产清查的概念和意义

（一）财产清查的概念

财产清查也称财产检查，是指对货币资金、实物资产和往来款项进行实地盘点或核对，查明账存数和实存数是否相符的一种专门的会计方法。

在会计工作中，企业的各种财产物资的增减变动和结存情况都是通过账簿记录的。账簿记录的准确性能够如实反映企业各项财产的实有数，一般情况下，企业的各项财产的账实记录应该保持一致，但是在实际工作中，由于种种原因会造成账实不符，主要有以下 7 个原因。

（1）在财产物资收发中，由于计量、检验不准确而造成品种、数量和质量上的差错。

（2）在财产物资保管过程中发生的自然损耗，如易挥发物资的自然挥发、鲜活商品的腐烂等造成的数量减少或质量下降。

（3）工作人员在填制凭证、登记账簿过程中，出现重记、漏记、错记或计算错误的情况。

（4）由于管理不善或工作人员失职，造成财产物资损失、变质或短缺。

（5）贪污盗窃、营私舞弊造成财产物资的短缺和损失。

（6）发生自然灾害造成财产损失。

（7）出现未达账项造成记录上的差异。

由于上述原因都会造成账实不符，因此运用财产清查的手段对各种财产物资进行定期或不定期的核对和盘点，具有重大意义。

（二）财产清查的意义

财产清查的意义包括以下四个方面。

（1）保证会计资料的真实性。通过财产清查，可以查明各项资产的实有数和账面数是否相符，确定账实差异，明确盘盈、盘亏的原因和责任。

（2）保证财产的安全完整。通过财产清查，可以检查各项财产物资的保管、使用情况；可以查明各项财产有无因管理不善造成损失浪费、霉烂变质、损坏丢失或非法挪用、贪污、盗窃等情况，以便及时采取有力措施，改善管理，保证财产的安全完整。

（3）加速资金周转。通过财产清查，可以及时查明各种财产物资的储备和利用情况，以便根据不同情况，分别采取不同措施：对于储备不足的存货应及时补充；对于超储、积压或呆滞的存货应及时处理，防止盲目采购。这样，可以使财产物资得到充分合理的利用，加速资金周转，提高企业的经济效益。

（4）保证财经纪律贯彻执行。通过财产清查，可以查明企业有关人员是否遵守财经纪律，有无贪污、挪用公款的情况；查明企业资金使用是否符合法规和政策的规定，从而使工作人员做到自觉遵纪守法，自觉维护和遵守财经纪律。

二、财产清查的种类

根据不同的分类标准可以将财产清查分为不同的种类。

(一) 按照清查对象和范围大小不同

财产清查按照清查的对象和范围分类,可以分为全面清查和局部清查。

1. 全面清查

全面清查是指对本单位的全部财产进行盘点和核对。全面清查的对象一般包括:①货币资金,包括库存现金、银行存款等;②财产物资,包括固定资产、库存商品、材料物资、委托其他单位加工保管的材料、商品和物资等;③债权债务,包括各项应收账款、应付账款以及银行借款等。

但是由于全面清查范围广、内容多、花费时间长,一般在以下 5 种情况才需要进行:①年终决算前;②单位撤销、合并或改变隶属关系;③中外合资、国内联营、企业改组、改制、兼并等;④开展资产评估、清产核资等;⑤单位主要负责人调离工作。

2. 局部清查

局部清查是指根据需要对一部分财产进行的清查,这部分财产一般是财产中的重点组成部分,如库存现金、原材料和库存商品等。局部清查范围小、内容少,但专业性较强,因此清查的主要对象一般是流动性较大又易于损坏的物资,具体包括:

(1) 库存现金,出纳人员应于每日业务终了时清点核对。

(2) 银行存款,出纳人员应每月至少同银行核对一次。

(3) 原材料、在产品和产成品等除年终清查外,应有计划地每月重点抽查。

(4) 有价证券和贵重的财产物资每月至少清查盘点一次。

(5) 债权债务应每年至少同有关单位核对一次。

(二) 按照清查的时间不同

财产物资按照清查时间,可以分为定期清查和不定期清查。

1. 定期清查

定期清查是指按规定或预先计划安排的时间对财产物资、货币资金和债权债务所进行的清查。这种清查一般是在年末、季末或月末结账前进行。这种清查的对象可以是全面清查,如年末、月末结账前的清查,也可以是局部清查,如库存现金、贵重物品的每日清点。定期清查的目的在于保证会计核算资料的真实性、正确性。

2. 不定期清查

不定期清查是指根据实际需要对财产进行的临时性清查,这种清查并未事先规定清查时间。它清查的对象可以是全面清查如合资、收购、改制、兼并、撤销前的清查,也可以是局部清查,如发生意外时进行的清查。以下几种情况一般可以进行不定期清查。

(1) 更换出纳人员时对现金、银行存款所进行的清查。

(2) 更换仓库保管员时对其保管的财产物资所进行的清查。

(3) 发生自然灾害时,对受灾损失的有关实物财产所进行的清查。

(4) 有关财政、审计、银行等部门对本单位进行会计检查按检查要求和范围进行的清查。

(5) 进行临时性的清产核资工作时,对某些要求清查的资产进行的清查。

(6) 单位撤销、合并或改变隶属关系时,对本单位的各项财产物资、货币资金和债权债务进行的清查。

(三) 按清查的执行单位分类

财产物资按照清查的执行单位,可以分为内部清查和外部清查。

1. 内部清查

内部清查是指由本单位相关人员组成清查工作组对本企业的财产所进行的清查。这种清查也称为自查,可以是全面清查,也可以是局部清查;可以是定期清查,也可以是不定期清查,根据实际情况和具体要求来确定。

2. 外部清查

外部清查是指由上级主管部门、审计机关、司法部门、注册会计师根据国家有关规定对企业所进行的清查,如企业清产核资、重组等过程中的资产评估,都属于外部清查。外部清查可以是定期清查,也可以是不定期清查;可以是全面清查,也可以是局部清查。

任务二　不同方式下的财产清查

一、财产清查前的准备工作

财产清查是一项既复杂又细致的工作,它涉及面广、政策性强、工作量大。为了使这项工作能够顺利进行,必须有组织、有计划、有步骤地做好各项工作准备。财产清查前的准备工作主要包括组织准备和业务准备。

(一) 组织准备

组织准备工作包括成立财产清查领导小组和下达财产清查任务。

1. 成立财产清查领导小组

财产清查领导小组一般由一名组长和若干部门有关人员构成。财产清查领导小组应由单位负责人任组长,负责整项工作的协调与组织;由总会计师或主管领导任副组长,负责财产清查工作的具体落实;同时,由会计部门牵头,设备部门、技术部门、生产部门、行政部门及其他相关部门参加,以保证财产清查工作各环节顺利进行。

2. 下达财产清查任务

为了确保财产清查工作的顺利进行,财产清查领导小组应及时向被清查的各单位下达财产清查任务。单位一般以财产清查通知的形式下达财产清查任务。财产清查通知的内容包括清查的目的与意义、清查的任务、清查的时点和范围、清查方式和时间安排、清查工作要求等。

(二) 业务准备

为了使财产清查工作顺利进行,清查之前各个部门必须做好相应的业务准备。

1. 会计部门的业务准备

会计部门和会计人员应在财产清查之前将所有已发生的经济业务登记入账,并结出有关账户余额,登记齐全有关账簿,核对清楚。做到账簿记录完整,计算正确,账证相符,账账相符,为财产清查提供正确、可靠的依据。

2. 财产物资保管部门的业务准备

财产物资保管部门和人员,应将截至财产清查时的各项财产物资的收支办理好凭证手续,全部登记入账,并结出余额。同时,财产物资保管部门人员应将其保管的各种财产物资归类整理,堆放整齐,挂上标签,标明品种、规格和结存数量,以便盘点核对。

3. 财产清查领导小组的业务准备

财产清查领导小组应组织有关部门准备好各种必要的、精确的度量器具,并进行仔细检查,以保证计量准确。对银行存款、银行借款和结算款项的清查需要取得对账单,以便查对。同时,应印制好各种财产清查所用的登记表册。

二、货币资金的清查

企业的货币资金包括库存现金、银行存款和其他货币资金。对货币资金的清查主要是对库存现金和银行存款的清查。

(一) 库存现金的清查

库存现金的清查,通常是通过实地盘点的方法进行的,即通过实地盘点,确定库存现金的实存数,然后与现金日记账的账面余额核对,查明账实是否一致。

库存现金的清查包括以下两种情况:一是由出纳人员每日清点库存现金的实存数,并与现金日记账的余额核对;二是由财产清查人员定期或不定期地进行清查。清查时,出纳人员必须在场,现金由出纳人员经手盘点,清查人员从旁监督。清查人员要认真审核现金收付凭证和有关账簿,检查账务处理是否合理合法、账簿记录是否有误,以确定账实是否相符。对于临时挪用的和借给个人的现金,不允许以白条抵库;对于超过银行核定限额的现金,要及时送存开户银行,不允许任意坐支。

库存现金盘点结束后,应编制现金盘点报告表,如表7-1所示,并由盘点人员和出纳人员共同签章,现金盘点报告表是反映库存现金实有数和调整账簿记录的重要原始凭证。

表7-1 现金盘点报告表

单位名称:　　　　　　　　　　　年　月　日　　　　　　　　　　单位:元

实存金额	账存金额	对比结果		备注
		盘盈	盘亏	

盘点人员签章:　　　　　　　　　　　　　　　　　　　　　　出纳人员签章:

(二) 银行存款的清查

银行存款的清查方法与库存现金的清查方法不同,银行存款的清查必须采用与银行核对账目的方法即对账单法。通过将企业的银行存款日记账和从银行处取得的对账单逐笔核对,以查明银行存款的收入、支出和结余的记录是否正确。

银行对账单是银行记录企业单位存款的打印账页,它完整地记录了企业单位存放在银行的款项的增减变动情况及结存余额,是进行银行存款清查的重要依据。

在收到银行送来的对账单后,应将银行存款账户上的每笔业务与银行送来的对账单逐笔勾对。在实际工作中,企业银行存款日记账余额与银行对账单余额往往会不一致,造成不一致的原因一般有两个方面:一方面是双方账簿记录发生错记、漏记;另一方面是发生未达账项导致的。

未达账项是指单位与银行之间由于收付款的结算凭证在传递、接收时间上不一致而导致一方已经入账,另一方没有接到凭证尚未入账的款项。未达账项有以下四种情况:

(1) 企业已收,银行未收的款项。即企业已经收款入账,而银行尚未做收款入账的事项,如企业将收到的转账支票送存银行,而银行尚未入账。

(2) 企业已付,银行未付的款项。即企业已经付款入账,而银行尚未做付款入账的事项,如企业开出转账支票,企业已作为存款减少入账,而持票人尚未到银行办理转账业务,银行尚未付款记账。

(3) 银行已收,企业未收的款项。即银行已经收款入账,而企业未做收款入账的事项,如采用委托收款方式进行结算时银行已代企业划收货款,但企业因尚未收到收款通知而没有入账。

(4) 银行已付,企业未付的款项。即银行已经付款入账,而企业未做付款入账的事项,如银行受企业委托代企业按期支付的水电费、通信费等,企业因没有收到付款通知而没有入账。

未达账项的出现会使银企双方的账面存款余额不一致,为了查明企业和银行双方账目的记录有无差错,需要及时发现未达账项。在查找未达账项时,需要逐笔核对银行存款日记账和银行对账单的各项记录。核对内容包括双方各项记录的金额是否相符,结算种类凭证与号数、往来单位名称及发生的时间是否相符。由于未达账项一般于月末形成,因此可重点核对月初(上月月末的未达账项)和月末记录。查找未达账项的具体方法如下:

(1) 查找"企业已收银行未收、银行已收企业未收"而产生的未达账项。由于银行存款日记账和银行对账单分别以借方和贷方登记银行存款增加,因此在查找此类情况下的未达账项时应逐项核对银行存款日记账借方记录与银行对账单的贷方记录,将核对相符的各项记录用"√"进行标识。核对完毕后,找出银行存款日记账借方未表识"√"的记录,即为"企业已收银行未收"的未达账项;找出银行对账单贷方未标识"√"的记录,即为"银行已收企业未收"的未达账项。

(2) 查找"企业已付银行未付、银行已付企业未付"而产生的未达账项。由于银行存款日记账和银行对账单分别以贷方和借方登记银行存款减少,因此在查找此类情况下的未达账项时应逐项核对银行存款日记账贷方记录与银行对账单借方记录,将核对相符的各项记录用"√"进行标识。核对完毕后,找出银行存款日记账贷方未标识"√"的记录,即为"企业已付银行未付"的未达账项;找出银行对账单借方未标识"√"的记录;即为"银行已付企业未付"的未达账项。

【例7-1】 腾辉有限公司2023年10月30日基本存款户的银行存款日记账和银行对账单如表7-2和表7-3所示。要求:查找本月的未达账项。

表 7-2　银行存款日记账

2023年		结算凭证	凭证号数	摘要	对方科目	借方	贷方	借或贷	余额
月	日					亿千百十万千百十元角分	亿千百十万千百十元角分		亿千百十万千百十元角分
10	1			期初余额					5 2 0 0 0 0 0
10	3	略	记001	销售奶油蛋糕	主营业务收入	2 3 6 0 0 0		借	5 4 3 6 0 0 0
10	10		记010	购买办公用品	管理费用		1 0 0 0 0 0	借	5 3 3 6 0 0 0
10	15		记018	购买原材料	原材料		3 3 9 0 0 0	借	4 9 9 7 0 0 0
10	20		记023	支付广告费	销售费用		2 0 0 0 0 0	借	4 7 9 7 0 0 0
10	30		记030	收回欠款	应收账款	6 0 0 0 0 0		借	5 3 9 7 0 0 0

表 7-3　银行对账单

账号：　　　　　　　　　　户名：　　　　　　　　　　单位：元

日期	交易类型	凭证种类	凭证号	对方户名	摘要	借方发生额	贷方发生额	余额	记账信息
2023.10.01					期初余额			52 000.00	
2023.10.03					收款		2 360.00	54 360.00	
2023.10.04					收款		4 640.00	59 000.00	
2023.10.10					付款	1 000.00		58 000.00	
2023.10.15					购买原材料	3 390.00		54 610.00	
2023.10.22					付款	2 000.00		52 610.00	

【分析】

逐笔核对，在银行存款日记账和银行对账单上进行标识，如表 7-4 和表 7-5 所示。

表 7-4　银行存款日记账

2023年		结算凭证	凭证号数	摘要	对方科目	借方										贷方										借或贷	余额									
月	日					亿	千	百	十	万	千	百	十	元	角	分	亿	千	百	十	万	千	百	十	元	角	分		亿	千	百	十	万	千	百	十	元	角	分
10	1			期初余额																													5	2	0	0	0	0	0
10	3	略	记001	销售奶油蛋糕	主营业务收入						✓	2	3	6	0	0	0												借				5	4	3	6	0	0
10	10		记010	购买办公用品	管理费用																		✓	1	0	0	0	0	0	借				5	3	3	6	0	0
10	15		记018	购买原材料	原材料																		✓	3	3	9	0	0	0	借				4	9	9	7	0	0
10	20		记023	支付广告费	销售费用																		2	0	0	0	0	0	借				4	7	9	7	0	0
10	30		记030	收回欠款	应收账款						6	0	0	0	0	0												借				5	3	9	7	0	0

表 7-5　银行对账单

账号：　　　　　　　　　　　　　　　　　　　　　　　　户名：

日期	交易类型	凭证种类	凭证号	对方户名	摘要	借方发生额	贷方发生额	余额	记账信息
2023.10.01					期初余额			52 000.00	
2023.10.03					收款		✓2 360.00	54 360.00	
2023.10.04					收款		4 640.00	59 000.00	
2023.10.10					付款	✓1 000.00		58 000.00	
2023.10.15					购买原材料	✓3 390.00		54 610.00	
2023.10.22					付款	2 000.00		52 610.00	

经过逐笔核对,发现如下未达账项：

（1）企业已收,银行未收款项为 6 000 元。这种未达账项为银行存款日记账的借方有记录金额,而银行对账单贷方无记录金额的账项。

（2）企业已付,银行未付款项为 2 000 元。这种未达账项为银行存款日记账的贷方有记录金额,而银行对账单借方无记录金额的账项。

（3）银行已收,企业未收款项为 4 640 元。这种未达账项为银行对账单贷方有记录金额,而银行存款日记账借方无记录金额的账项。

（4）银行已付,企业未付款项为 2 000 元。这种未达账项为银行对账单借方有记录金额,而银行存款日记账贷方无记录金额的账项。

在实际工作中,如果发现未达账项后,应通过编制银行存款余额调节表来对未达账项所造成的双方余额不符情况进行调整。

银行存款余额调节表的编制是以双方的账面余额为基础,各自分别加上对方已收款入账而自己这一方尚未入账的数额,减去对方已付款入账而自己这一方尚未入账的数额。其计算公式如下:

企业银行存款日记账余额＋银行已收企业未收款－银行已付企业未付款
＝银行对账单存款余额＋企业已收银行未收款－企业已付银行未付款

如果调整后双方余额相符,就说明企业和银行双方记账过程基本正确,而且调节后的余额是企业当时可以实际动用的银行存款的限额。如果调节后余额不符的,说明企业和开户银行双方记账过程可能存在错误,属于开户银行错误的,应当由银行核查更正;属于企业错误的,应查明错误所在,区别漏记、重记、错记或串记等情况,分别采用不同的方法进行更正。

【例 7-2】 依据[例 7-1]银行存款日记账和银行对账单,编制腾辉有限公司 2023 年 10 月银行存款余额调节表。

【分析】 腾辉有限公司 2023 年 10 月银行存款余额调节表如表 7-6 所示。

表 7-6　银行存款余额调节表

账号:　　　　　　　　　　　　2023 年 10 月 30 日　　　　　　　　　　　单位:元

项目	金额	项目	金额
企业银行存款日记账余额	53 970.00	银行对账单余额	52 610.00
加:银行已收,企业未收的款项	4 640.00	加:企业已收,银行未收的款项	6 000.00
减:银行已付,企业未付的款项	2 000.00	减:企业已付,银行未付的款项	2 000.00
调节后余额	56 610.00	调节后余额	56 610.00

主管会计:张毅　　　　　　　　出纳:李洪刚　　　　　　　　制表人:刘海超

7-1　银行余额调节表

银行余额调节表

厘清未达账项的过程像极了人与人的互动交流,消除间隙,达成共识,实现长久双赢。

三、实物资产的清查

实物资产的清查是对于各项具有实物形态的财产物资进行清查,主要包括固定资产、原材料、在产品、库存商品、低值易耗品、包装物等。对于各种实物资产的清查,都要从数量和金额两个方面进行。

(一) 存货的清查

存货清查的重要环节包括盘点存货账面结存数量和运用存货的计价方法计量存货的金

额。为了使盘存工作顺利进行,应建立一定的盘存制度。

1. 盘存制度

存货的盘存制度主要有两种,具体包括永续盘存制和实地盘存制。

1) 永续盘存制

永续盘存制又称账面盘存制,是通过设置存货明细账,根据会计凭证逐笔登记存货的收入数(增加)和发出数(减少),随时可结出存货数的一种方法。在永续盘存制下,对于存货的记录是连续的,所以可以随时结出各类存货的账面结存数,有利于对存货的日常监督和管理。但是,由于各种原因,账面结存数和实存数存在不相符的可能,所以采用永续盘存制仍需定期或不定期地、全部或局部地对财产进行实地盘点,且至少每年实地盘点一次以验证账实是否相符。在实际工作中,除少数特殊存货外,一般都采用永续盘存制。

永续盘存制的计算公式是:

账面期末结存存货成本＝账面期初结存存货成本＋本期存货增加数＋本期存货减少数

2) 实地盘存制

实地盘存制又称定期盘存制,是指对于存货的账面记录,平时只登记收入数,不登记发出数,会计期末通过实地盘点确定实际盘存数,倒挤计算本期存货发出数量的一种方法。

实地盘存制的公式是:

本期发出存货成本＝期初结存存货成本＋本期收入存货成本－期末结存存货成本

采用实地盘存制是将期末存货实地盘存的结果作为计算本期发出存货数量的依据,平时不需要对发出的存货进行登记,其核算手续比较简单。但是采用这种方法,无法根据账面记录随时了解存货的发出和结余情况,由于是以存计销或以存计耗倒算发出存货成本,容易将非销售或非生产耗用的损耗、短缺或贪污盗窃造成的损失,混进销售或耗用成本之中,这样计算反映的结果不够准确,不利于加强企业存货的管理。

在存货品种、规格繁多的情况下,对存货进行实地盘点需要消耗较多的人力、物力,这会影响正常的生产经营活动,造成浪费。因此,这种方法一般适用于存货品种规格繁多且价值较低的企业,尤其适用于自然损耗大、数量不易准确确定的存货。

 温馨提示:

不论是实地盘存制还是永续盘存制,都要每年至少一次对货物进行实物盘点。在实际工作中,企业对这两种方法往往不是单一地使用,更为实际的选择是在永续盘存制的基础上对存货进行定期盘点,两种盘存制度相互使用,做到优势互补。

2. 确定存货实际数量的方法

由于存货的形态、体积、重量、堆放方式等不尽相同,因而对实际数量的确定可以采用实地盘点法和技术推算法两种方法。

1) 实地盘点法

实地盘点法是指在实地通过现场逐一清点或用计量器来确定存货的实际数量的方法,适用的范围较广,在大多数情况下,存货的清查都可以采用这种方法。

2) 技术推算法

技术推算法对于财产物资不是逐一清点计数,而是通过量方、计尺等技术推算财产物资的结存数量。这种方法只适用于成堆量大而价值又不高难以逐一清点的财产物资的清查。例如,露天堆放的煤炭等。

对于实物质量的检查,可根据不同实物采用物理或化学方法进行检查。

3. 存货发出的计价方法

根据我国目前企业的实际情况,常见的存货发出计价方法有个别计价法、先进先出法和加权平均法三种。

1) 个别计价法

个别计价法是指在发出存货时按该存货收入时的单价计价的方法。这需要在仓库中将每批收入的存货分别存放,并标明单价。采用这种方法,计算发出存货的成本和期末存货的成本比较合理、准确。但这种方法实务操作的工作量繁重、困难较大。它主要适用于容易识别、存货品种数量不多、单位成本较高的存货计价,如船舶、飞机、重型设备、珠宝、名画等。

2) 先进先出法

先进先出法是假定先收入的存货先发出或先耗用,并按这种假设对发出和期末存货进行计价的方法。采用这种方法,发出存货按库存物品中最先收入的那批物品的单价计价,期末存货的成本是按最近收入存货的成本确定,比较接近现行的市场价值,且企业能随时结转成本。它的缺点是工作比较烦琐,并且当物价上涨时,会高估当期利润和存货价值;反之,会低估企业当期利润和存货价值。

3) 加权平均法

加权平均法是以月初结存存货金额加全月收入存货金额,除以月初存货数量加全月收入存货数量,算出以数量为权数的存货平均单价的一种计价方法。采用这种计价方法,发出存货的单价只在月末计算一次,可以大大地简化平时核算的工作量,且计算方法简单。但是,这种方法平时从账上无法提供发出及结存存货的单价和金额,不利于加强对存货的管理。因此这种方法适用于存货品种较少,且前期与后期购入存货单位成本差异较大的企业采用。

4. 存货清查使用的凭证

为了明确经济责任,在存货的清查过程中,实物保管人员和盘点人员必须同时在场。对于存货的盘点结果,应如实地登记在盘存单上,并由有关参加盘点人员同时签字、盖章生效。盘存单既是记录盘点结果的书面证明,也是反映存货实存数的原始凭证,盘存单如表 7-7 所示。

表 7-7 盘存单

单位名称: 盘点时间: 编号:
财产类别: 存放地点: 金额单位:元

编号	名称	规格型号	计量单位	数量	单价	金额	备注

(续表)

编号	名称	规格型号	计量单位	数量	单价	金额	备注

盘点人员签章：　　　　　　　　　　　　　　　　　　　　　　　保管人员签章：

盘点完毕，将盘存单中所记录的实存数与账面结存数核对，如发现实物盘点结果与账面结存数不相符的情况，应根据盘存单和有关账簿的记录，编制实存账存对比表，以确定实物财产的盘盈数或盘亏数。实存账存对比表是用以调整账簿记录的重要原始凭证，也是分析存货实存和账存产生差异的原因，明确经济责任和提出处理意见的依据，实存账存对比表如表 7-8 所示。

表 7-8　实存账存对比表

单位名称：　　　　　　　　　　　年　月　日　　　　　　　　　　金额单位：元

编号	名称及规格	计量单位	单价	对比结果								备注
				实存		账存		盘盈		盘亏		
				数量	金额	数量	金额	数量	金额	数量	金额	

主管人员：　　　　　　　　　　　会计：　　　　　　　　　　　　制表：

（二）固定资产的清查

固定资产的清查一般在年末进行。清查时按照固定资产的分类，成立清查小组，分别清查房屋建筑物、机器设备、交通工具等。其清查的常用方法与前述存货清查方法基本相同。清查完毕应编制固定资产盘盈盘亏报告表。固定资产盘盈盘亏报告表如表 7-9 所示。

表 7-9　固定资产盘盈盘亏报告表

编号	名称	规格及型号	盘盈			盘亏			毁损			原因
			数量	重估价	累计折旧	数量	原价	已提折旧	数量	原价	已提折旧	
处理意见		审批部门				清查小组				使用保管部门		

四、往来款项的清查

往来款项的清查是指企业对应收账款、其他应收款、预付账款、应付账款、其他应付款和预收账款等进行核查。对这些往来款项的清查一般采用函证核对法,即与对方单位核对账目的方法。为了保证往来款项账目的正确性,并促使及时清算,防止长期拖欠,应对往来款项及时进行清查。

进行往来款项的清查步骤具体如下:

首先,将本企业的应收、应付等往来款项正确完整地登记入账,核对清楚。

其次,在保证往来账户记录完整正确的基础上,逐户编制一式两联的往来款项对账单,如图7-1所示,寄往有关往来单位,并委托对方单位进行核对,其中一联作为回单,如果对方单位核对无误,应在回单上盖章并退回本企业,如果发现对方数字不符,应在回单上注明不符的具体内容和原因后退回本企业,作为进一步核对的依据。

最后,企业收到回单后,对其中不符或错误的账目应及时查明原因,并按规定的手续和方法进行更正,根据清查的结果编制往来款项清查报告表,如表7-10所示。由清查人员和记账人员共同签字盖章,注明核对相符与不相符的款项,对不相符款项按有争议的账项、未达账项、无法收回等情况归类整理,并针对具体情况及时采取措施予以解决。

```
_____单位:
  您单位____年__月__日购入我单位_____,已付货款_____元,尚有
____元货款未付,请核对后将回联寄回。
                                      核查单位:(盖章)
                                       __年__月__日
- - - - - - - - 沿此虚线裁开,将以下回联寄回。- - - - - - - -
              往来款项对账单(回联)
  清查单位:
  您单位寄来的往来款项对账单已经收到,经核对相符无误。
                                      核查单位:(盖章)
                                       __年__月__日
```

图7-1 往来款项对账单

表7-10 往来款项清查报告表

总分类账户名称:　　　　　　　　　年　月　日　　　　　　　　金额单位:元

编号	名称	清查结果		核对不符的原因和金额					备注
		核对相符金额	核对不符金额	有争执的款项	未达账项	无法收回	托付款项	合计	

主管人员:　　　　　　　　　　　　会计:　　　　　　　　　　　　　　制表:

财产清查工作结束后,企业应认真整理清查资料,对清查工作中发现的问题,要分析原因并提出解决措施,撰写财产清查报告,对财产清查中发现的问题作出客观公正的评价。

任务三　财产清查结果的处理

企业通过财产清查,一般会发现财产物资盘盈、盘亏或者损毁等情况,对于这些情况的发现必须要认真查明原因,并根据国家有关政策、法令和制度的规定进行处理。

一、财产清查结果的处理要求

1. 认真查明账存数和实存数不符的性质和原因,确定处理办法

盘点完毕,将盘存单中所记录的实存数与账存数进行核对,对于在财产清查中发现的各种财产物资的盘盈、盘亏以及各种损失,应根据盘存单和有关账簿记录填制实存账存对比表,认真核准数字和金额,调查分析产生差异的原因,明确有关责任,依据会计准则和有关财务制度的规定确定处理办法。一般来说,对于以下 4 种盘盈、盘亏和毁损的净收益或净损失,应当及时办理审批手续:①净收益或净损失如由本单位承担,则计入当期损益;②对于工作失职,个人造成的财产短缺、损失,应由个人赔偿;③对于自然灾害引起的财产损失,应扣除保险公司赔款和残料价值后,计入营业外支出;④对于定额内或自然原因引起的盘盈、盘亏,企业办理手续后应及时入账。

2. 积极处理多余、积压的财产物资

在财产清查过程中,对于积压呆滞或不需要用的物资,应积极组织调剂,除在本单位内部设法利用外,还应积极推销或组织调拨,充分利用财产物资的价值;对于材料物资储备不足或不配套等问题,也应提请有关部门及时制定处理方法,加以解决。

3. 认真清理长期不清的债权债务

对于长期不清和有争议的债权债务,应指定专人负责,落实责任,做到积极主动与债权债务单位沟通,及时解决问题。

4. 及时调整账簿记录,做到账实相符

为了保证会计资料的真实性,对于财产清查中所发现的各种差异,应当及时进行账务处理,调整账簿记录,以保证账实相符。

5. 完善财产管理制度

财产清查不仅要查明财产物资的实存数额,处理财产物资的盘盈、盘亏,还要从根源解决问题,改善财产管理制度,建立健全以岗位责任制为中心的各项财产管理制度进而促进单位内部管好财产物资,使财产清查工作发挥更大的作用。

二、财产清查结果处理的基本步骤

对于财产清查中发现的账实不符的情况,在进行会计处理时一般分两步处理。

1. 审批之前的处理

财产清查中发现的盘盈、盘亏或损毁情况,在报经有关领导审批之前,根据盘存单、实存账存对比表等已经查实的资料,编制会计分录,在账簿上如实反映,使各项财产物资的账存

数与实存数完全一致。同时,根据企业的管理权限,会计人员将处理建议报股东大会、董事会、经理(厂长)会议或类似职能机构批准。

2. 审批之后的处理

经相关机构批准后,会计人员根据差异发生的原因和批准处理意见,进行差异处理,调整账项,并据以登记有关账簿。

三、财产清查结果的处理

(一)账户设置

为了反映和监督在财产清查中财产物资的盘盈、盘亏和毁损及处理情况,企业应设置"待处理财产损溢"账户。该账户属于资产类账户,用来核算财产物资的盘盈、盘亏和毁损的价值。

账户设置:

借方:登记发生的待处理财产盘亏、毁损数和结转已批准处理的财产盘盈数。

贷方:登记发生的待处理财产盘盈数和结转已批准处理的财产盘亏和毁损数。

期末余额:余额在借方,反映尚未批准处理的财产物资的净损失;余额在贷方,反映尚未批准处理的财产物资的净溢余。

明细账设置:在此账户下设置"待处理流动资产损溢"和"待处理固定资产损溢"两个明细账户。

"待处理财产损溢"账户如图 7-2 所示。

借方	待处理财产损溢	贷方
登记发生的待处理财产盘亏、毁损数和结转已批准处理的财产盘盈数	登记发生的待处理财产盘盈数和结转已批准处理的财产盘亏和毁损数	
期末余额:反映尚未批准处理的财产物资的净损失	期末余额:反映尚未批准处理的财产物资的净溢余	

图 7-2 "待处理财产损溢"账户

温馨提示:

"待处理财产损溢"账户适用于库存现金盘查和实物清查所发生的账实不符的账务处理。银行存款清查中产生的账实不符、债权债务清查中发生的无法收回的应收账款和无法偿还的应付账款的账务处理,不通过"待处理财产损溢"账户核算。

(二)账务处理

财产清查的对象不同,所采取的处理方法也不同。

1. 库存现金盘盈盘亏的账务处理

库存现金清查过程中发现的长款(盘盈)或短款(盘亏),应根据库存现金盘点报告表以及有关的批准文件进行批准前和批准后的账务处理。

1)现金盘盈

发现现金盘盈时,应查明原因,及时办理现金入账手续,调整现金账面记录。借记"库存现金"账户,同时贷方记入"待处理财产损溢——待处理流动资产损溢"账户,等待批准处理。经有关部门或有关人员批准后,一般对于无法查明原因的库存现金长款,是增加"营业外收入"账户;对于应付其他单位或个人的长款,应记入"其他应付款——××单位或个人"账户。

【例7-3】 腾辉有限公司在现金清查中,发现库存现金长款1 000元。根据下列信息,编制会计分录。

(1)根据清查结果,填制"库存现金盘点表",据此编制会计分录如下:

借:库存现金　　　　　　　　　　　　　　　　　　　　　　1 000
　　贷:待处理财产损溢——待处理流动资产损溢　　　　　　　　　1 000

(2)经查,其中700元是少支付给甲单位的款项,300元无法查明原因,经批准后,编制会计分录如下:

借:待处理财产损溢——待处理流动资产损溢　　　　　　　　1 000
　　贷:营业外收入　　　　　　　　　　　　　　　　　　　　　　300
　　　　其他应付款——甲单位　　　　　　　　　　　　　　　　　700

2)现金盘亏

发现现金盘亏时,应冲减库存现金账户的记录,以保证账实相符,同时记入"待处理财产损溢——待处理流动资产损溢"账户,等待批准处理。经有关部门或有关人员批准后,如果是应由责任人赔偿或由保险公司赔偿的,应转记入"其他应收款——××(赔款人)"或"其他应收款——应收保险赔款"账户;如果是由于经营管理不善造成的、非常损失或无法查明原因的,应计入企业的管理费用。

【例7-4】 腾辉有限公司在现金清查时,发现库存现金短款480元。根据下列信息,编制会计分录。

(1)根据清查结果,填制"库存现金盘点表"据此编制会计分录如下:

借:待处理财产损溢——待处理流动资产损溢　　　　　　　　480
　　贷:库存现金　　　　　　　　　　　　　　　　　　　　　　480

(2)经查,短款为出纳人员单季谈工作疏忽造成的,应由其负责赔偿。据此编制会计分录如下:

借:其他应收款——单季谈　　　　　　　　　　　　　　　　480
　　贷:待处理财产损溢——待处理流动资产损溢　　　　　　　　　480

【例7-5】 腾辉有限公司在现金清查时,发现库存现金短缺220元。根据下列信息,编制会计分录。

(1)根据清查结果,填制"库存现金盘点表",据此编制会计分录如下:

借:待处理财产损溢——待处理流动资产损溢　　　　　　　　220
　　贷:库存现金　　　　　　　　　　　　　　　　　　　　　　220

(2)经反复核对,无法查明原因,经批准后,编制会计分录如下:

借:管理费用　　　　　　　　　　　　　　　　　　　　　　220
　　贷:待处理财产损溢——待处理流动资产损溢　　　　　　　　　220

2. 存货盘盈盘亏的账务处理

企业存货的盘盈、盘亏应先通过"待处理财产损溢"账户进行反映,将盘亏和毁损的财产物资从其账户中予以冲减,将盘盈的财产物资记入相应账户,通过调整账簿记录做到账实相符。此外,财产清查中发现的盘盈和盘亏,应当于期末前查明原因,并根据企业的管理权限,经股东大会、董事会、经理会议等批准后,在期末前处理完毕。

1)存货盘盈

对于财产清查中发现的存货盘盈,应及时根据实存账存对比表所确定的盘盈数额入账,调整存货账面数,以免形成账外资产。在报经批准前,一般根据盘盈的存货的同类或类似存货的重置成本计价入账,调整存货账面记录,以保证账实相符。即借记"原材料""库存商品"等账户,贷记"待处理财产损溢——待处理流动资产损溢"账户。查明原因后,确定是由于收发计量差错造成的,经有关部门批准后,借记"待处理财产损溢——待处理流动资产损溢"账户,贷记"管理费用"账户。

【例 7-6】 腾辉有限公司在存货清查中发现 1 号仓库盘盈 C 材料 100 千克。经查明原因,报请公司经理会议批准后,冲减管理费用。盘存单及实存账存对比表如表 7-11 和表 7-12 所示。

表 7-11 盘存单

单位名称:腾辉有限公司　　　　盘点时间:2023 年 11 月 28 日　　　　编号:PCD-00112805
财产类别:原料及主要材料　　　　存放地点:1 号仓库　　　　金额单位:元

编号	名称	规格型号	计量单位	数量	单价	金额	备注
003	C 材料	x-910	千克	1 600	10	16 000	

盘点人员签章:李白　　　　　　　　　　　　　　　　　　　　保管人员签章:牛峰

表 7-12 实存账存对比表

单位名称:腾辉有限公司　　　　　　2023 年 11 月 28 日　　　　　　金额单位:元

编号	名称及规格	计量单位	单价	对比结果								备注
				实存		账存		盘盈		盘亏		
				数量	金额	数量	金额	数量	金额	数量	金额	
001	C 材料	千克	10	1 600	16 000	1 500	15 000	100	10 000			

主管人员:郝鹏　　　　　　　　　　会计:赵雪　　　　　　　　　　制表:牛峰

【分析】

(1) 批准前根据盘存单及实存账存对比表编制记账凭证,调整有关账户数额,做如下会计分录:

借:原材料——C 材料　　　　　　　　　　　　　　　　　　　　　10 000
　　贷:待处理财产损溢——待处理流动资产损溢　　　　　　　　　　10 000

(2) 根据上述会计分录,登记原材料 C 材料的总账及明细账,做到账实相符。

(3) 批准后,做如下会计分录:

借:待处理财产损溢——待处理流动资产损溢　　　　　　　　　　　　　10 000
　　贷:管理费用　　　　　　　　　　　　　　　　　　　　　　　　　　　　　10 000

2) 存货盘亏

对于财产清查中发现的存货盘亏,在报经批准前,按盘亏或毁损存货的实际成本,借记"待处理财产损溢——待处理流动资产损溢"账户,贷记"原材料""库存商品"等有关存货账户。

温馨提示:

根据国家有关增值税管理条例的规定,非正常消耗材料等相应的进项税额不允许抵扣,应予以转出,借记"待处理财产损溢——待处理流动资产损溢"账户,贷记"应交税费——应交增值税(进项税额转出)"账户。

经批准后视造成盘亏、毁损的具体原因分情况进行处理。

(1) 属于定额内的自然损耗,经批准后可以记入"管理费用"账户。

(2) 属于计量收发差错或管理不善等原因造成的存货短缺或毁损,经审核批准后,按照规定手续进行核销。由于工作人员过失造成的损失,应由工作人员赔偿;确认应当由保险公司赔偿的,应向保险公司索赔,记入"其他应收款"科目的借方。扣除残料价值和工作人员或保险公司赔款后,经批准记入"管理费用"账户。

(3) 属于自然灾害或意外事故所造成的损失,首先,应将可以收回的残料价值借记"原材料"账户;其次,应向保险公司索赔,记入"其他应收款"账户;最后,应将扣除残料价值及可以收回的保险赔偿后的余值作为非常损失,记入"营业外支出"账户的借方。

(4) 对于无法收回的其他损失,在报经批准后,记入"管理费用"账户的借方。

【例 7-7】 腾辉有限公司在财产清查中,盘亏丁材料 1 500 千克,实际成本为 30 000 元。根据下列信息编制会计分录。

(1) 报经批准前,先调整账面余额,做如下会计分录:

借:待处理财产损溢——待处理流动资产损溢　　　　　　　　　　　　　30 000
　　贷:原材料——丁材料　　　　　　　　　　　　　　　　　　　　　　　　　30 000

(2) 经查明,盘亏丁材料中有 1 300 千克属于定额内合理损耗,则应计入管理费用;另外 100 千克系仓库保管员董东过失造成,责令其赔偿;其余 100 千克属于意外事故造成的损失,应做如下会计分录:

借:管理费用　　　　　　　　　　　　　　　　　　　　　　　　　　　　　26 000
　　其他应收款——董东　　　　　　　　　　　　　　　　　　　　　　　　　2 000
　　营业外支出　　　　　　　　　　　　　　　　　　　　　　　　　　　　　2 000
　　贷:待处理财产损溢——待处理流动资产损溢　　　　　　　　　　　　　　30 000

3. 固定资产盘盈盘亏的账务处理

1) 固定资产盘盈

企业在财产清查中盘盈的固定资产,应作为前期差错处理,通过"以前年度损益调整"账户核算,并应按重置成本确定其入账价值。待批准后,按规定计算应交所得税、计提盈余公积,余下部分作为未分配利润转入以后年度分配。

【例7-8】 腾辉有限公司于2023年末对企业全部的固定资产进行盘查,盘盈一台7成新的机器设备,当即填写了固定资产盘盈盘亏报告表,如表7-13所示,并上报有关机构审批。企业所得税税率为25%,法定盈余公积金提取比例为30%。根据下列信息编制会计分录。

(1) 该盘盈固定资产应作为前期差错处理,在盘盈固定资产时,根据固定资产盘盈盘亏报告表确定的固定资产盘盈数,做如下会计分录:

借:固定资产　　　　　　　　　　　　　　　　　　　　　100 000
　　贷:累计折旧　　　　　　　　　　　　　　　　　　　　　40 000
　　　　以前年度损益调整　　　　　　　　　　　　　　　　　60 000

表7-13　固定资产盘盈盘亏报告表　　　　　　　金额单位:元

编号	名称	规格及型号	盘盈			盘亏			毁损			原因
			数量	重估价	累计折旧	数量	原价	已提折旧	数量	原价	已提折旧	
008	空气压缩机机台	z-105	1	60 000	40 000							盘点发现
处理意见	审批部门		清查小组			使用保管部门						
	同意		同意			同意						

主管人员:黄利民　　　　　　会计:刘静　　　　　　制表:张涛

(2) 批准后计算应交所得税:

借:以前年度损益调整　　　　　　　　　　　　　　　　　15 000
　　贷:应交税费——应交所得税　　　　　　　　　　　　　15 000

(3) 结转留存收益:

借:以前年度损益调整　　　　　　　　　　　　　　　　　45 000
　　贷:盈余公积——法定盈余公积　　　　　　　　　　　　4 500
　　　　利润分配——未分配利润　　　　　　　　　　　　　40 500

2) 固定资产盘亏

企业发生固定资产盘亏时,按盘亏固定资产的净值转入"待处理财产损溢"账户,同时转出固定资产原值和累计折旧,借记"累计折旧"账户,贷记"固定资产"账户。报经批准后,将盘亏的固定资产净值转作营业外支出,借记"营业外支出"账户,贷记"待处理财产损溢——待处理固定资产损溢"账户。

【例7-9】 腾辉有限公司在财产清查中,盘亏仪器一台,账面原值50 000元,已计提折旧30 000元。根据下列信息,编制会计分录。

(1) 在报经批准前,根据实存账存对比表确定的固定资产盘亏数,调整账簿记录,做如下会计分录:

借:待处理财产损溢——待处理固定资产损溢　　　　　　　　　　20 000
　　累计折旧　　　　　　　　　　　　　　　　　　　　　　　　30 000
　　贷:固定资产　　　　　　　　　　　　　　　　　　　　　　　　　50 000

(2) 经批准后,根据批准处理意见,做如下会计分录:

借:营业外支出　　　　　　　　　　　　　　　　　　　　　　　20 000
　　贷:待处理财产损溢——待处理固定资产损溢　　　　　　　　　　　20 000

4. 往来款项清查结果的账务处理

1) 应收款项清查结果的处理

在财产清查中,会计人员发现确实无法收回的应收款项,需要在原来的账面基础上,按规定程序报经批准后直接处理。无法收回的应收款项称为坏账,对于应收款项和坏账损失应采用备抵法进行核算。

在备抵法下,企业应该设置"坏账准备"账户,针对应收账款的可收回性,按期估计坏账损失,计提坏账准备金,待坏账实际发生时,冲销已经提取的坏账准备金。

【例7-10】 腾辉有限公司2022年底应收账款为10 000 000元,采用备抵法按5%计提坏账准备。2023年底又新增应收账款11 000 000元,2023年底,企业在清查过程中,查明确实无法收回的账款1 000 000元,经批准作为坏账损失。根据以下信息,编制会计分录。

(1) 2022年底计提坏账准备=1 000×5%=50(万元),做如下会计分录:

借:信用减值损失　　　　　　　　　　　　　　　　　　　　　　500 000
　　贷:坏账准备　　　　　　　　　　　　　　　　　　　　　　　　500 000

(2) 2023年补提坏账准备=2 100×5%−50=55(万元),做如下会计分录:

借:信用减值损失　　　　　　　　　　　　　　　　　　　　　　550 000
　　贷:坏账准备　　　　　　　　　　　　　　　　　　　　　　　　550 000

(3) 2023年底发生坏账100万元,做如下会计分录:

借:坏账准备　　　　　　　　　　　　　　　　　　　　　　　1 000 000
　　贷:应收账款　　　　　　　　　　　　　　　　　　　　　　　1 000 000

2) 应付款项清查结果的处理

由于债权单位撤销或不存在等原因造成的长期应付而无法支付的款项,经批准予以转销。无法支付的款项在批准前不作账务处理,按规定程序批准后,将应付款项转作营业外收入。

【例7-11】 腾辉有限公司在财产清查中,发现应付乙单位的货款33 900元已无法支付,经批准后予以转销。据此编制会计分录。

经批准转销时,做如下会计分录:

借:应付账款——乙单位　　　　　　　　　　　　　　　　　　　33 900
　　贷:营业外收入　　　　　　　　　　　　　　　　　　　　　　　33 900

 思政德育

【关键词】 "财政大监督""依法监督""会计监督检查""事前、事中、事后监督"

【政策方向】

(1) 中共中央办公厅、国务院办公厅印发《关于进一步加强财会监督工作的意见》中提到:到 2025 年,构建起财政部门主责监督、有关部门依责监督、各单位内部监督、相关中介机构执业监督、行业协会自律监督的财会监督体系;基本建立起各类监督主体横向协同、中央与地方纵向联动,财会监督与其他各类监督贯通协调的工作机制;财会监督法律制度更加健全,信息化水平明显提高,监督队伍素质不断提升,在规范财政财务管理、提高会计信息质量、维护财经纪律和市场经济秩序等方面发挥重要保障作用。

2. 根据《会计法》规定,各单位应当建立、健全本单位内部会计监督制度。单位内部会计监督应当符合下列要求:

(1) 记账人员与经济业务事项和会计事项的审批人员、经办人员、财物保管人员的职责权限应当明确,并相互分离,相互制约。

(2) 重大对外投资、资产处置、资金调度和其他重要经济业务事项的决策和执行的相互监督、相互制约程序应当明确。

(3) 财产清查的范围、期限和组织程序应当明确。

(4) 对会计资料定期进行内部审计的办法和程序应当明确。

 情境

根据《会计法》《财政部门实施会计监督办法》要求,区财政局派出检查组,于 2021 年 8 月 9 日至 13 日对清新区某镇人民政府 2020 年度会计信息质量进行检查。检查组实施了查阅相关文件资料、抽查会计凭证等必要的检查工作。

01 会计账务核算错误

2020 年度该镇政府收取的职工伙食费 53 230 元,全部记入"其他预算收入"账户。例如:2020 年 4 月,记账 37 号凭证,收到职工交伙食费 4 990 元,记入"其他预算收入"账户;2020 年 6 月,记账 44 号凭证,收到职工交伙食费 5 450 元,记入"其他预算收入"账户。职工缴纳的伙食费,应当直接冲减饭堂伙食支出,不应作为本年度的收入核算。

02 将符合固定资产确认条件的固定资产直接费用化

检查发现该镇政府将符合固定资产确认条件的固定资产直接费用化。例如:2020 年 9 月,记账 31 号凭证,监察站建设购买保密柜 3 582 元,购买书柜 3 800 元,财务会计直接计入费用核算,保密柜和书柜符合资产入账的条件,没有计入固定资产核算;2020 年 9 月,记账 38 号凭证,购买违法用地违章建筑定位巡查监测设备 5 656 元,财务会计直接计入费用核算,没有进行相关资产的账务处理。

【启示】

核算和监督作为会计的两大职能,要充分发挥监督的作用,保证财会监督发挥效力。财

会人员要坚守底线,依责监督,帮助单位持续完善监督控制能力,提升问题防控能力。

资料来源:节选自清远市清新区财政局《"八五普法"以案释法——会计信息质量检查案例》。

项目小结

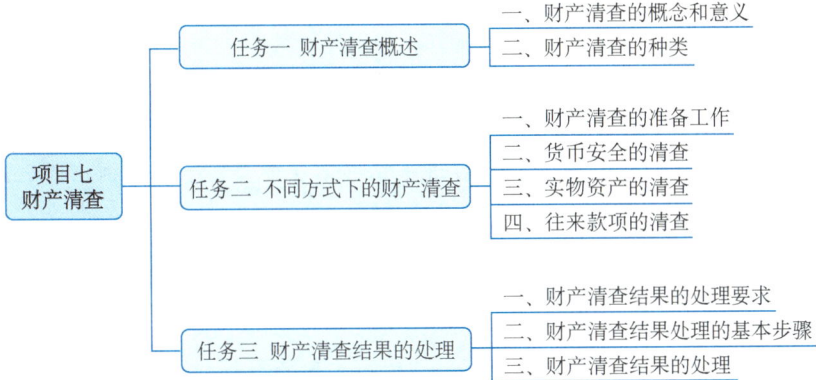

项目八　编制会计报表

改革攻坚要有正确方法,坚持创新思维,跟着问题走、奔着问题去,准确识变、科学应变、主动求变,在把握规律的基础上实现变革创新。

——2020年10月10日,习近平总书记在中青年干部培训班开班式上的讲话

教学目标

知识目标

理解会计报表的概念、内容及编制要求;熟知常见的会计报表种类;掌握会计报表的编制方法。

技能目标

能够根据会计账簿资料正确编制资产负债表;能够根据会计账簿资料正确编制利润表;能够对已有的资产负债表、利润表进行分析并查找问题。

素养目标

在编制会计报表中培养细心、耐心、诚信、严谨的品质。

老刘食杂店是盈利还是亏损?

老刘退休以后,用多年的积蓄临街租了一间门脸房开了一家食杂店。

他以自己的存款35 000元作为投资,在工商管理部门登记注册。取得营业执照之后,首先用6 000元购入商店用的设备,计划可以使用10年,报废后没有残值。用20 000元购入商品,另外还预付了6个月的房租2 400元。

在开业初期,老刘将销售商品的毛利率定为30%,即进货成本10元的商品,按13元的价格出售。由于商店的客户都是老刘多年的邻居,所以他的赊销条件非常宽松,只要是熟人,都被允许先使用商品,等以后再付款。他的供货商也许可他在购货以后的30天再支付货款。

开业半年以后,老刘找到一家会计师事务所进行咨询。他目前的财务状况如下:①所有到期的购货款均已付清,只有9 000元尚未到期,属于正常的赊购。②在过去的半年中,原来的存货已经周转了3次,利润表中列示的销售收入为85 500元,销售毛利为25 500元,净利润为8 600元。③现有的存货总成本是20 000元,他的顾客还欠他26 200元。④除了预付房租以外,他还支付了所有其他费用14 200元(含各项税款)。

可是老刘对报表上列示的毛利和净利润感到不解,因为,他是用35 000元开业的,但是

现在银行存款中只剩下 700 元了,而且还欠供货商 9 000 元。

思考: 请评价该商店开业半年后的经营成果和财务状况。会计上又是如何对企业的经营成果和财务状况进行评价的呢?

任务一　认识会计报表

企业日常发生的各种经营活动通过会计核算,已经在会计账簿中系统化地、详尽地反映出来。但这些会计信息资料存在数量较多、不够集中的问题,对于会计报表使用者来说,不能够直截了当地获取企业的总体财务收支及经营情况,因此,为了满足经营管理的需要,企业需要通过一定的方式将这些会计信息资料通过会计报表的形式加以分类、汇总、概括,进而为使用者提供准确的决策信息。

一、会计报表的含义及作用

(一)会计报表的含义

会计报表直接反映了企业的日常交易及其资产、负债和所有者权益的变动情况。财务报表不仅包括会计报表,还包括一些非会计报表的内容,例如管理层的讨论与分析等,这些内容是会计报表所不能反映的。总的来说,会计报表是财务报表的基础,而财务报表则是对外公开披露的信息,包含了更多的非会计报表的内容,如管理层的分析和批注等,这些信息对于理解企业的财务状况和经营成果提供了更全面的视角。

财务报告是反映企业财务状况和经营成果的书面文件,主要包括财务报表、财务报表附注及财务情况说明书。会计报表是财务报告的核心,是以企业日常会计核算资料为依据,以货币为计量单位,按规定的格式和内容编制的,总括反映企业主体在特定日期财务状况和某一会计期间经营成果、现金流量和权益变动等会计信息的书面文件。

《企业会计准则第 30 号——财务报表列报》中规定,财务报表至少应当包括资产负债表、利润表、现金流量表、所有者权益(或股东权益)变动表及附注。会计报表一般由主表和附表两部分组成,现行制度规定企业应向外提供的会计报表有三张主表和若干张附表。主表是企业基本的会计报表,包括资产负债表、利润表和现金流量表。附表是对主要报表内容进行补充的报表,包括所有者权益变动表、资产减值准备明细表、利润分配表等。

(二)会计报表的作用

会计报表是企业会计核算的最终成果,也是企业对外传递会计信息的重要手段。会计报表不论是对内还是对外都具有重大作用,主要表现在以下三点。

1. 有助于企业内部加强和改善经营管理

会计报表为企业管理者进行日常管理活动提供了重要的依据。企业的经营管理者通过研究分析企业资金、成本、利润等计划指标的完成情况,来分析经营管理活动中的成果和问题,以便及时采取措施,在这个过程中不断总结经验,查缺补漏,不断进行改进,提高经济效益。同时通过会计报表还能对员工起到监督评价作用,一方面考核所属部门的经营业绩或者创造的价值是否符合企业预期目标,另一方面向员工展示企业的经营情况,可以发挥员工主人翁作用带动员工积极性和创造性，为员工向企业建言献策提供了可能性。

2. 有助于国家经济管理部门加强外部监督调控

国家宏观管理部门通过会计报表逐级汇总所提供的资料，可以在一定范围内了解国民经济计划的执行情况，从而制定合乎实际的经济政策，加以宏观调控和管理；财务、税务部门利用会计报表提供的资料，检查企业税金的计算和缴纳情况以及有无违反税法和财经纪律的现象；银行部门可以考察企业流动资金的利用情况，分析企业银行借款的物资保证程度，研究企业流动资金的正常需要量，了解银行借款的归还及信贷纪律的执行情况，充分发挥银行经济监督和经济杠杆作用。

3. 有助于投资者和债权人作出合理的决策

作为会计报表间接使用者的投资者和债权人，通过会计报表提供的企业财务状况和偿债能力等信息，帮助投资者充分了解和分析企业的财务状况和经营成果，为投资决策提供了充分的依据；同时为企业的金融机构债权人、供应商和其他商业债权人提供企业的资金运转情况、短期偿债能力和支付能力等相关的信息资料。

二、会计报表的分类

企业编制的会计报表，可以按照反映的经济内容、编制的主体、编制的时间、服务的对象等不同的标准划分为不同的种类。

（一）按反映的经济内容分类

会计报表按其反映的经济内容不同可以分为静态会计报表和动态会计报表。

静态会计报表是反映企业在一定日期资产和权益总额的会计报表。资产负债表就属于静态会计报表，它反映了企业在某一时点资产、负债和所有者权益的情况。

动态会计报表是反映一定时期内经营成果和现金流量的会计报表。例如，利润表反映了企业一定时期内的经营成果，现金流量表反映了企业一定时期内现金的流入、流出及净增加数。因此，利润表和现金流量表属于动态会计报表。

（二）按编制的主体分类

会计报表按编制的主体不同可以分为个别会计报表、合并会计报表。

个别会计报表是指只反映企业本身一个会计主体的财务状况、经营成果和现金流量情况的报表。

合并会计报表是指将多个具有控股关系的会计主体的财务状况、经营成果和现金流量情况合并编制的会计报表。该报表是母公司以母公司个别会计报表和子公司个别会计报表为基础编制的会计报表。

（三）按编制的时间分类

会计报表按编制的时间不同可以分为年度会计报表和中期会计报表。

年度会计报表简称年报，是年终编制的报表，每年编报一次。

中期会计报表是指短于一个完整的会计年度的报告期间所编制的会计报表，包括月报、季报和半年报。月报每月编制一次，包括资产负债表和利润表；季报每季编制一次，包括资产负债表和利润表；半年报每年6月30日编报一次，包括资产负债表和利润表，但与月报和季报在部分指标上有一定的差异。

（四）按服务的对象分类

会计报表按服务的对象不同可以分为对内报表和对外报表。

对内报表是指企业内部经营管理服务而编制的不对外公开的会计报表，这类报表是企业内部管理需要自行设置和编制的，没有统一格式和统一的指标体系，如成本表。

对外报表是指企业为满足投资者、债权人、政府机构等外部使用者对会计信息的需求而编制的对外提供服务的会计报表，它要求有统一的报表格式、指标体系等，资产负债表、利润表和现金流量表等均属于对外报表。

三、会计报表的编制要求

为了充分发挥会计报表在经营管理中的重要作用，保证会计报表编制的质量要求，在编制会计报表时要遵循以下基本要求。

（一）真实可靠

根据会计信息的质量要求，企业会计报表所填列的数据必须真实可靠，能准确地反映企业的财务状况、经营成果和现金流量。真实可靠的会计信息有助于会计信息使用者了解企业的实际情况并做出正确的决策；反之，虚假的会计信息不仅不能满足会计信息使用者决策的需要，甚至会误导其做出错误的决策。因此，企业必须根据审核无误的账簿及相关资料编制会计报表，不得以估计数字填列会计报表，更不得弄虚作假、篡改、伪造数字。

（二）全面完整

企业提供的会计报表应当全面披露企业财务状况、经营成果、现金流量和所有者权益变动情况，完整反映企业财务活动的过程和结果，以满足各有关方面对财务会计信息资料的需要。为了保证会计报表的全面完整，企业应当按照《企业会计准则》规定的格式和内容填报，重要事项应在会计报表附注中说明，不得漏编漏报。

（三）编报及时

企业提供的信息资料应当具有很强的时效性。在保证会计信息真实可靠的前提下，还要保证时效性，及时将信息提供给使用者。在当前市场经济条件下，外部使用者出于不同目的对于会计信息及时性的要求越来越高。为此，企业应按规定的时间进行记账、算账、对账和结账工作，并如期编制并对外报送会计报表以满足报表使用者对会计报表资料的需要。

（四）便于理解

企业提供的信息资料应当为使用者所理解，清晰明了。提供清晰明了的会计信息便于不同层次使用者弄清会计信息的内容，了解会计信息的内涵，避免因信息理解错误造成决策失误等情况的出现。

会计报表中的人生观

资产负债表揭示了人生真相，任何人都不可能游离于社会而单独存在，需要得到他人帮助和支持。资产是我们此刻所拥有的，勿忘其源。债权人和股东，他们是贵人，还本付息或分红当是我们的本分，应有感恩之心。

8-1 会计报表中的人生观

任务二　编制资产负债表

一、资产负债表的概念和作用

（一）资产负债表的概念

资产负债表是反映企业某一特定日期全部资产、负债和所有者权益情况的会计报表。它是反映企业财务状况的报表，是基于"资产＝负债＋所有者权益"这一会计等式进行编制的，依照一定的分类标准和顺序，对企业在一定日期的全部资产、负债和所有者权益项目进行适当分类、汇总、排列后编制而成的。

（二）资产负债表的作用

资产负债表作为重要的会计资料，是会计报表分析的主要信息来源，是进行各项经济活动分析的基础，对于会计信息使用者主要有以下几方面作用。

1. 反映企业总体的财务状况

资产负债表可以反映企业资产、负债和所有者权益在某一特定时期下的总体情况。①资产负债表可以提供某一日期资产的总额及其结构，表明企业拥有或控制的经济资源及其分布情况，经营者据此分析企业资产分布是否合理；②资产负债表可以提供某一日期的负债总额及其结构，表明企业未来需用多少资产或劳务清偿债务及清偿的时间；③资产负债表可以提供所有者权益的总额及其结构，表明投资者在企业资产中所占的份额，据以判断资本保值、增值的情况及对负债的保障程度。

2. 提供财务分析的数据支持

企业可以借助资产负债表提供的数据来计算资产负债率、流动比率、速动比率等，以了解自身的变现能力、短期偿债能力和资金周转能力等，从而有助于报表使用者做出投资和贷款的正确决策。同时通过对资产负债表前后期数据的同比环比分析，报表使用者可以了解企业财务状况的变动情况，如根据企业的资金结构变化情况来分析企业是否存在资金安全风险。同时还可以将企业数据和同行业水平对比，分析其中的差异来判断企业的行业地位，以此来预测企业的发展趋势及为经营者后续管理提供决策依据。

二、资产负债表的格式和结构

（一）资产负债表的格式

资产负债表是由表头和表身两部分组成，表头部分应列明报表名称、编制单位名称、编制日期、报表编号和计量单位；表身部分列示资产、负债和所有者权益的各个项目，是资产负债表的主体和核心。

资产负债表的格式主要有报告式和账户式两种。报告式资产负债表是上下结构，上半部列示资产，下半部列示负债和所有者权益。具体排列形式又有两种：一种是按"资产＝负债＋所有者权益"的原理排列；另一种是按"资产－负债＝所有者权益"的原理排列。

根据我国《企业会计准则》的规定，我国企业编制的资产负债表应采用账户式结构，账户式资产负债表分为左右两方，左方列示资产项目，右方列示负债和所有者权益项目，根据会计基本等式,左方的资产总额和右方的负债和所有者权益总额相等。资产负债表如表 8-1 所示。

表 8-1 资产负债表

会企 01 表

编制单位：　　　　　　　　　　　　　　　年　月　日　　　　　　　　　　单位：元

资产	期末余额	上年年末余额	负债和所有者权益（或股东权益）	期末余额	上年年末余额
流动资产：			流动负债：		
货币资金			短期借款		
交易性金融资产			交易性金融负债		
衍生金融资产			衍生金融负债		
应收票据			应付票据		
应收账款			应付账款		
应收款项融资			预收款项		
预付款项			合同负债		
其他应收款			应付职工薪酬		
存货			应交税费		
合同资产			其他应付款		
持有待售资产			持有待售负债		
一年内到期的非流动资产			一年内到期的非流动负债		
其他流动资产			其他流动负债		
流动资产合计			流动负债合计		
非流动资产：			非流动负债：		
债权投资			长期借款		
其他债权投资			应付债券		
长期应收款			其中：优先股		
长期股权投资			永续债		
其他权益工具投资			租赁负债		
其他非流动金融资产			长期应付款		
投资性房地产			预计负债		
固定资产			递延收益		
在建工程			递延所得税负债		
生产性生物资产			其他非流动负债		

（续表）

资产	期末余额	上年年末余额	负债和所有者权益（或股东权益）	期末余额	上年年末余额
油气资产			非流动负债合计		
使用权资产			负债合计		
无形资产			所有者权益（或股东权益）：		
开发支出			实收资本（或股本）		
商誉			其他权益工具		
长期待摊费用			其中：优先股		
递延所得税资产			永续债		
其他非流动资产			资本公积		
非流动资产合计			减：库存股		
			其他综合收益		
			专项储备		
			盈余公积		
			未分配利润		
			所有者权益（或股东权益）合计		
资产总计			负债和所有者权益（或股东权益）总计		

（二）资产负债表的结构

资产负债表按照资产、负债和所有者权益分类分项列示，如图8-1所示。

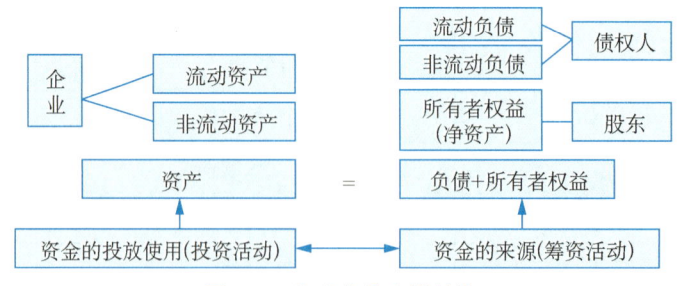

图8-1　资产负债表的结构

1. 资产

资产按照流动性排序，流动性强的排列在前，流动性弱的排列在后，资产分为流动资产和非流动资产两大类。

（1）流动资产。流动资产是指在一年或超过一年的一个经营周期以内可以变现或耗用、售出的全部资产。各个流动资产项目按照流动性排列为：货币资金、交易性金融资产、衍生金融资产、应收票据、应收账款、应收款项融资、预付款项、其他应收款、存货、合同资产、持有待售资产、一年内到期的非流动资产和其他非流动资产。

(2) 非流动资产。非流动资产是指变现能力在一年或超过一年的一个经营周期以上的资产。各个非流动资产项目在资产项目中排列顺序为：债权投资、其他债权投资、长期应收款、长期股权投资、其他权益工具投资、其他非流动金融资产、投资性房地产、固定资产、在建工程、生产性生物资产、油气资产、使用权资产、无形资产、开发支出、商誉、长期待摊费用、递延所得税资产和其他非流动资产。

2. 负债

负债按照偿还期限长短排列，偿还期短的排列在前，偿还期长的排列在后，负债分为流动负债和非流动负债。

(1) 流动负债。流动资产是指偿还期在一年以内的全部负债。各个流动负债项目在资产负债表上排列顺序为：短期借款、交易性金融负债、衍生金融负债、应付票据、应付账款、预收款项、合同负债、应付职工薪酬、应交税费、其他应付款、持有待售负债、一年内到期的非流动负债和其他流动负债。

(2) 非流动负债。非流动负债是指偿还期在一年或超过一年的一个经营周期以上的债务。各个非流动负债项目在资产负债表上的排列顺序为：长期借款、应付债券、租赁负债、长期应付款、预计负债、递延收益、递延所得税负债和其他非流动负债。

3. 所有者权益

所有者权益按照项目永久性在资产负债表中排列顺序为：实收资本、其他权益工具、资本公积、其他综合收益、专项储备、盈余公积和未分配利润。

三、资产负债表的编制方法

资产负债表中的各项目均需填列"期末余额"和"上年年末余额"两栏。

(一) 上年年末余额的填列

资产负债表"上年年末余额"栏内各项数字应根据上年年末（中期报表根据上一期）资产负债表中"期末余额"栏内所列的数字填列。如果本年度资产负债表中规定的各项目的名称和内容与上年度不一致，应对上年年末资产负债表各项目的名称和数字按照本年度的规定进行调整，再将调整后的项目及数字填入表中的"上年年末余额"栏。

(二) 期末余额的填列

资产负债表"期末余额"栏的金额填列可以按照以下几种方法进行填列。

1. 根据总账账户余额直接填列

资产负债表中大部分项目的期末数都可以根据有关总账账户的期末余额直接填列，如"应收票据""应收股利""应收利息""交易性金融资产""工程物资""固定资产清理""短期借款""应付票据""应付职工薪酬""应付股利""应交税费""预计负债""实收资本""资本公积""盈余公积""其他综合收益"等项目。

2. 根据几个总账账户余额计算填列

资产负债表中的某些项目的期末数需要根据多个总账账户的期末余额进行分析计算，具体包括以下项目：

(1) "货币资金"项目，应根据"库存现金""银行存款""其他货币资金"三个总账账户的期末余额合计数填列。

(2)"存货"项目,应根据"在途物资""原材料""周转材料""生产成本""库存商品""材料成本差异""存货跌价准备"等反映存货内容的总账账户余额分析计算填列。

(3)"未分配利润"项目,应根据"本年利润"和"利润分配"总账账户余额分析计算填列。

3. 根据明细账户余额分析计算填列

资产负债表中的某些项目的期末数需要根据明细账的期末余额分析计算填列,主要是结算类账户即"应收账款""预付账款""应付账款""预收账款"这四个项目。

(1)"应收账款"项目,应根据"应收账款"和"预收账款"账户所属明细账户的期末借方余额合计填列,并减去为该应收账款计提的"坏账准备"账户的余额。

(2)"预付账款"项目,应根据"预付账款"和"应付账款"账户所属明细账的期末借方余额合计填列,并减去为该预付账款计提的"坏账准备"账户的余额。

(3)"应付账款"项目,应根据"应付账款"和"预付账款"账户所属明细账的期末贷方余额合计填列。

(4)"预收账款"项目,应根据"预收账款"和"应收账款"账户所属明细账的期末贷方余额合计填列。

 温馨提示:

在实际工作中,当企业预付与预收业务不多时,可以不设"预付款项"和"预收款项"账户,而将预付和预收的款项分别记入"应付账款"账户的借方和"应收账款"账户的贷方。

4. 根据总账账户和明细账户余额分析计算填列

资产负债表中有些项目,既不能按总账账户余额直接或计算填列,也不能按明细账户余额直接或计算填列,而需要分析总账账户和明细账账户余额后再计算填列。例如,"持有至到期投资"是根据"持有至到期投资"总账账户余额减去"持有至到期投资减值准备"中账户中有关债权投资减值准备期末余额以及按规定的一年内到期投资记入"一年内到期的流动资产"项目的金额;"长期股权投资"项目是根据"长期股权投资"账户的期末余额减去"长期投资减值准备"账户中有关股权投资减值准备期末余额后的金额填列。

5. 根据账户余额减去备抵科目或加上附加科目后的净额

计提折旧、摊销及计提资产减值准备的资产项目,均应根据该项资产的账面余额减去其累计折旧、累计摊销及减值准备账户余额后的净额进行填列。

(1)"固定资产"项目是根据"固定资产"账户的期末余额减去"固定资产减值准备"及"累计折旧"账户后的净额填列。

(2)"无形资产"项目是根据"无形资产"账户的期末余额减去"无形资产减值准备"及"累计摊销"账户后的净额填列。

(3)"在建工程"项目是根据"在建工程"账户的期末余额减去"在建工程减值准备"账户期末余额后的金额填列。

(4)"其他应收款"项目是根据"其他应收款"账户的期末余额减去"坏账准备"账户中有

关其他应收款计提的坏账准备期末余额后的金额填列。

四、资产负债表编制案例

【例 8-1】 兴鹭达有限公司 2023 年 12 月 31 日有关账户的期末余额如表 8-2 所示。

表 8-2　账户期末余额表

2023 年 12 月 31 日　　　　　　　　　　　　　　　　　　单位:元

总账账户	明细账户	借方余额	贷方余额	总账账户	明细账户	借方余额	贷方余额
库存现金		10 000		短期借款			60 000
银行存款		150 000		应付账款			100 000
交易性金融资产		70 000			——甲公司		70 000
应收账款		230 000			——乙公司	55 000	
	——A 公司	100 000			——丙公司		85 000
	——B 公司		20 000	预收账款			10 000
	——C 公司	150 000			——丁公司		40 000
坏账准备			30 000		——戊公司	30 000	
预付账款		47 000		其他应付款			18 000
	——D 公司	50 000		应付职工薪酬			135 000
	——E 公司		3 000	应交税费			260 000
其他应收款		80 000		应付股利			100 000
原材料		270 000		应付利息			3 000
生产成本		120 000		长期借款			200 000
库存商品		200 000		实收资本			500 000
持有至到期投资		202 000		资本公积			200 000
	——一年内到期	2 000		盈余公积			120 000
固定资产		400 000		利润分配	未分配利润		148 000
累计折旧			60 000				
无形资产		50 000					
累计摊销			5 000				
长期待摊费用		40 000					

根据上述材料编制兴鹭达有限公司 2023 年 12 月 31 日的资产负债表。

【分析】 将兴鹭达有限公司 2023 年 12 月 31 日资产负债表各项目的应填列金额进行

计算：

(1) "货币资金"项目。将"库存现金"和"银行存款"账户合并列入"货币资金"项目，即：

"货币资金"项目金额＝10 000＋150 000＝160 000（元）

(2) "交易性金融资产"项目。按"交易性金融资产"账户余额直接填列，即70 000元。

(3) "应收账款"项目。将"应收账款"账户所属明细账户的借方余额加上"预收账款"所属明细账户的借方余额，减去"坏账准备"账户的余额填列，即：

"应收账款"项目金额＝100 000＋150 000＋30 000－30 000＝250 000（元）

(4) "预付款项"项目。将"预付账款"账户所属明细账户的借方余额加上"应付账款"所属明细账户的借方余额，即：

"预付款项"项目金额＝50 000＋55 000＝105 000（元）

(5) "其他应收款"项目。按"其他应收款"账户期末余额直接填列，即80 000元。

(6) "存货"项目，将"原材料""生产成本""库存商品"等账户的余额相加填列，即：

"存货"项目金额＝270 000＋120 000＋200 000＝590 000（元）

(7) "一年内到期的非流动资产"项目。按"持有至到期投资——一年内到期"账户期末余额直接填列，即2 000元。

(8) "持有至到期投资"项目。将"持有至到期投资"项目总账账户余额减去一年内到期投资记入"一年内到期的非流动资产"项目金额，即：

"持有至到期投资"项目金额＝202 000－2 000＝200 000（元）

(9) "固定资产"项目。将"固定资产"账户余额减去"累计折旧"账户余额填列，即：

"固定资产"项目金额＝400 000－60 000＝340 000（元）

(10) "无形资产"项目。将"无形资产"账户余额减去"累计摊销"账户余额填列，即：

"无形资产"项目金额＝50 000－5 000＝45 000（元）

(11) "长期待摊费用"项目。按"长期待摊费用"账户余额直接填列，即40 000元。

(12) "短期借款"项目。按"短期借款"账户期末余额直接填列，即60 000元。

(13) "应付账款"项目。将"应付账款"账户所属明细账户的贷方余额加上"预付账款"所属明细账户的贷方余额填列，即：

"应付账款"项目金额＝70 000＋85 000＋3 000＝158 000（元）

(14) "预收款项"项目。将"预收账款"账户所属明细账户的贷方余额加上"应收账款"所属明细账户的贷方余额填列，即：

"预收款项"项目金额＝40 000＋20 000＝60 000（元）

(15) "其他应付款"项目。将"其他应付款""应付利息""应付股利"账户的期末余额合计数填列，即：

"其他应付款"项目金额＝18 000＋100 000＋3 000＝121 000（元）

(16) "应付职工薪酬"项目，按"应付职工薪酬"账户期末余额直接填列，即135 000元。

(17) "应交税费"项目，按"应交税费"账户期末余额直接填列，即180 000元。

(18) "长期借款"项目，按"长期借款"账户期末余额直接填列，即200 000元。

(19) "实收资本""资本公积""盈余公积"及"未分配利润"项目，分别按其同名账户期末余额直接填列，分别为500 000元、200 000元、120 000元、148 000元。

资产负债表编制结果如表8-3所示。

表 8-3　资产负债表

编制单位：兴鹭达有限公司　　　　　　2023 年 12 月 31 日　　　　　　　　　　　　单位：元

资产	上年年末余额	期末余额	负债和所有者权益	上年年末余额	期末余额
流动资产：			流动负债：		
货币资金	160 000		短期借款		60 000
交易性金融资产	70 000		应付账款		158 000
应收账款	250 000		预收款项		60 000
预付款项	105 000		其他应付款		121 000
其他应收款	80 000		应付职工薪酬		135 000
存货	590 000		应交税费		180 000
一年内到期的非流动资产	2 000		流动负债合计		714 000
流动资产合计	1 257 000		非流动负债：		
非流动资产：			长期借款		200 000
持有至到期投资	200 000		应付债券		
固定资产	340 000		非流动负债合计		200 000
无形资产	45 000		负债合计		914 000
长期待摊费用	40 000		所有者权益：		
其他非流动资产			实收资本		500 000
非流动资产合计	625 000		资本公积		200 000
			盈余公积		120 000
			未分配利润		148 000
			所有者权益合计		968 000
资产总计	1 882 000		负债和所有者权益总计		1 882 000

任务三　编制利润表

一、利润表的概念和作用

（一）利润表的概念

利润表又称损益表，是反映企业在一定会计期间经营成果的报表。利润表根据会计核算的配比原则，对一定时期内的收入和相对应的成本、费用进行配比，从而计算出企业一定时期内的各项利润指标。利润表以"收入－费用＝利润"这一会计等式为基础，反映企业一定会计期间内盈利（或亏损）的实际情况。利润表是企业会计报表中的主要报表，一般按月编制。

(二) 利润表的作用

由于利润表可以体现企业的经营成果,又是企业进行利润分配的重要依据,因此,利润表所提供的会计信息具有重大作用。利润表的作用主要表现在以下三个方面。

(1) 利润表是考核和评价企业管理人员经营业绩和经营管理水平的重要依据。通过对利润表中各项构成因素进行比较分析,企业可以考核经营目标的完成情况,促使管理人员总结成绩、发现问题、找出差距、明确重点,不断提高经营管理水平。

(2) 利润表是企业投资者、债权人进行决策的主要依据。利润表展示了一定会计期间企业的经营业绩,可以利用利润表提供的数据和不同时期利润表数据的比较计算企业的盈利能力、偿债能力,用于分析企业的经济效益及未来收益情况,了解投资者投入资本的保值、增值情况。

(3) 利润表是对经营成果进行分配的重要依据。利润表能综合反映企业的经营成果,且企业相关者的利益,如国家的所得税收入、股东的股利收入、职工的福利待遇、管理人员的奖金等,都直接受到利润表上数据的影响。因此,利润表是企业进行经营成果分配的重要依据。

二、利润表的格式和结构

利润表一般包括表头和表身两部分。其中,表头应列示报表名称、编制单位、编制日期、报表编号、货币名称和货币单位等。表身是利润表的主体,反映形成经营成果的各个项目及计算过程。按照编制报表的步骤不同,利润表的格式主要有单步式和多步式。

(一) 单步式利润表

单步式利润表的编制方法是先将当期的各项收入加总合计,再列示当期的各项成本、费用的加总合计,最后将收入总额减去成本费用总额后得出净利润。由于这种计算净利润的方法只有一个相减的步骤故称为单步式利润表,利润表(单步式)如表 8-4 所示。

表 8-4 利润表(单步式)

编制单位: ___年___月 单位:元

项目	本月数	本年累计数
收入:		
主营业务收入		
其他业务收入		
投资收益		
营业外收入		
收入合计		
费用:		
主营业务成本		
税金及附加		

(续表)

项目	本月数	本年累计数
其他业务成本		
销售费用		
管理费用		
财务费用		
营业外支出		
所得税费用		
费用合计		
净利润(或净亏损)总额		

(二) 多步式利润表

多步式利润表是将表中的净利润按其形成的主要环节,分成三部分:营业利润、利润总额、净利润进行分段列示,并分解为多个计算步骤,分布计算当期净损益。我国通常使用的是多步式利润表,利润表(多步式)如表8-5所示。

表 8-5 利润表(多步式)

会企 02 表

编制单位：　　　　　　　　　　___年___月　　　　　　　　　　单位:元

项目	本期金额	上期金额
一、营业收入		
减:营业成本		
税金及附加		
销售费用		
管理费用		
研发费用		
财务费用		
其中:利息费用		
利息收入		
加:其他收益		
投资收益(损失以"－"号填列)		
其中:对联营企业和合营企业的投资收益		
以摊余成本计量的金融资产终止确认收益(损失以"－"号填列)		
净敞口套期收益(损失以"－"号填列)		
公允价值变动收益(损失以"－"号填列)		
信用减值损失(损失以"－"号填列)		

（续表）

项目	本期金额	上期金额
资产减值损失（损失以"－"号填列）		
资产处置收益（损失以"－"号填列）		
二、营业利润（亏损以"－"号填列）		
加：营业外收入		
减：营业外支出		
三、利润总额（亏损总额以"－"号填列）		
减：所得税费用		
四、净利润（净亏损以"－"号填列）		
（一）持续经营净利润（净亏损以"－"号填列）		
（二）终止经营净利润（净亏损以"－"号填列）		
五、其他综合收益的税后净额		
（一）不能重分类进损益的其他综合收益		
1. 重新计量设定受益计划变动额		
2. 权益法下不能转损益的其他综合收益		
3. 其他权益工具投资公允价值变动		
4. 企业自身信用风险公允价值变动		
……		
（二）将重分类进损益的其他综合收益		
1. 权益法下可转损益的其他综合收益		
2. 其他债权投资公允价值变动		
3. 金融资产重分类计入其他综合收益的金额		
4. 其他债权投资信用减值准备		
5. 现金流量套期储备		
6. 外币财务报表折算差额		
……		
六、综合收益总额		
七、每股收益：		
（一）基本每股收益		
（二）稀释每股收益		

利润表按其构成分类分项列示，主要编制步骤如下：

第一步：计算营业利润。营业利润＝营业收入－营业成本－税金及附加－销售费用－

管理费用－财务费用＋其他收益＋投资收益(损失以"－"号填列)＋净敞口套期收益(损失以"－"号填列)＋公允价值变动收益(损失以"－"号填列)－信用减值损失－资产减值损失＋资产处置收益(损失以"－"号填列)。

第二步：计算利润总额。以营业利润为基础，加上营业外收入，减去营业外支出。

第三步：计算净利润(或亏损)。以利润总额为基础，减去所得税费用。

第四步：单独列示其他综合收益。

第五步：根据净利润加其他综合收益的税后净额计算出综合收益总额。

第六步：单独列示每股收益(基本每股收益和稀释每股收益)。

三、利润表的编制方法

(一)"上期金额"栏的填列

"上期金额"栏应根据上年度该期间利润表的"本期金额"栏中的相应数字填列。如果上年度该期间利润表的有关项目名称和内容与本期利润表不一致，则应对上年度该期间利润表的相应项目的名称和数字按本期规定进行调整，填入利润表的"上期金额"栏内。

(二)"本期金额"栏的填列

1. 根据相应账户的本期发生额分析填列

相应账户如"主营业务收入""主营业务成本""其他业务收入""其他业务成本""税金及附加""销售费用""管理费用""财务费用""公允价值变动损益""投资收益""营业外收入""营业外支出""所得税费用"等。

2. 根据计算公式计算填列

"营业利润""利润总额""净利润"应根据表中的计算公式计算填列，若亏损则应以"－"号填列。"每股收益"应根据有关公式计算填列，具体计算公式如下：

基本每股收益＝属于普通股股东当期的净利润÷发行在外的普通股加权平均数

$$稀释每股收益 = \frac{净利润 + 假设转股时增加的净利润}{当期发行在外的普通股加权平均数 + 假设转换所增加的普通股股数加权平均数}$$

3. 利润表中各项目的具体填列方法

(1)"营业收入"项目，应根据"主营业务收入"账户贷方发生额净额加"其他业务收入"账户贷方发生额净额填列。

(2)"营业成本"项目，应根据"主营业务成本"账户借方发生额净额加"其他业务成本"账户借方发生额净额填列。

(3)"税金及附加"项目，应根据"税金及附加"账户借方发生额净额填列。

 温馨提示：

"税金及附加"账户包含企业经营业务应负担的消费税、土地增值税、资源税、城市建设维护税、教育费附加、房产税、城镇土地使用税、车船税、印花税、环境保护税等。

---

(4)"销售费用"项目应根据"销售费用"账户借方发生额净额填列。

(5)"研发费用"项目应根据"管理费用"账户下"研究费用"明细账户的借方发生额以及"无形资产摊销"明细账户的借方发生额填列。

(6)"管理费用"项目应根据"管理费用"账户借方发生净额填列。

(7)"财务费用"项目应根据"财务费用"科目的发生额分析填列。其中"利息费用"和"利息收入"为"财务费用"行项目的其中项,均以正数填列。

(8)"其他收益"项目应根据"其他收益"账户的发生额填列。

(9)"投资收益"项目应根据"投资收益"账户贷方发生额净额填列(投资损失以"-"号填列)。

(10)"公允价值变动收益"项目应根据"公允价值变动损益"账户发生额净额填列(公允价值变动损失以"-"填列)。

(11)"资产减值损失"项目应根据"资产减值损失"账户借方发生额填列。

(12)"信用减值损失"项目应根据"信用减值损失"账户发生额填列。

(13)"资产处置收益"项目应根据"资产处置损益"账户发生额填列(资产处置损失以"-"号填列)。

(14)"营业外收入"项目应根据"营业外收入"账户贷方发生额净额填列。

(15)"营业外支出"项目应根据"营业外支出"账户借方发生额净额填列。

(16)"所得税费用"项目应根据"所得税费用"账户借方发生额净额填列。

(17)"其他综合收益的税后净额"反映企业未在当期损益中确认的各项利得和损失扣除所得税影响后的净额。

四、利润表编制案例

【例8-2】 兴鹭达有限公司2023年12月有关账户发生额如表8-6所示。

表8-6 兴鹭达有限公司有关账户发生额　　　　　　单位:元

账户名称	借方发生额	贷方发生额
主营业务收入		950 000
其他业务收入		100 000
投资收益		10 000
营业外收入		25 000
主营业务成本	580 000	
税金及附加	35 000	
其他业务成本	50 000	
销售费用	100 000	
管理费用	90 000	
财务费用	20 000	
营业外支出	10 000	
所得税费用	50 000	

【分析】 根据上述材料编制兴鹭达有限公司 2023 年 12 月的利润表。

利润表编制结果如表 8-7 所示。

表 8-7 利润表

编制单位:兴鹭达有限公司　　　　　2023 年 12 月　　　　　　　　　　单位:元

项目	本期金额	上期金额(略)
一、营业收入	1 050 000	
减:营业成本	630 000	
税金及附加	35 000	
销售费用	100 000	
管理费用	90 000	
研发费用		
财务费用	20 000	
其中:利息费用		
利息收入		
加:其他收益		
投资收益(损失以"—"号表示)	10 000	
其中:对联营企业和合营企业的投资收益		
以摊余成本计量的金融资产终止确认收益(损失以"—"号填列)		
净敞口套期收益(损失以"—"号填列)		
公允价值变动收益(损失以"—"号填列)		
资产减值损失(损失以"—"号填列)		
信用减值损失(损失以"—"号填列)		
资产处置收益(损失以"—"号填列)		
二、营业利润(损失以"—"号填列)	185 000	
加:营业外收入	25 000	
减:营业外支出	10 000	
三、利润总额(净亏损以"—"号填列)	200 000	
减:所得税费用	50 000	
四、净利润	150 000	
(一)持续经营净利润(净亏损以"—"号填列)	150 000	
(二)终止经营净利润(净亏损以"—"号填列)		
五、其他综合收益的税后净额	0	
六、综合收益总额	150 000	

(续表)

项目	本期金额	上期金额(略)
七、每股收益	略	
（一）基本每股收益	略	
（二）稀释每股收益	略	

计算利润表"本期金额"栏相关项目金额：

(1)"营业利润"项目：

(950 000＋100 000)＋10 000－580 000－35 000－50 000－100 000－90 000－20 000＝185 000(元)

(2)"利润总额"项目：

185 000＋25 000－10 000＝200 000(元)

(3)"净利润"项目：

200 000－50 000＝150 000(元)

8-2 透过会计报表参悟人生

透过会计报表参悟人生

资本化是会计专业术语，指受用期超出一年时长的资源耗费；反之，受益期短于一年即为费用化。

任务四　编制现金流量表

一、现金流量表的概念和作用

（一）现金流量表的概念

现金流量表是反映企业在一定会计期间现金和现金等价物流入和流出情况的会计报表。通过现金流量表，企业可以为报表使用者提供一定会计期间内现金和现金等价物流入和流出的信息，便于使用者了解和评价企业获取现金和现金等价物的能力，预测企业未来现金流量。

（二）现金流量表的作用

现金流量表作为主要会计报表之一，能够提供资产负债表和利润表无法提供的一些重要会计信息。其作用主要体现在以下3个方面。

(1) 对投资者和债权人而言，现金流量表有助于评价企业的支付能力、偿债能力和现金周转能力。

(2) 对于企业经营管理者而言，现金流量表有助于分析企业收益质量及影响现金净流量的因素，掌握企业经营活动、投资活动和筹资活动的现金流量；通过经营活动现金流量与本期净利润进行比较来评价企业利润的质量高低，企业能够分析可能潜在的风险，为解决问题提供指导方向。

（3）现金流量表是资产负债表和利润表的补充。资产负债表和利润表都不能反映企业经营活动、投资活动和筹资活动的现金来源及使用情况，而现金流量表能够说明资产、负债变动的原因，还能帮助企业预测未来现金流量，起到了补充说明的作用。

> **温馨提示：**
>
> 《小企业会计准则》规定：财务报表是指对小企业财务状况、经营成果和现金流量的结构性表述。小企业的财务报表至少应当包括下列组成部分：①资产负债表；②利润表；③现金流量表；④附注。
>
> 因此小企业也要编制现金流量表。

二、现金流量表的格式

现金流量表分为主表和附表（即补充资料）两大部分。我国企业的现金流量表采用报告式结构，按照现金流量的性质，分类反映经营活动产生的现金流量、投资活动产生的现金流量、筹资活动产生的现金流量以及汇率变动对现金及现金等价物的影响，汇总反映企业某一会计期间现金及现金等价物的净增加额。

1. 经营活动产生的现金流量

经营活动产生的现金流量是指企业投资活动和筹资活动以外的所有交易和事项所导致的现金收入和支出。它包括经营活动所产生的现金收入，如销售商品、提供劳务等取得的现金收入、实际收到的增值税和其他经营活动产生的现金收入；经营活动所产生的现金支出如购买商品、接受劳务支付的现金、支付的职工工资、支付的各项税费以及其他经营活动产生的现金支出。

2. 投资活动产生的现金流量

投资活动产生的现金流量是指企业长期资产的购建和不包括在现金等价物范围内的投资及处置活动。投资活动所产生的现金流入主要包括收回投资时收到的现金、取得收益时收到的现金、出售固定资产实现的现金收入等；投资活动所产生的现金支出主要包括投资支付现金、购建无形资产、固定资产和其他长期资产支付的现金等。

3. 筹资活动产生的现金流量

筹资活动产生的现金流量是指导致企业资本及债务规模和构成发生变化的活动。筹资活动产生的现金收入主要包括吸收投资收到的现金、取得借款收到的现金以及收到其他与筹资活动有关的现金。筹资活动产生的现金支出主要包括偿还债务支付的现金、分配股利、利润或偿还利息支付的现金以及支付其他与筹资活动有关的现金等。

4. 汇率变动对现金及现金等价物的影响

企业外币现金流量及境外子公司的现金流量折算为人民币时，采用的是现金流量发生日的汇价或平均汇价，而现金流量表中"现金及现金等价物净增加额"中的外币现金净增加额是按期末汇价折算的，按两种不同汇率折算的记账本位币之间的差额即为汇率变动对现金的影响额。

5. 现金及现金等价物净增加额

现金及现金等价物净增加额是指企业现金及现金等价物流入量与现金及现金等价物流出量之间的差额。

现金流量表如表 8-8 所示。

表 8-8　现金流量表

编制单位：　　　　　　　　　　　　　　___年___月　　　　　　　　　　　　会企 03 表
单位：元

项目	本期金额	上期金额
一、经营活动产生的现金流量：		
销售商品、提供劳务收到的现金		
收到的税费返还		
收到其他与经营活动有关的现金		
经营活动现金流入小计		
购买商品、接受劳务支付的现金		
支付给职工以及为职工支付的现金		
支付的各项税费		
支付其他与经营活动有关的现金		
经营活动现金流出小计		
经营活动产生的现金流量净额		
二、投资活动产生的现金流量：		
收回投资收到的现金		
取得投资收益收到的现金		
处置固定资产、无形资产和其他长期资产收回的现金净额		
处置子公司及其他营业单位收到的现金净额		
收到其他与投资活动有关的现金		
投资活动现金流入小计		
购建固定资产、无形资产和其他长期资产支付的现金		
投资支付的现金		
取得子公司及其他营业单位支付的现金净额		
支付其他与投资活动有关的现金		
投资活动现金流出小计		
投资活动产生的现金流量净额		
三、筹资活动产生的现金流量：		
吸收投资收到的现金		

(续表)

项目	本期金额	上期金额
取得借款收到的现金		
收到其他与筹资活动有关的现金		
筹资活动现金流入小计		
偿还债务支付的现金		
分配股利、利润或偿付利息支付的现金		
支付其他与筹资活动有关的现金		
筹资活动现金流出小计		
筹资活动产生的现金流量净额		
四、汇率变动对现金及现金等价物的影响		
五、现金及现金等价物净增加额		
加:期初现金及现金等价物余额		
六、期末现金及现金等价物余额		

三、现金流量表的编制方法

(一) 直接法和间接法

现金流量表的编制方法有两种:一种是直接法;另一种是间接法。

1. 直接法

直接法是指按现金收入和现金支出的主要类别直接反映企业经营活动产生的现金流量的方法,如销售商品、提供劳务收到的现金,购买商品、接受劳务支付的现金等就是按现金收入和支出的类别直接反映的。在直接法下,经营活动现金净流量一般是以利润表中的营业收入为起算点,调节与经营活动有关的项目的增减变动,然后计算出经营活动产生的现金流量。直接法下经营活动现金净流量的计算公式如下:

经营活动现金净流量＝营业收入收现－营业成本付现＋其他收入收现－销售费用付现－税金及附加付现－管理费用付现－所得税付现

2. 间接法

间接法是指以净利润为起算点,调整不涉及现金的收入、费用、营业外支出等有关项目,剔除投资活动、筹资活动对现金流量的影响,据此计算出经营活动产生的现金流量。计算公式如下:

经营活动现金净流量＝本期净利润＋不减少现金的费用＋
非现金流动资产减少及流动负债增加＋营业外支出－
不增加现金的收入－非现金流动资产增加及流动负债减少－
营业外收入

我国《企业会计准则》规定企业应当采用直接法编报现金流量表,同时要求在附注中提供以净利润为基础调节经营活动现金流量的信息。采用直接法编制现金流量表时，可以采用工作底稿法或 T 形账户法。业务简单的企业，也可以根据有关科目的记录分析填列。

(二) 现金流量表主要项目填列说明

1. 经营活动产生的现金流量

(1) "销售商品、提供劳务收到的现金"项目，反映企业本期销售商品、提供劳务收到的现金，以及前期销售商品、提供劳务本期收到的现金（包括应向购买者收取的增值税销项税额）和本期预收的款项，减去本期销售本期退回商品和前期销售本期退回商品支付的现金。企业销售材料和代购代销业务收到的现金，也在本项目中反映。

本项目的现金流入的计算公式如下：

销售商品、提供劳务收到的现金＝本期营业收入净额＋本期应收账款减少额
（－本期应收账款增加额）＋本期应收票据减少额
（－本期应收票据增加额）＋本期预收账款增加额
（－本期预收账款减少额）

 温馨提示：

如果本期有实际核销的坏账损失，因核销坏账损失减少了应收账款，但没有收回现金，故应减去；如果本期有收回前期已核销的坏账金额，因收回已核销的坏账并没有增加或减少应收账款，但收回了现金，故应加上。

(2) "收到的税费返还"项目，反映企业收到返还的所得税、增值税、消费税、关税和教育费附加等各种税费返还款。

(3) "收到其他与经营活动有关的现金"项目，反映企业经营租赁收到的租金等其他与经营活动有关的现金流入，金额较大的应当单独列示。

(4) "购买商品、接受劳务支付的现金"项目，反映企业本期购买商品、接受劳务实际支付的现金（包括增值税进项税额），以及本期支付前期购买商品、接受劳务的未付款项和本期预付款项，减去本期发生的购货退回收到的现金。企业购买材料和代购代销业务支付的现金，也在本项目反映。

本项目的现金流出的计算公式如下：

购买商品、接受劳务支付的现金＝营业成本＋本期存货增加额(－本期存货减少额)＋
本期应付账款减少额(－本期应付账款增加额)＋
本期应付票据减少额(－本期应付票据增加额)＋
本期预付账款增加额(－本期预付账款减少额)

(5) "支付给职工以及为职工支付的现金"项目，反映企业本期实际支付给职工的工资、资金、各种津贴和补贴等职工薪酬（包括代扣代缴的职工个人所得税）。

(6) "支付的各项税费"项目，反映企业本期发生并支付、以前各期发生本期支付以及预交的各项税费，包括所得税、增值税、消费税、印花税、房产税、土地增值税、车船税、教育费附加等。

(7)"支付其他与经营活动有关的现金"项目,反映企业经营租赁支付的租金、支付的差旅费、业务招待费、保险费、罚款支出等其他与经营活动有关的现金流出,金额较大的应当单独列示。

2. 投资活动产生的现金流量

(1)"收回投资收到的现金"项目,反映企业出售、转让或到期收回除现金等价物以外的对其他企业长期股权投资而收到的现金,但处置子公司及其他营业单位收到的现金净额除外。

(2)"取得投资收益收到的现金"项目,反映企业除现金等价物以外的对其他企业的长期股权投资等分回的现金股利和利息等。

(3)"处置固定资产、无形资产和其他长期资产收回的现金净额"项目,反映企业出售、报废固定资产、无形资产和其他长期资产所取得的现金(包括因资产毁损而收到的保险赔偿收入),减去为处置这些资产而支付的有关费用后的净额。

(4)"处置子公司及其他营业单位收到的现金净额"项目,反映企业处置子公司及其他营业单位所取得的现金,减去相关处置费用以及子公司及其他营业单位持有的现金和现金等价物后的净额。

(5)"收到其他与投资活动有关的现金"项目,反映企业除了上述项目以外,与投资活动有关的其他现金收入。

(6)"购建固定资产、无形资产和其他长期资产支付的现金"项目,反映企业购买和建造固定资产、取得无形资产及其他长期资产所支付的现金和增值税款等,以及用现金支付的应由在建工程和无形资产负担的职工薪酬。

(7)"投资支付的现金"项目,反映企业取得除现金等价物以外的对其他企业的长期股权投资所支付的现金以及支付的佣金、手续费等附加费用,但取得子公司及其他营业单位支付的现金净额除外。

(8)"取得子公司及其他营业单位支付的现金净额"项目,反映企业购买子公司及其他营业单位购买出价中以现金支付的部分,减去子公司及其他营业单位持有的现金和现金等价物后的净额。

(9)"收到其他与投资活动有关的现金""支付其他与投资活动有关的现金"项目,反映企业除上述(1)至(8)项目外收到或支付的其他与投资活动有关的现金,金额较大的应当单独列示。

3. 筹资活动产生的现金流量

(1)"吸收投资收到的现金"项目,反映企业以发行股票、债券等方式筹集资金实际收到的款项,减去直接支付的佣金、手续费、宣传费、咨询费、印刷费等发行费用后的净额。

(2)"取得借款收到的现金"项目,反映企业取得各种短期、长期借款而收到的现金。

(3)"收到其他与筹资活动有关的现金"项目,反映企业除上述项目外收到的其他与筹资活动有关的现金,金额较大的应当单独列示。

(4)"偿还债务支付的现金"项目,反映企业为偿还债务本金而支付的现金。

(5)"分配股利、利润或偿付利息支付的现金"项目,反映企业实际支付的现金股利、支付给其他投资单位的利润或用现金支付的借款利息、债券利息。

(6)"支付其他与筹资活动有关的现金"项目,反映企业除上述项目外支付的其他与筹资活动有关的现金,金额较大的应当单独列示。

4. 汇率变动对现金及现金等价物的影响

本项目用于反映企业的外币现金流量发生日所采用的汇率与期末汇率的差额对现金产生影响的数额。

5. 现金及现金等价物净增加额

本项目是将现金流量表中"经营活动产生的现金流量净额""投资活动产生的现金流量净额""筹资活动产生的现金流量净额"和"汇率变动对现金及现金等价物的影响"四个项目相加后得出的。

6. 期末现金及现金等价物余额

本项目是根据计算出来的现金及现金等价物净增加额加上期初现金及现金等价物金额求得的。

注:资产负债表、现金流量表与利润表之间的关系如图 8-2 所示。

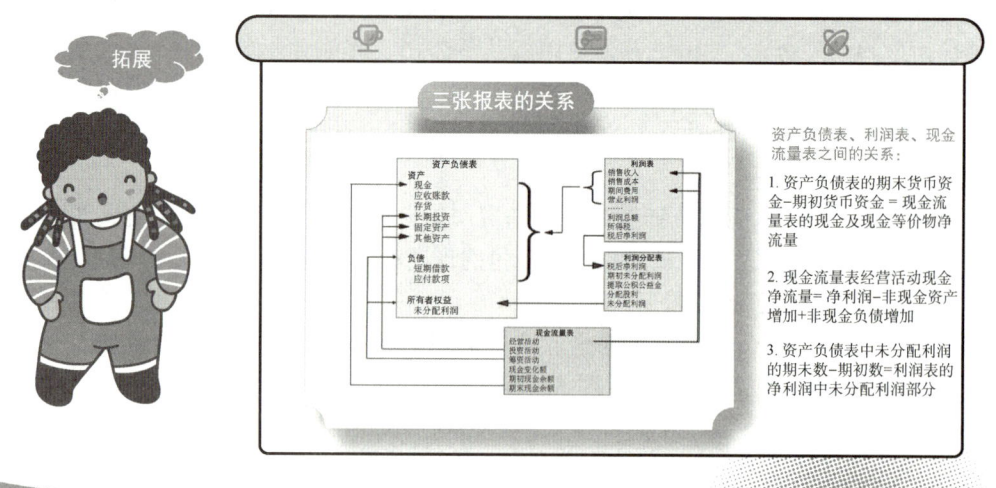

图 8-2 资产负债表、现金流量表与利润表之间的关系

【例8-3】 南京海天有限公司2023年部分资料如下:

(1) 本年销售商品、提供劳务收到现金 1 500 万元,以前年度销售商品本年收到现金 150 万元,本年预收款项 200 万元,本年销售本年退回商品支付现金 60 万元,本年收回前年核销的坏账损失 20 万元。

(2) 本年购买商品支付现金 800 万元,本年支付以前年度购买商品的未付款项 120 万元,本年预付款项 70 万元,本年发生的购货退回收到现金 60 万元。

(3) 公司本年支付的各种职工薪酬共计 450 万元,其中:生产经营人员的职工薪酬为 270 万元,在建工程人员的职工薪酬为 80 万元。

要求计算:

(1) 销售商品、提供劳务收到的现金。

(2) 购买商品、接受劳务支付的现金。

(3) 支付给职工以及为职工支付的现金。

【分析】 按现金流量表各项目的填列方法,根据所给资料,计算如下:

(1) 销售商品、提供劳务收到的现金＝1 500＋150＋200－60＋20＝1 810(万元)。

(2) 购买商品、接受劳务支付的现金＝800＋120＋70－60＝930(万元)。

(3) 支付给职工以及为职工支付的现金＝450－80＝370(万元)。

任务五　编制所有者权益变动表

一、所有者权益变动表的概念和作用

所有者权益变动表也称股东权益变动表，是反映企业年末所有者权益各个组成部分增减变动情况的报表。

通过所有者权益变动表，既可以为报表使用者提供所有者权益总量增减变动的信息，也能为其提供所有者权益各个项目即实收资本、资本公积、盈余公积和未分配利润等的增加、减少及其余额的情况，帮助报表使用者分析变动的原因及预测未来的变动趋势。

二、所有者权益变动表的格式

根据《企业会计准则》的规定，所有者权益变动表至少应当单独列示反映下列信息的项目：

(1) 净利润。

(2) 直接计入所有者权益的利得和损失项目及其总额。

(3) 会计政策变更和差错更正的累积影响金额。

(4) 所有者投入资本向所有者分配利润等。

(5) 按照规定提取的盈余公积。

(6) 实收资本(或股本)、资本公积、盈余公积、未分配利润的期初和期末余额及其调节情况。

所有者权益变动表如表 8-9 所示。

三、所有者权益变动表的填列方法

(一)"上年金额"栏的填列方法

所有者权益变动表"上年金额"栏内各项数字，应根据上年度所有者权益变动表"本年金额"栏内所列数字填列。如果上年度所有者权益变动表规定的各个项目的名称和内容同本年度不相一致，应对上年度所有者权益变动表各项目的名称和数字按本年度的规定进行调整，填入所有者权益变动表"上年金额"栏内。

(二)"本年金额"栏的填列方法

所有者权益变动表"本年金额"栏内各项数字一般应根据"实收资本(或股本)""资本公积""盈余公积""利润分配""库存股""以前年度损益调整"账户的发生额分析填列。

其中，"其他综合收益结转留存收益"项目主要反映：

(1) 企业指定为以公允价值计量且其变动计入其他综合收益的非交易性权益工具投资

表8-9 所有者权益变动表

_____年度

会企04表

编制单位:　　　单位:元

项目	本年金额											上年金额										
	实收资本(或股本)	其他权益工具			资本公积	减:库存股	其他综合收益	专项储备	盈余公积	未分配利润	所有者权益合计	实收资本(或股本)	其他权益工具			资本公积	减:库存股	其他综合收益	专项储备	盈余公积	未分配利润	所有者权益合计
		优先股	永续债	其他									优先股	永续债	其他							
一、上年末余额																						
加:会计政策变更																						
前期差错更正																						
其他																						
二、本年年初余额																						
三、本年增减变动金额(减少以"-"号填列)																						
(一)综合收益总额																						
(二)所有者投入和减少资本																						
1. 所有者投入的普通股																						
2. 其他权益工具持有者投入资本																						
3. 股份支付计入所有者权益的金额																						
4. 其他																						

(续表)

项目	本年金额											上年金额										
	实收资本（或股本）	其他权益工具			资本公积	减：库存股	其他综合收益	专项储备	盈余公积	未分配利润	所有者权益合计	实收资本（或股本）	其他权益工具			资本公积	减：库存股	其他综合收益	专项储备	盈余公积	未分配利润	所有者权益合计
		优先股	永续债	其他									优先股	永续债	其他							
(三) 利润分配																						
1. 提取盈余公积																						
2. 对所有者（或股东）的分配																						
3. 其他																						
(四) 所有者权益内部结转																						
1. 资本公积转增资本（或股本）																						
2. 盈余公积转增资本（或股本）																						
3. 盈余公积弥补亏损																						
4. 设定收益计划变动额结转留存收益																						
5. 其他综合收益结转留存收益																						
6. 其他																						
四、本年年末余额																						

终止确认时,之前计入其他综合收益的累计利得或损失从其他综合收益中转入留存收益的金额。

(2) 企业指定为以公允价值计量且其变动计入当期损益的金融负债终止确认时,之前由企业自身信用风险变动引起而计入其他综合收益的累计利得或损失从其他综合收益中转入留存收益的金额等。该项目应根据"其他综合收益"账户的相关明细账户的发生额分析填列。

任务六　会计报表附注

根据《企业会计准则第30号——财务报表列报》规定,附注是对在资产负债表、利润表、现金流量表和所有者权益变动表等报表中列示项目的文字描述或明细资料,以及对未能在这些报表中列示项目的说明。

附注应当披露会计报表的编制基础,相关信息应当与资产负债表、利润表、现金流量表和所有者权益变动表等报表中列示的项目相互参照。

附注一般应当按照下列顺序披露:
(1) 财务报表的编制基础。
(2) 遵循《企业会计准则》的声明。
(3) 重要会计政策的说明,包括财务报表项目的计量基础和会计政策的确定依据等。
(4) 重要会计估计的说明,包括下一会计期间内很可能导致资产、负债账面价值重大调整的会计估计的确定依据等。
(5) 会计政策和会计估计变更以及差错更正的说明。
(6) 对已在资产负债表、利润表、现金流量表和所有者权益变动表中列示的重要项目的进一步说明,包括终止经营税后利润的金额及其构成情况。
(7) 或有和承诺事项、资产负债表日后非调整事项、关联方关系及其交易等需要说明的事项。

企业应当在附注中披露在资产负债表日后、财务报告批准报出日前提议或宣布发放的股利总额和每股现金股利金额。

下列各项未在与财务报表一起公布的或其他信息中披露的,企业应当在附注中披露:
(1) 企业注册地、组织形式和总部地址。
(2) 企业的业务性质和主要经营活动。
(3) 母公司以及集团最终母公司的名称。

思政德育

【关键词】　"自觉维护国家利益、社会利益、集体利益""职业道德""工匠精神"
【政策方向】
(1) 2023年"五一"国际劳动节到来之际,习近平总书记指出,希望广大劳动群众大力弘扬劳模精神、劳动精神、工匠精神,诚实劳动、勤勉工作,锐意创新、敢为人先,依靠劳动创造扎实推进中国式现代化,在强国建设、民族复兴的新征程上充分发挥主力军作用。

(2)《新时代公民道德建设实施纲要》要求,推动践行以爱岗敬业、诚实守信、办事公道、热情服务、奉献社会为主要内容的职业道德。

(3)《企业财务会计报告条例》规定:企业编制、对外提供虚假的或者隐瞒重要事实的财务会计报告,构成犯罪的,依法追究刑事责任。授意、指使、强令会计机构、会计人员及其他人员编制、对外提供虚假的或者隐瞒重要事实的财务会计报告,或者隐匿、故意销毁依法应当保存的财务会计报告,构成犯罪的,依法追究刑事责任;尚不构成犯罪的,可以处5 000元以上5万元以下的罚款;属于国家工作人员的,并依法给予降级、撤职、开除的行政处分或者纪律处分。

情境

瑞幸咖啡承认财务造假,虚增收入22亿元人民币

瑞幸咖啡称,在审计公司2019年财务报表期间,一些问题引发了董事会的关注。因此,瑞幸咖啡董事会成立一个特别委员会,来监督财务造假的内部调查。该调查委员会向董事会说明,发现公司2019年第二季度至第四季度期间虚增了22亿元人民币交易额,相关的费用和支出也相应虚增。

特别委员会还提醒到:从2019年第二季度开始,公司首席运营官兼董事刘建先生以及向他报告的几名员工从事了不当行为,包括捏造某些交易。在此期间,某些成本和费用也因虚假交易而大幅膨胀。

特别委员会提出多项建议,如中止刘健先生和涉嫌不当行为的此类雇员,以及中止与已确定的虚假交易涉及方的合同和交易。

董事会实施了特别委员会的建议,并表示本公司将对负责不当行为的个人采取一切适当的行动,包括法律行动。

此外还提醒投资者,不应再依赖瑞幸咖啡之前的财务报表和截至2019年前九个月以及自2019年第二季度和第三季度的收益发布,包括先前的净收入指导来自2019年第四季度的产品以及与这些合并财务报表有关的其他信息。

【启示】

新时代需要大国工匠,新时代更需要崇尚"工匠精神",无论是在哪一个行业哪一个岗位,我们都要以爱岗敬业的职业精神、精益求精的品质精神、追求卓越的创新精神为驱动,不断追求创新和技术进步,不断创造新的辉煌。

在编制财务报表中必须做到"精益求精"、遵循"严谨认真"的态度,以"诚实守信、爱岗敬业"的职业道德引领工匠精神培育。

资料来源:节选自搜狐网《爆雷! 瑞幸咖啡承认财务造假,虚增收入22亿,股价闪崩80%!》。

项目小结

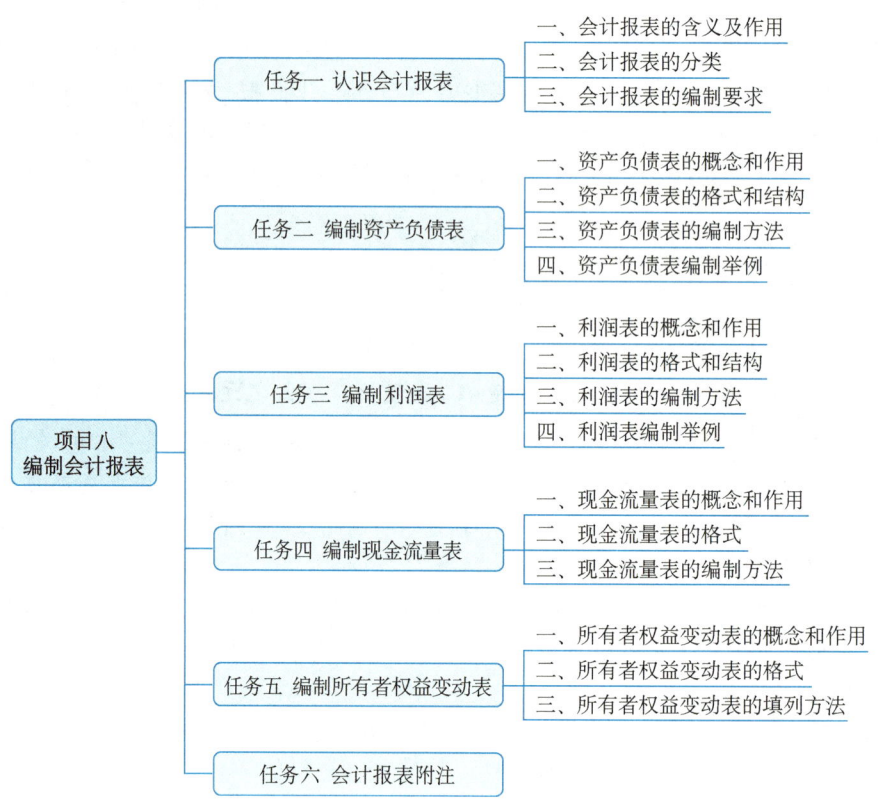

项目九　会计账务处理程序

要从新时代中国特色社会主义思想中汲取奋发进取的智慧和力量,熟练掌握其中蕴含的领导方法、思想方法、工作方法,不断提高履职尽责的能力和水平。

——2023年4月3日,习近平总书记在学习贯彻习近平新时代中国特色社会主义思想主题教育工作会议上强调

 **教学目标**

知识目标

理解账务处理程序的意义和要求;熟知账务处理程序的种类;掌握各类账务处理程序的步骤、特点、优缺点和适用范围。

技能目标

能够运用各种账务处理程序进行企业经济业务的确认、计量和披露。

素养目标

在账务处理程序学习中树立全局观念,培养细心认真的品质。

 **案例导学**

账务处理程序的选择

强盛公司原本是一家小型玩具制造企业,经营范围主要在广东省,经过几年的发展,已经成为规模较大、业务繁多的大型企业,业务覆盖全国各地。随着业务量的增加,公司会计抱怨工作量越来越大,为此公司增加了会计人员,但仍然无法很好地解决这个问题。于是公司咨询某会计师事务所注册会计师张涵,张涵在实地了解了强盛公司的会计工作流程后发现:强盛公司会计核算一直以来都是根据原始凭证填制记账凭证,根据记账凭证登记日记账、明细账,并逐笔登记总分类账,月末按要求进行对账、编制会计报表。张涵指出,这样的账务处理程序在公司规模不大时是完全适用的,但由于公司规模变化,业务量增多,仍然采用这种账务处理程序,特别是逐笔登记,必然会导致记账工作繁杂,无法提高工作效率。所以,公司应当适当改变账务处理程序,建议每月定期编制科目汇总表,根据科目汇总表填制总分类账。强盛公司采纳了该建议,果然大大减少了工作量,提高了工作效率。

思考: 强盛公司从前和现在采用的账务处理程序分别是什么?两者之间有什么区别?还有其他方式的账务处理程序吗?

任务一　会计循环及账务处理程序

一、会计循环

(一) 会计循环的概念

会计工作从填制会计凭证开始,然后依据会计凭证分别登记账簿,最后根据总分类账和有关明细分类账的本期发生额或期末余额编制会计报表。从填制会计凭证开始到编制会计报表为止,也就是企业周而复始地进行会计核算的工作程序,称为会计循环。

一般来说,企业每年都要结账一次,所以一个会计循环通常要历时一年。如果企业按月或按季结账,那么这个会计循环将历时一个月或一个季度。

(二) 会计循环的步骤

(1) 填制和取得原始凭证,根据原始凭证分析经济业务的内容,编制会计分录(通过填制记账凭证进行的)。

(2) 根据会计记录(记账凭证)登记有关的账簿。

(3) 根据各个账户的本期发生额及期末余额,编制调整前的试算平衡表。

(4) 按照权责发生制的要求进行账项调整,编制期末调整分录并据以过账(例如计提折旧、计算当月税金费用、调整预付费用等)。

(5) 结清损溢类账户,并据此计算确定本期的利润,结清资产、负债、所有者权益类账户的本期发生额合计和余额。

(6) 编制结清有关账户的会计分录,并据此登记账簿。

(7) 编制结算后的试算调整表。

(8) 编制会计报表。

一个会计期间的会计循环结束,也就意味着下一个会计期间的会计循环开始。

二、账务处理程序

(一) 账务处理程序的含义及意义

1. 账务处理程序的含义

账务处理程序又称为会计核算组织程序、会计核算形式,是指以账簿体系为核心,把会计凭证组织、会计账簿组织、记账程序和方法有机结合起来的技术组织方式,包括了记账凭证、账簿的种类和格式设计以及各种记账凭证与各种账簿之间的相互关系(即会计凭证组织和会计账簿组织);从原始凭证的整理、汇总,记账凭证的填制、汇总,日记账、明细分类账、总分类账的登记,到会计报表的编制步骤和方法(即记账程序和方法)。

2. 财务处理程序的意义

对于不同的企业来说,由于所处的经营环境、企业规模和经济业务繁杂程度不同,造成了其适用的账务处理程序也有所不同。因此,每一家企业都应根据实际情况,按一定的形式将各种会计核算方法紧密结合起来,组织起一套科学合理的账务处理程序。科学合理的财务处理程序对会计核算的重要意义具体表现在以下三个方面。

（1）可以保证会计核算各环节有条不紊地进行。有了科学合理的账务处理程序,会计机构和会计人员在进行会计核算的过程中可以按照不同的责任分工,实现分工协作、明确责任,有序处理好各个环节上的会计核算工作,提高会计工作效率。

（2）可以保证会计核算工作质量。建立科学合理的账务处理程序,形成加工和整理会计信息的正常机制,做到正确、及时地提供会计信息,避免会计信息传递错误,有利于形成准确的会计成果,提高会计核算的工作质量。

（3）可以简化会计核算手续,节约人力、物力和财力。账务处理程序安排得科学合理,选用的会计凭证、会计账簿和会计报表种类适当、格式适用、数量适中,可以极大程度节约人力、物力、财力的消耗,帮助企业节约成本。

(二) 账务处理程序的基本要求

账务处理程序有以下三点基本要求。

第一,要与本单位的经济性质、经营特点、规模大小、业务繁简程度、会计机构的设置和会计人员的配置、分工等情况相适应,以保证会计核算工作顺利进行。

第二,要满足会计信息使用者对会计信息的质量要求,提供及时、准确、全面、系统的会计信息,方便会计信息使用者及时掌握企业的财务状况、经营成果和现金流量。

第三,要满足提高会计核算效率的要求,在保证核算资料及时、准确、完整的前提下,尽可能简化核算手续,节省核算费用。

(三) 账务处理程序的种类

根据具体登记会计总分类账的依据和方式不同,目前我国各企事业单位、机关团体主要采用的账务处理程序有以下六种。

（1）记账凭证账务处理程序。

（2）科目汇总表账务处理程序。

（3）汇总记账凭证账务处理程序。

（4）日记总账账务处理程序。

（5）多栏式日记账账务处理程序

（6）通用日记账账务处理程序。

以上账务处理程序既有共同点又有区别点。共同点在于都要根据原始凭证编制记账凭证,根据原始凭证和记账凭证登记日记账和明细分类账,在账账核对相符的基础上,根据账簿记录编制会计报表。区别点在于各种账务处理程序都具有各自的特点,主要表现在登记总分类账的依据和程序不同,具体在下文中详细阐述。

在实际工作中,各经济单位可根据实际需要选择其中一种账务处理程序,也可将多种账务处理程序的优点结合起来使用,以满足本单位经营管理的需要。

任务二　记账凭证账务处理程序

一、记账凭证账务处理程序含义

记账凭证账务处理程序是指经济业务发生后,根据所填制的记账凭证直接逐笔登记总分类账的一种账务处理程序。

记账凭证账务处理程序是最基本的账务处理程序,其他账务处理程序基本上是在此种账务处理程序的基础上发展演变而来的。记账凭证账务处理程序和其他账务处理程序相比,特点是直接根据各种记账凭证逐笔登记总分类账。

二、记账凭证账务处理程序下会计凭证和账簿的设置

在记账凭证账务处理程序下,作为登记总账依据的记账凭证设置可以采用通用记账凭证格式,也可以采用收款凭证、付款凭证和转账凭证并存的专用记账凭证的格式。

需要设置的账簿包括现金日记账、银行存款日记账、总分类账和明细分类账。现金日记账和银行存款日记账的格式一般采用三栏式账簿;明细分类账的格式一般采用三栏式、多栏式和数量金额式的账簿;总分类账的格式一般也采用三栏式账簿。

三、记账凭证账务处理程序的基本步骤

在记账凭证账务处理程序下,企业的经济业务账务处理程序要经过以下七个步骤:

(1) 根据原始凭证填制汇总原始凭证。

(2) 根据审核无误的原始凭证或汇总原始凭证,填制收款凭证、付款凭证和转账凭证,也可填制通用记账凭证。

(3) 根据收款凭证、付款凭证逐日逐笔登记现金日记账和银行存款日记账。

(4) 根据原始凭证、汇总原始凭证和记账凭证登记各种明细分类账。

(5) 根据收款凭证、付款凭证和转账凭证逐笔登记总分类账。

(6) 期末,将现金日记账、银行存款日记账和各种明细分类账的余额与总分类账有关账户的余额核对相符。

(7) 根据核对无误的总分类账户和有关明细分类账户的记录编制会计报表。

记账凭证账务处理程序的基本步骤如图 9-1 所示。

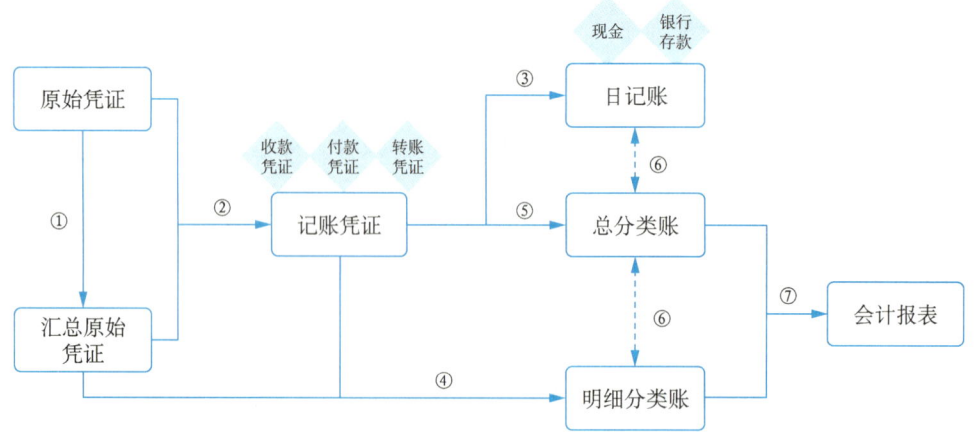

图 9-1 记账凭证账务处理程序的基本步骤

四、记账凭证账务处理程序评价

（一）优缺点

1. 优点

（1）在记账凭证上能够清晰地反映账户之间的对应关系。在经济业务发生后，通过填制记账凭证编写出对应经济业务的会计分录，涉及几个会计科目（账户的名称）就填写几个会计科目，因而在记账凭证上账户之间的对应关系一目了然。

（2）总分类账可以较详细地反映交易或事项的发生情况，便于查账、对账。在记账凭证账务处理程序下，不仅对各种日记账和明细分类账采取逐笔登记的方法，对于总分类账也采取这种方法，因而在总分类账上能够详细反映发生的经济业务情况。

（3）账务处理程序简单明了，易于理解。根据记账凭证直接登记账户是最为简单的一种登记方法，这种方法难度不大，易于掌握。

2. 缺点

（1）登记总分类账的工作量较大。对每一笔发生的经济业务都需要根据记账凭证逐笔在总分类账中进行登记，这无疑会增加日常的工作量。如果企业规模较大、经济业务数量较多的情况下，登记的工作量更有甚之。

（2）账页耗用多。由于总分类账对发生的所有经济业务要重复登记一遍，势必会耗用更多的账页，造成一定的账页浪费。

（二）适用范围

记账凭证账务处理程序一般只适用于规模小，业务量少，凭证不多的会计主体采用。此种核算形式特别适合使用计算机进行处理，利用 Excel 可以进行快捷登记以此减轻工作量。实务工作中，企业可以尽量将同类经济业务的原始凭证进行汇总，编制汇总原始凭证，再根据汇总原始凭证编制记账凭证。

任务三　科目汇总表账务处理程序

一、科目汇总表账务处理程序含义

科目汇总表账务处理程序，又称记账凭证汇总表账务处理程序，是指根据记账凭证定期编制科目汇总表，再根据科目汇总表登记总分类账的一种账务处理程序。

科目汇总表账务处理程序是在记账凭证账务处理程序的基础上发展形成的，它的主要特点是先定期（一般为每隔 5 日或每旬）将会计期间内全部记账凭证汇总编制成科目汇总表，然后根据科目汇总表登记总分类账。为了便于进行科目汇总，在这种核算形式下，一般应于每次登记总分类账后，就结出各账户的借方或贷方余额。

二、科目汇总表账务处理程序下会计凭证和账簿的设置

在科目汇总表账务处理程序下，需要设计的会计凭证包括收款凭证、付款凭证和转账凭证，也可以采用一种通用的记账凭证。需要设置的账簿包括现金日记账、银行存款日记账、

总分类账和明细分类账。现金日记账和银行存款日记账的格式一般采用三栏式账簿;明细账的格式可以分别采用三栏式、多栏式和数量金额式的账簿;总分类账的格式一般采用三栏式账簿。

三、科目汇总表的编制方法

科目汇总表的编制方法是:将一定时期内的全部记账凭证,按照相同的账户进行归类,定期(10天、15天或每月一次)汇总每一会计账户的借、贷方本期发生额,并将汇总数填入科目汇总表的相关栏内,借以反映全部账户的借、贷方发生额。根据科目汇总表登记总分类账时,只需要将该表中汇总起来的各科目的本期借、贷方发生额的合计数,分次或月末一次记入相应总分类账的借方或贷方即可。

科目汇总表如表9-1所示。

表9-1 科目汇总表

年　　月　　日至　　日　　　　　　　　　　科汇第　号

会计科目	记账凭证起止号数	本期发生额		总账页码
		借方	贷方	

温馨提示:

科目汇总表可以采用不同格式,可以每汇总一次编制一张,也可以分期汇总(按旬等),每月编制一张。采用科目汇总表时,凭证的编号方法应以"科汇字第×号"字样按月连续编号。

四、科目汇总表账务处理程序的基本步骤

在科目汇总表账务处理程序下,企业的经济业务账务处理程序要经过以下几个步骤:
(1)根据原始凭证编制汇总原始凭证。
(2)根据审核无误的原始凭证或汇总原始凭证,填制收款凭证、付款凭证和转账凭证。
(3)根据收款凭证和付款凭证逐日逐笔登记现金日记账和银行存款日记账。
(4)根据记账凭证并参考原始凭证或汇总原始凭证登记有关的明细分类账。
(5)根据一定时期内的全部记账凭证定期汇总编制科目汇总表。

(6)根据科目汇总表登记总分类账。

(7)期末,将现金日记账和银行存款日记账余额与库存现金总账和银行存款总账余额进行核对,将各明细分类账余额之和与有关总分类账余额进行核对。

(8)根据核对无误的总分类账和明细分类账记录,编制会计报表。

科目汇总表账务处理程序的基本步骤如图 9-2 所示。

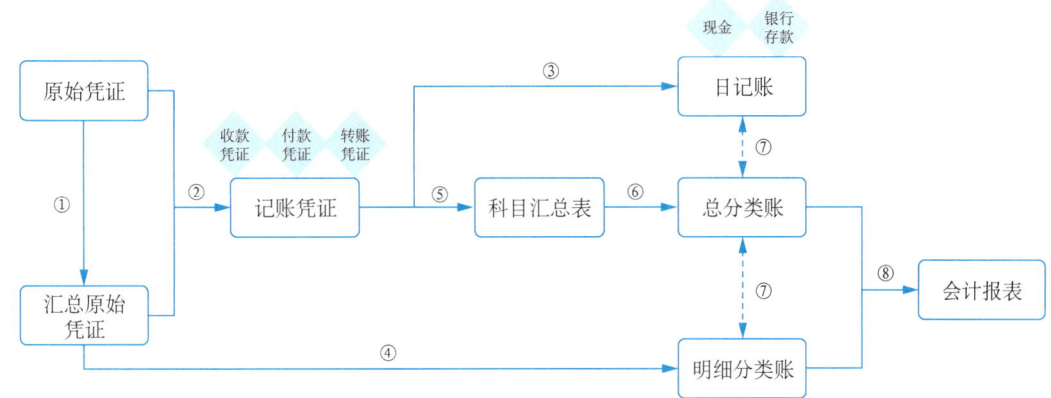

图 9-2　科目汇总表账务处理程序的基本步骤

五、科目汇总表账务处理程序评价

(一)优缺点

1. 优点

(1)科目汇总表的编制和使用较为简便,适用性较强。同记账凭证账务处理程序一样,科目汇总表账务处理程序的原理简单,易于理解,适用于任何规模的会计主体。

(2)科目汇总表大大减轻了登记总分类账的工作量。在科目汇总表账务处理程序下,可以根据科目汇总表上有关账户的汇总发生额,在月中定期或月末一次性登记总分类账,可以使登记总分类账的工作量大为减轻。

(3)科目汇总表起到了试算平衡的作用。科目汇总表上的汇总结果体现了一定会计期间内所有账户的借方发生额和贷方发生额之间的相等关系,利用这种发生额的相等关系,可以进行全部账户记录的试算平衡。

2. 缺点

(1)增加了编制科目汇总表的工作量。在科目汇总表账务处理程序下,对发生的经济业务要先填制各种专用记账凭证,在此基础上,还需要定期对这些记账凭证进行汇总,编制作为登记总分类账依据的科目汇总表,增加了编制科目汇总表的工作量。

(2)在科目汇总表中不能反映账户之间的对应关系,不便于查对账目。科目汇总表是按各个会计科目归类汇总其发生额的,在表中不能清楚显示出各个账户之间的对应关系,不能够清晰反映经济业务的来龙去脉。在这一点上,科目汇总表不及专用记账凭证和汇总记账凭证。

(二)适用范围

由于科目汇总表账务处理程序具有诸多优点,如能够进行账户发生额的试算平衡,具备减轻总分类账登记的工作量等,因而科目汇总表账务处理程序的适用范围较广,特别适用于规模大、业务量多的企业。

六、科目汇总表账务处理程序案例

华易通有限公司采用定期（15 天）编制科目汇总表的方式，公司财务部门根据其发生的经济业务按时编制记账凭证，并 15 天汇总一次记账凭证编制科目汇总表，其编制的 2023 年 1 月的科目汇总表如表 9-2 和表 9-3 所示。

表 9-2　科目汇总表　　　　　　　　　　　　　　单位：元

2023 年 1 月 1 日至 1 月 15 日　　　　　　　　　科汇字第 1 号

会计科目	账页	本期发生额		记账凭证起讫号数
		借方	贷方	
银行存款	略	283 200	84 000	略
应收账款		167 300	30 000	
原材料		167 500	55 000	
生产成本		55 000		
短期借款			100 000	
应付账款		10 000	113 000	
应交税费		19 500	32 500	
主营业务收入			288 000	
合计		702 500	702 500	

表 9-3　科目汇总表　　　　　　　　　　　　　　单位：元

2023 年 1 月 16 日至 1 月 31 日　　　　　　　　科汇字第 2 号

会计科目	账页	本期发生额		记账凭证起讫号数
		借方	贷方	
库存现金	略	10 000	7 000	略
银行存款		100 000	52 800	
其他应收款		2 000		
库存商品			108 200	
实收资本			100 000	
主营业务收入		288 000		
主营业务成本		108 200	108 200	
管理费用		21 000	21 000	
销售费用		26 800	26 800	
本年利润		156 000	288 000	
合计		712 000	712 000	

根据科目汇总表登记相关总分类账如表9-4至表9-6(仅以库存现金、银行存款、短期借款总账为例,其他从略)所示。

表 9-4　总分类账

科目:库存现金

2023年		凭证号数	摘要	借方	贷方	借或贷	余额
月	日						
1	1		期初余额			借	20 000
	31	科汇2	16~31日汇总过入	10 000	7 000	借	23 000
1	31		本期发生额及余额	10 000	7 000	借	23 000

表 9-5　总分类账

科目:银行存款

2023年		凭证号数	摘要	借方	贷方	借或贷	余额
月	日						
1	1		期初余额			借	102 000
	15	科汇1	1~15日汇总过入	283 200	84 000	借	301 200
	31	科汇2	16~31日汇总过入	100 000	52 800	借	348 400
1	31		本期发生额及余额	383 200	136 800	借	348 400

表 9-6　总分类账

科目:短期借款

2023年		凭证号数	摘要	借方	贷方	借或贷	余额
月	日						
1	1		期初余额			贷	180 000
	15	科汇1	1~15日汇总过入		100 000	贷	280 000
1	31		本期发生额及余额		100 000	贷	280 000

任务四　汇总记账凭证账务处理程序

一、汇总记账凭证账务处理程序含义

汇总记账凭证账务处理程序是根据记账凭证定期编制汇总记账凭证,并据此登记总分类账的一种会计账务处理程序。

汇总记账凭证账务处理程序与科目汇总表账务处理程序相似,它的主要特点是定期(一般是5天或10天)将全部的记账凭证按照收款凭证、付款凭证和转账凭证分别归类成汇总

记账凭证,然后根据汇总记账凭证登记各有关总分类账。汇总记账凭证核算形式是在记账凭证核算形式的基础上发展演变而来的,它不需要根据专用记账凭证逐笔登记总分类账,而是根据汇总记账凭证上的汇总数字进行有关总分类账户的登记。

二、汇总记账凭证账务处理程序下会计凭证和账簿的设置

在汇总记账账务处理程序下,除设置收款凭证、付款凭证和转账凭证外,还应该包括汇总收款凭证、汇总付款凭证、汇总转账凭证三种汇总记账凭证。由于汇总记账凭证是根据记账凭证填制的,格式也应与记账凭证一样,采用专用格式的凭证,而不宜采用通用格式的凭证。

需要设置的账簿包括现金日记账、银行存款日记账、各种明细分类账和总分类账。日记账和银行存款日记账的格式一般采用三栏式账簿;明细账可根据企业的经营管理需要设置,格式可选用三栏式、多栏式或数量金额式的账页;总分类账的格式一般采用对应科目的三栏式账簿。

三、汇总记账凭证的编制方法

汇总记账凭证包括汇总收款凭证、汇总付款凭证和汇总转账凭证三种。汇总记账凭证的种类不同其对应的编制方法也不同。

(一)汇总收款凭证

汇总收款凭证是依据"库存现金"和"银行存款"账户的借方分别设置的一种汇总记账凭证,它汇总了一定时期内库存现金和银行存款的收款业务。汇总收款凭证如表 9-7 和表 9-8 所示。

表 9-7 汇总收款凭证

借方科目:库存现金　　　　　　　　2023 年 12 月　　　　　　　　汇收第 1 号

贷方科目	金额				总账页数	
	1~10 日收款凭证第 号至第 号	11~20 日收款凭证第 号至第 号	21~31 日收款凭证第 号至第 号	合计	借方	贷方
合计						

表 9-8 汇总收款凭证

借方科目:银行存款　　　　　　　　2023 年 12 月　　　　　　　　汇收第 2 号

贷方科目	金额				总账页数	
	1~10 日收款凭证第 号至第 号	11~20 日收款凭证第 号至第 号	21~31 日收款凭证第 号至第 号	合计	借方	贷方
合计						

汇总收款凭证的编制方法:按照日常核算工作中所填制的现金收款凭证和银行存款收

款凭证上对应的贷方科目定期(5天或10天)进行汇总,月终算出合计数,每月编制一张。汇总时计算出每一个贷方科目发生额合计数,填入汇总收款凭证的相应栏次。

(二) 汇总付款凭证

汇总付款凭证是依据"库存现金"和"银行存款"账户的贷方分别设置的一种汇总记账凭证,它汇总了一定时期内现金和银行存款的付款业务。汇总付款凭证如表9-9和表9-10所示。

表9-9 汇总付款凭证

贷方科目:库存现金　　　　　　2023年12月　　　　　　汇付第1号

借方科目	金额			总账页数		
	1~10日收款凭证第 号至第 号	11~20日收款凭证第 号至第 号	21~31日收款凭证第 号至第 号	合计	借方	贷方
合计						

表9-10 汇总付款凭证

贷方科目:银行存款　　　　　　2023年12月　　　　　　汇付第2号

借方科目	金额			总账页数		
	1~10日收款凭证第 号至第 号	11~20日收款凭证第 号至第 号	21~31日收款凭证第 号至第 号	合计	借方	贷方
合计						

汇总付款凭证的编制方法是:按照日常核算工作中所填制的现金付款凭证和银行存款付款凭证上对应的借方科目定期(5天或10天)进行汇总,月终算出合计数,每月编制一张。汇总时计算出每一个借方科目发生额合计数,填入汇总付款凭证的相应栏次。

(三) 汇总转账凭证

汇总转账凭证是指按转账凭证每一贷方科目分别设置的,用来汇总一定时期内转账业务的一种汇总记账凭证。汇总转账凭证如表9-11所示。

表9-11 汇总转账凭证

贷方科目:　　　　　　　　　2023年12月　　　　　　汇转第1号

借方科目	金额			总账页数		
	1~10日收款凭证第 号至第 号	11~20日收款凭证第 号至第 号	21~31日收款凭证第 号至第 号	合计	借方	贷方
合计						

汇总转账凭证的编制方法:按照日常核算工作中所填制的转账凭证上对应的借方科目

定期(5 天或 10 天)进行汇总,月终算出合计数,每月编制一张。汇总时计算出每一个借方科目发生额合计数,填入汇总转账凭证的相应栏次。

编制完汇总记账凭证后,据以登记总分类账。总分类账的登记在月终进行。根据汇总收款凭证的合计数,记入总分类账"库存现金"和"银行存款"账户的借方以及有关账户的贷方;根据汇总付款凭证的合计数记入总分类账"库存现金"和"银行存款"账户的贷方以及有关账户的借方;根据汇总转账凭证的合计数,记入总分类账户科目的贷方以及有关账户的借方。

> **温馨提示:**
>
> 为了便于汇总记账凭证的编制,在日常编制记账凭证时,收款凭证应尽量避免多借一贷或多借多贷的账户对应关系。付款凭证和转账凭证应尽量避免一借多贷或多借多贷的账户对应关系。否则会给汇总记账凭证的编制带来不便。

四、汇总记账凭证账务处理程序的基本步骤

在汇总记账凭证账务处理程序下,企业的经济业务账务处理程序要经过以下八个步骤:

(1) 根据原始凭证编制汇总原始凭证。
(2) 根据审核无误的原始凭证或汇总原始凭证编制收款凭证、付款凭证和转账凭证。
(3) 根据收、付款凭证,每日逐笔登记现金日记账和银行存款日记账。
(4) 根据原始凭证或汇总原始凭证及记账凭证逐笔登记各种明细分类账。
(5) 根据收、付款凭证和转账凭证,定期编制汇总收款凭证、汇总付款凭证和汇总转账凭证。
(6) 期末,根据各种汇总记账凭证登记总分类账。
(7) 将现金日记账、银行存款日记账的余额和各明细分类账的期末余额之和分别与有关总分类账的余额进行核对。
(8) 根据经审核无误的总账和有关明细分类账的记录,编制会计报表。

汇总记账凭证账务处理程序的基本步骤如图 9-3 所示。

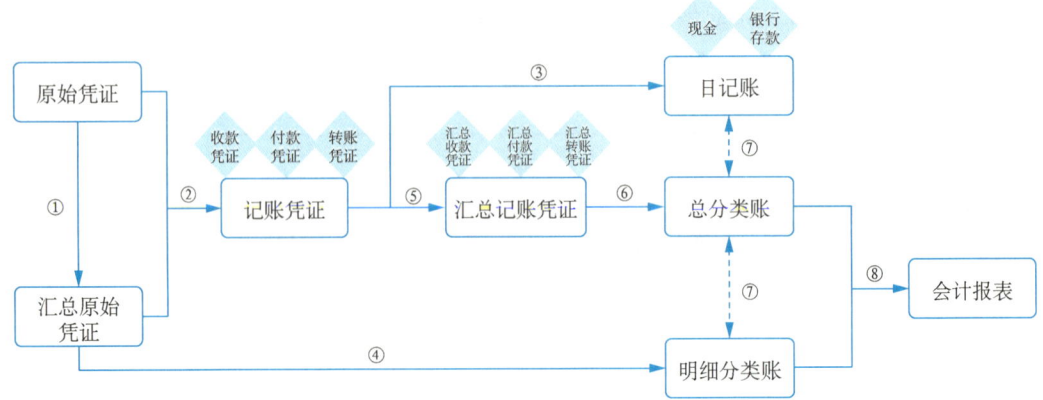

图 9-3 汇总记账凭证处理程序的基本步骤

五、汇总记账凭证账务处理程序评价

（一）优缺点

1. 优点

（1）大大减少了登记总分类账的工作量。在汇总记账凭证账务处理程序下，可以根据汇总记账凭证上有关账户的汇总发生额，在月份当中定期或月末一次性登记总分类账可以使登记总分类账的工作量大为减少。

（2）可以清晰地反映账户之间的对应关系，便于查对和分析账目。在汇总记账凭证账务处理程序下所采用的是专用记账凭证和汇总记账凭证。汇总记账凭证采用按会计科目对应关系进行分类汇总的办法，能够清晰反映出有关会计账户之间的对应关系。

2. 缺点

（1）定期编制汇总记账凭证的工作量比较大。对发生的经济业务需要填制收款凭证、付款凭证和转账凭证，在此基础上，还需要定期分类对这些专用记账凭证进行汇总，编制作为登记总分类账依据的汇总记账凭证，增加了编制汇总记账凭证的工作量。

（2）汇总过程中可能存在的错误难以发现。编制汇总记账凭证是一项比较复杂的工作，容易产生汇总错误。而且汇总记账凭证本身又不能体现出有关数字之间的平衡关系，即使存在汇总错误也很难发现。

（二）适用范围

汇总记账凭证账务处理程序由于具有能够清晰反映账户之间的对应关系和能够减轻登记总分类账的工作量等优点，因而主要适合于规模较大、交易或事项较多，特别是转账业务少，而收付款业务较多的单位。

任务五　日记总账账务处理程序

一、日记总账账务处理程序含义

日记总账账务处理程序是对一切经济业务都根据原始凭证或原始汇总凭证表填制记账凭证，根据记账凭证直接在日记总账中进行序时和分类登记的一种账务处理程序。

日记总账账务处理程序的特点是设置日记总账，采用日记账和分类账结合的格式，以记账凭证为依据直接登记日记总账。

二、日记总账账务处理程序下会计凭证和账簿设置

在日记总账账务处理程序下，除设置收款凭证、付款凭证和转账凭证外，还应该设置日记总账账簿。此外还需设置的账簿包括现金日记账、银行存款日记账、各种明细分类账。现金日记账和银行存款日记账的格式一般采用三栏式账簿；明细分类账的格式一般采用三栏式、多栏式和数量金额式的账簿。

三、日记总账的填制方法

日记总账是将全部会计科目集中在一张账页上,根据记账凭证,将发生的经济业务逐笔进行登记,最后按各科目进行汇总,分别计算出借、贷方发生额和期末余额,它既是日记账又是总分类账。

日记总账的填制方法是对于所有的收款业务、付款业务和转账业务都要分别根据收款凭证、付款凭证和转账凭证逐日、逐笔登记日记总账,对于每一笔经济业务所涉及的各个账户的借方发生额和贷方发生额,都应分别登记在同一行的不同账户的借方和贷方栏目内,并将借方或贷方发生额合计数登记在"发生额"栏目内。月末,分别结算出各个科目本期借贷发生额和余额,并进行对账。日记总账(简表)如表9-12所示。

表 9-12 日记总账(简表)

2023 年 12 月

年		凭证号数	摘要	库存现金		银行存款		应收账款		库存商品		短期借款		制造费用		生产成本		主营业务收入	
月	日			借	贷	借	贷	借	贷	借	贷	借	贷	借	贷	借	贷	借	贷
			本月发生额																
			本月余额																

四、日记总账账务处理程序的基本步骤

在日记总账账务处理程序下,企业的经济业务账务处理程序要经过以下七个步骤:

(1)根据原始凭证编制汇总原始凭证。

(2)根据审核无误的原始凭证或汇总原始凭证填制收款凭证、付款凭证和转账凭证。

(3)根据收款凭证和付款凭证逐笔登记现金日记账和银行存款日记账。

(4)根据原始凭证、汇总原始凭证或记账凭证登记各种明细分类账。

(5)根据收款凭证、付款凭证和转账凭证逐日逐笔登记日记总账。

(6)月末,将现金日记账、银行存款日记账的余额以及各明细分类账户的余额与日记总账中相关账户的余额核对相符。

(7)根据核对无误的日记总账和明细分类账的相关资料编制会计报表。

日记总账账务处理程序的基本步骤如图9-4所示。

五、日记总账账务处理程序评价

(一)优缺点

1. 优点

由于日记总账是按所有总分类账科目分别以借方和贷方科目设置的,并且是根据记账

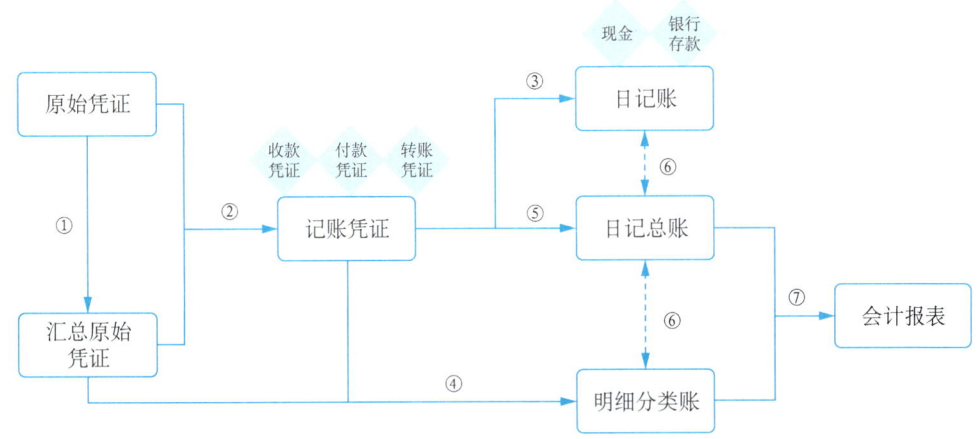

图 9-4　日记总账账务处理程序图的基本步骤

凭证逐日逐笔登记的,因而可以全面地反映各项经济业务的来龙去脉,清晰地反映会计科目之间的对应关系,便于账目的核对和审查,有利于会计核算资料的分析和利用;账务处理程序简单,易于理解。

2. 缺点

由于所有的总分类账户设置在一张账页上,如果企业经济业务复杂,运用的会计科目数量较多,日记总账的账页就会过长、过杂,容易造成记账错误,而且也不便于进行会计分工和查阅账目。

(二) 适用范围

综合上述各项优缺点,日记总账账务处理程序只适用于规模小、经济业务简单、使用会计科目较少的单位。

任务六　多栏式日记账账务处理程序

一、多栏式日记账账务处理程序含义

多栏式日记账账务处理程序是指根据多栏式日记账登记总分类账的账务处理程序。它的特点是根据收款凭证和付款凭证逐日逐笔登记多栏式现金日记账和银行存款日记账,然后根据现金、银行存款日记账登记总分类账。对于转账业务,可以根据转账凭证逐笔登记总分类账,也可以根据转账凭证定期编制转账凭证汇总表来登记总分类账。

二、多栏式日记账账务处理程序下会计凭证和账簿的设置

多栏式日记账账务处理程序所采用的凭证与记账凭证账务处理程相同,可以采用收款凭证、付款凭证和转账凭证这三种专用记账凭证,也可以采用通用凭证。

账簿应设置多栏式现金日记账和多栏式银行存款日记账以及各种明细分类账和总分类账。明细账格式一般可选用三栏式、多栏式或数量金额式的账页;总分类账的格式一般采用

对应科目的三栏式账簿。此外为了减少登记总账的工作量,可以在转账凭证的基础上增设转账凭证汇总表以取代转账凭证作为登记总账的依据。转账业务不多的企业,也可以不设转账凭证汇总表,而直接以转账凭证作为登记总账的依据。

三、多栏式日记账的编制与登记方法

(一) 多栏式日记账的编制方法

多栏式日记账分为收入和支出两个大专栏,每个大专栏按对应科目设小专栏。平时根据现金收款、付款凭证逐日逐笔登记。对于收款业务,根据收款凭证逐日逐笔登记多栏式日记账收入栏目下的对应账户贷方,每日终了,应将收入栏下的各贷方账户合计数进行汇总统计,作为库存现金或银行存款账户当日的借方发生额;对于付款业务,则根据付款凭证逐日逐笔登记多栏式日记账支出栏目下的对应账户借方,每日终了,应将支出栏下的各借方账户合计数进行汇总统计,作为库存现金或银行存款账户当中的贷方发生额。

库存现金或银行存款的当日余额计算公式如下:

$$库存现金或银行存款日当日余额 = 收入栏项目下的借方合计 - 支出栏目下的贷方合计 + 月初余额$$

月末,分别计算出收入栏次的借方合计和支出栏次的贷方合计数,作为登记库存现金或银行存款总分类账户的依据。同时,分别计算出收入和支出栏目下各对应账户的贷方和借方的发生额合计数,作为登记其他总分类账户的依据。多栏式现金日记账的格式如表9-13所示。

表9-13　多栏式现金日记账　　　　　　　　　　　　　单位:元

2023年		凭证号数	摘要	收入			支出			余额
				应贷科目		合计	应借科目		合计	
月	日			银行存款	其他应收款		材料采购	其他应收款		
1	1		月初余额							200
	5	现付1	支付购入A材料款				50		50	150
	15	现付2	李浩预借差旅费					100	100	50
	20	银付1	提取备用金	5 200		5 200				5 250
	25	现收1	王丹报销差旅费交现		20	20				5 270
	31			5 200	20	5 220	50	100	150	5 270

(二) 登记总分类账

1. 货币资金总分类账的登记

库存现金和银行存款总分类账户的借方,可以根据多栏式日记账收入栏借方的本月发生额合计数登记;库存现金和银行存款总分类账户的贷方,可以根据多栏式日记账支出本月发生额的合计数登记。

2. 其他总分类账的登记

对于收款业务所涉及的其他总分类账户,可以根据多栏式日记账收入栏中的对应账户

(贷方)发生额的本月合计数登记,记入有关总分类账户额贷方;对于付款业务所涉及的其他总分类账户,可以根据多栏式日记账支出栏中对应账户(借方)的发生额的本月合计数登记,登记总分类账有关账户的借方;对于转账业务,则可以根据转账凭证直接登记或者根据转账凭证汇总表进行登记。

总分类账的登记如表 9-14 和表 9-15 所示。

表 9-14 总分类账

账户名称:库存现金

2023 年		凭证号数	摘要	借方	对应账户	贷方	借或贷	余额
月	日							
1	1		月初余额				借	200
	31	账 1		5 220		150	借	5 270
1	31		本月发生额及余额	5 220		150	借	5 270

表 9-15 总分类账

账户名称:其他应收款

2023 年		凭证号数	摘要	对应账户	借方	贷方	借或贷	余额
月	日							
1	1		月初余额					
	31	账 1		库存现金	100	20	借	80
1	31		本月发生额及余额		100	20	借	80

四、多栏式日记账账务处理程序的基本步骤

在多栏式日记账账务处理程序下,企业的经济业务账务处理程序要经过以下几个步骤:

(1) 根据原始凭证编制汇总原始凭证。
(2) 根据审核无误的原始凭证或汇总原始凭证填制收款凭证、付款凭证和转账凭证。
(3) 根据收款凭证和付款凭证登记多栏式现金日记账和银行存款日记账。
(4) 根据原始凭证、汇总原始凭证和记账凭证登记各明细分类账。
(5) 月末,根据多栏式现金日记账和银行存款日记账登记总分类账,同时根据转账凭证或转账凭证科目汇总表登记总分类账。
(6) 将各总分类账户余额与各总分类账户所属的现金日记账、银行存款日记账的余额以及各明细分类账户的余额核对相符。
(7) 根据总分类账余额和各明细分类账的记录编制会计报表。

多栏式日记账账务处理程序的基本步骤如图 9-5 所示。

五、多栏式日记账账务处理程序评价

(一) 优缺点

其优点是:多栏式日记账起到了汇总收款和付款凭证的作用,既有利于收付款业务的分

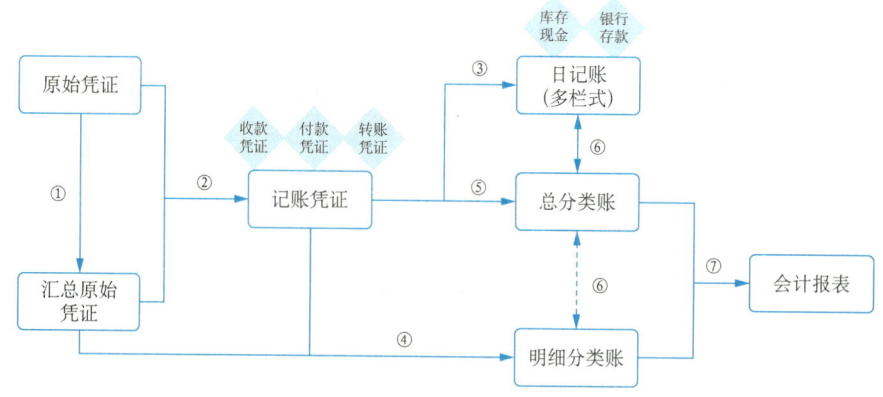

图9-5 多栏式日记账账务处理程序的基本步骤

析,便于分析和检查每一项与收付款业务有关的经济业务,又简化了凭证归类和登记总分类账的工作量。其缺点是"库存现金"和"银行存款"总分类账对多栏式日记账起不到控制作用;同时多栏式日记账专栏过多,账页过长,不便于登记。

(二) 适用范围

基于多栏式日记账账务处理程序的优缺点,其主要适用于经济业务简单、运用会计科目少而且收付款业务频繁的单位。

任务七　通用日记账账务处理程序

一、通用日记账账务处理程序含义

通用日记账账务处理程序是根据原始凭证或原始凭证汇总表在通用日记账中做会计分录,再根据通用日记账直接登记总分类账的一种账务处理程序。

通用日记账账务处理程序的特点是将所有发生的经济业务直接以会计分录的形式记入通用日记账,不进行记账凭证的填制,然后再根据通用日记账直接登记总分类账。由此可见,通用日记既是一本日记账,又是一本记账凭证登记簿。

二、通用日记账账务处理程序下会计凭证和账簿设置

在通用日记账账务处理程序下,作为登记总账依据的通用日记账实质上取代了专用记账凭证,所以其不再需要设置专用记账凭证。

对于账簿的设置一般不再需要专门设置现金日记账和银行存款日记账。总分类账和及其所属的明细账设置与记账凭证账务处理程序一致。

 温馨提示:

为了加强对库存现金和银行存款的管理,经营规模较小、交易或事项少的企业,可以在通用日记账之外,单独设置三栏式现金日记账和银行存款日记账,根据通用日记账的会计分录及其所附的有关原始凭证或者汇总原始凭证进行登记。

三、通用日记账的登记方法

在通用日记账账务处理程序下,经济业务发生后可以直接根据原始凭证或汇总原始凭证登记通用日记账。通用日记账的登记方法是:将经济业务发生的时间登记在"日期栏"内;将经济业务内容概要登记在摘要栏内;将应借应贷的会计科目归入会计科目栏内;将借方科目金额填入借方栏内,将贷方科目填入贷方栏内。通用日记账如表 9-16 所示。

表 9-16　通用日记账

年		原始凭证	摘要	会计科目	借方	贷方
月	日					

四、通用日记账账务处理程序的基本步骤

在通用日记账账务处理程序下,企业的经济业务账务处理程序要经过以下几个步骤:
(1) 根据原始凭证编制汇总原始凭证。
(2) 根据原始凭证或汇总原始凭证填制通用日记账。
(3) 根据通用日记账及原始凭证及汇总原始凭证逐笔登记明细分类账。
(4) 根据通用日记账逐笔登记总分类账。
(5) 月末,将各总分类账账户余额与其所属的各明细分类账户的余额合计数核对相符。
(6) 根据核对无误的总分类账和明细分类账的记录编制会计报表。
通用日记账账务处理程序的基本步骤如图 9-6 所示。

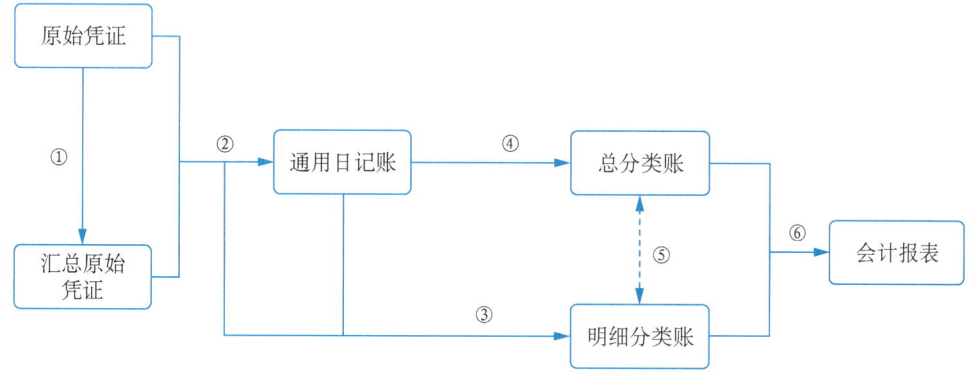

图 9-6　通用日记账账务处理程序的基本步骤

五、通用日记账账务处理程序评价

(一) 优缺点

通用日记账账务处理程序的优点是:简化了会计核算程序,减少了编制记账凭证的工作

量;便于了解企业每日每项经济业务的发生和完成情况;便于顺序查阅会计资料。其缺点是:只设置一本通用日记账,不便于分工记账;根据通用日记账逐笔登记总分类账,登记总账的工作量大;直接根据原始凭证或汇总原始凭证登记通用日记账容易出差错且不便于查找。

(二) 适用范围

基于通用日记账账务处理程序的优缺点,其主要适用于交易或事项比较简单、使用会计科目较少的企业。

 思政德育

【关键词】 "格物究理""加强学习""工作科学性、预见性、主动性""工作效率和质量""会计电算化"

【政策方向】

(1) 习近平总书记在党的二十届一中全会的讲话中提出,要充分吸收中华优秀传统文化中蕴含的"治国理政的思想智慧、格物究理的思想方法、修身处世的道德理念"。"格物究理"意为通过对客观事物的研究,把握事物发展变化的道理、本理、哲理。

(2) 2013 年 3 月 1 日,习近平总书记在中央党校建校 80 周年庆祝大会暨 2013 年春季学期开学典礼上提到只有加强学习,才能增强工作的科学性、预见性、主动性,才能使领导和决策体现时代性、把握规律性、富于创造性,避免陷入少知而迷、不知而盲、无知而乱的困境,才能克服本领不足、本领恐慌、本领落后的问题。

会计电算化对会计工作的重要性

在信息技术高速发展的现代社会,会计电算化的广泛运用彻底改变了会计工作者处理业务的工具和手段,深化了会计处理的深度和广度,给企业带来极大的方便和效益。

计算机在会计工作中的应用,使会计的核算方法和会计工作程序发生了新的变化,它们主要表现在以下几个方面。

1 改变了会计信息系统处理数据的方法。

计算机的应用虽然没有改变会计工作的职能,但它却改变了手工会计信息系统处理数据的方法。在手工条件下,会计核算工作由许多人共同完成。而使用计算机后,输入一张原始凭证,计算机就可以按预先设置功能自动进行记账、汇总、转账、编表等一系列工作。

2 改变了会计信息的质量。

会计信息的质量特征主要有相关性、可靠性、可比性、时效性等。计算机提高了会计信息在上述几方面的质量,会使会计信息向多种量度单位发展,并在用户需要时迅速检索出来。

3 改变了会计档案的保管形式。

使用计算机后,会计档案将以光盘存放为主,纸介质存放为辅的方式。两者在对环境、温度、湿度、防电磁干扰等保存技术条件方面,提出不同的要求,并且在对历史资料查询形式方面也发生了重大的变化。

4. 改变了会计内部的控制方法和技术。

在电算化条件下,对于计算机的使用权限、输入原始数据的校验、数据处理的正确性、数据的储存等方面都要采用适当的控制措施,并且影响非上机操作的手工劳动控制方法和技术。

5. 改变了财会人员工作的职能和分工。

计算机的应用不但使财会人员工作职能和分工发生变化,而且会引起财会部门的组织结构和管理方式发生改变。财会分析等岗位人员将进一步加强,财会部门改变原来的组织结构,采用新管理制度和管理办法。

【启示】

会计人员在全面了解及开展会计核算工作过程中,要充分把握其中的基本规律,具备"格物究理"精神,这样工作才能做到张弛有度,收放自如。同时要学会善于运用电子计算机处理会计工作,努力提升会计工作效率和质量。

此外,会计人员还需要加强学习,提高工作技能,不断适应新时代对财会工作者的要求。

资料来源:节选自陈华龙发表于中国产经2022年12期《浅谈会计电算化的重要性和未来发展趋势》。

项目小结

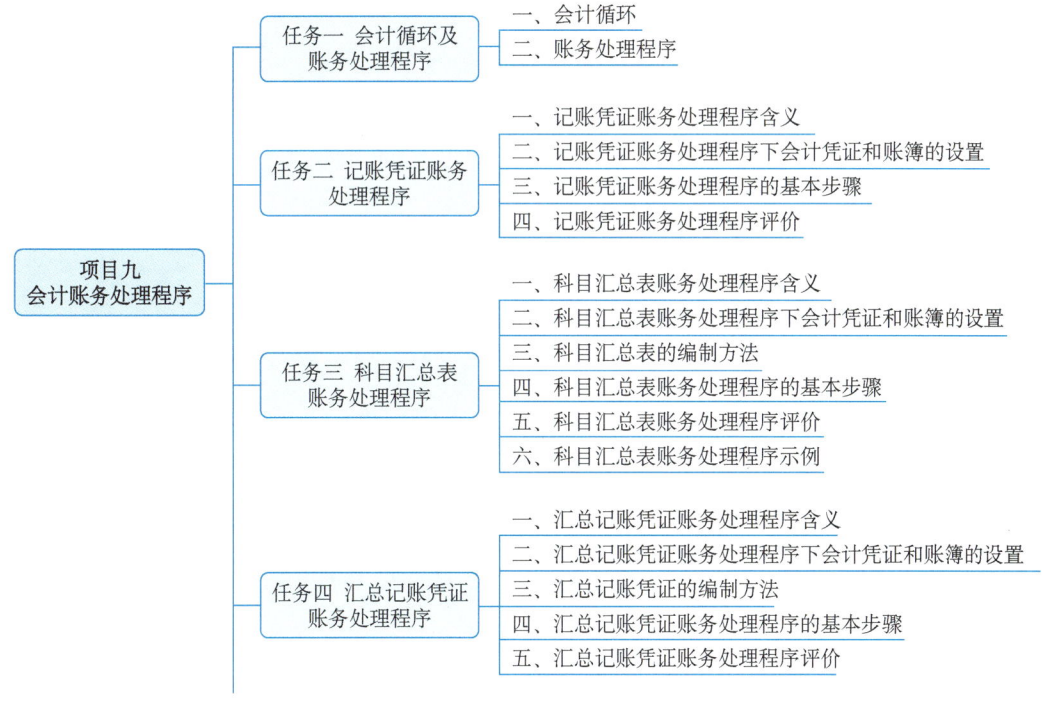

```
项目九
会计账务处理程序
├── 任务五 日记总账账务处理程序
│   ├── 一、日记总账账务处理程序含义
│   ├── 二、日记总账账务处理程序下会计凭证和账簿的设置
│   ├── 三、日记总账的填制方法
│   ├── 四、日记总账账务处理程序的基本步骤
│   └── 五、日记总账账务处理程序评价
├── 任务六 多栏式日记账账务处理程序
│   ├── 一、多栏式日记账账务处理程序含义
│   ├── 二、多栏式日记账账务处理程序下会计凭证和账簿的设置
│   ├── 三、多栏式日记账的编制与登记方法
│   ├── 四、多栏式日记账账务处理程序的基本步骤
│   └── 五、多栏式日记账账务处理程序评价
└── 任务七 通用日记账账务处理程序
    ├── 一、通用日记账账务处理程序含义
    ├── 二、通用日记账账务处理程序下会计凭证和账簿的设置
    ├── 三、通用日记账的登记方法
    ├── 四、通用日记账账务处理程序的基本步骤
    └── 五、通用日记账账务处理程序评价
```

项目十　会计档案管理

"档案工作是一项非常重要的工作,经验得以总结,规律得以认识,历史得以延续,各项事业得以发展,都离不开档案"。

——习近平总书记

教学目标

知识目标

了解会计档案的构成;了解会计档案管理的基本要求;熟悉会计档案归档、保管、借阅和销毁的程序;了解电子会计档案的发展。

技能目标

学习把握档案管理相关技能;能够运用所学知识做好档案管理工作。

素养目标

在会计档案管理中树立保守秘密、诚实守信的品质。

会计档案管理

星湖公司内部机构调整:会计李某调离会计工作岗位,负责会计档案保管工作,离岗前与接替者王某在财务科长的监办下办妥了会计工作交接手续。李某负责会计档案工作后,公司档案管理部门会同财务科将已到期会计资料编造清册,报请公司负责人批准后,由李某自行销毁。年底,财政部门对该公司进行检查时,发现该公司原会计李某所记的账目中有会计作假行为,而接替者王某在会计交接时并未发现这一问题。财政部门在调查时,原会计李某说,已经办理会计交接手续,现任会计王某和财务科长均在移交清册上签了字,自己不再承担任何责任。

思考: 星湖公司销毁档案是否符合规定?原会计李某的说法是否正确?会计档案交接过程中应当注意什么?

任务一　　会计档案概述

一、会计档案的管理体制

为了加强会计档案的科学管理,统一全国会计档案制度,做好会计档案工作,财政部和国家档案局于1984年联合制定和颁布了《会计档案管理办法》(以下简称《管理办法》),并于1999年重新进行了修订。《管理办法》实施以来,对规范和加强单位会计档案管理、促进会计工作更好地服务经济社会的发展发挥了积极作用。

进入21世纪,随着我国经济社会的快速发展以及信息技术的广泛应用,会计档案的内容范围、承载形式、管理手段、利用方式等均发生了较大变化,为规范会计档案管理工作,提高会计档案现代化管理水平,2015年财政部、国家档案局对原《管理办法》再次进行了修订,新的《管理办法》于2016年1月1日起施行。

新《管理办法》共31条,与原《管理办法》相比,主要在以下方面做了调整:

(1) 完善了会计档案的定义和范围。
(2) 增加并明确了电子会计档案的管理要求。
(3) 完善了会计档案的销毁程序。
(4) 明确了会计档案出境的管理要求。
(5) 调整了会计档案的定期保管期限,并延长了会计档案向单位档案管理机构移交的期限。

新《管理办法》的实施,对于推动互联网创新经济,促进形成绿色、低碳的发展方式,推进国家治理能力现代化具有重大意义。新《管理办法》肯定了电子会计档案的法律效力,将大大推动电子凭证的在线传递和线上应用,为互联网创新经济提供了有力的政策支持;新《管理办法》允许符合条件的会计凭证、账簿等会计资料不再打印纸质归档保存,同时要求建立会计档案鉴定销毁制度,完善销毁流程,推动会计档案销毁工作有序开展。这些新的规定将节约大量纸质会计资料的打印、传递、整理成本以及归档后的保管成本,减少社会资源耗费,推动节能减排,有利于形成绿色环保的生产方式;新《管理办法》明确将电子会计档案纳入会计档案范围,将大力推动电子会计数据的深度开发和有效利用,为政府决策和管理提供更多维度、更具参考价值的会计信息。

二、会计档案的概念及种类

会计档案是指单位在进行会计核算等过程中接收或形成的,记录和反映单位经济业务事项的,具有保存价值的文字、图表等各种形式的会计资料,包括通过计算机等电子设备形成、传输和存储的电子会计档案。

温馨提示:
　　财务预算、计划、制度等文件材料属于文书档案,并非会计档案。

> 会计档案和文书档案的主要区别在于：
> （1）产生领域不同：会计档案产生于各独立核算单位的生产经营资金活动或预算资金活动领域；文书档案产生于各单位党务政务管理及专业管理或经营管理领域。
> （2）形式不同：会计档案主要以凭证、账簿、报表等三种形式出现，三者具有密不可分的内在联系；文书档案较多地以公文形式出现，具有相对独立性。
> （3）立卷方式不同：会计档案主要以时间、形式特征进行整理立卷；文书档案可以采用年度——机构（问题）——保管期限或保管期限——年度——机构（问题）等方法进行分类。同一全宗应保持分类方法的稳定。
> （4）归档时间不同：会计档案应在会计年度终了，由会计机构整理归档并可自行保管一年，期满后，应由会计机构编制移交清册，移交本单位档案机构统一保管；文书档案则应在第二年上半年完成上一年度文件材料的立卷归档。

会计档案的种类包括：

1. 会计凭证类

会计凭证包括原始凭证、记账凭证。

2. 会计账簿类

会计账簿包括总账、明细账、日记账、固定资产卡片及其他辅助性账簿。

3. 财务会计报告类

财务会计报告包括月度、季度、半年度、年度财务会计报告。

4. 其他类

其他会计档案包括银行存款余额调节表、银行对账单、纳税申报表、会计档案移交清册、会计档案保管清册、会计档案销毁清册、会计档案鉴定意见书及其他具有保存价值的会计资料。

三、会计档案的特点

会计档案与其他档案相比具有以下特点。

（一）专业性强

会计核算是会计特有的专门手段，从凭证、账簿到报表，有一套科学、完整的核算方法和核算程序，这种与一般档案不同的特殊内容、专门手段，使会计档案具有较强的专业性。

（二）广泛性

不论在形成来源上还是在使用上，会计档案都有着相比其他档案不同的广泛性。从会计档案形成部门与单位来看，凡是具备的单独会计核算的单位，都会产生会计档案。单位和人员每天都在发生大量的会计事项，每年产生的会计凭证、会计账簿、财务会计报告和其他会计资料等会计资料成千上万计算，形成的会计档案面广量多。

（三）严密性

会计工作有严密的法规和规章制度作保障，会计档案是会计核算的产物，它与会计核算中每项具体、细致的工作息息相关，没有会计核算这个环节，也就无所谓会计档案。从会计档案的内容和会计核算程序来看，先有会计凭证，然后依据会计凭证登记会计账簿，最后根据会计账簿编制会计报表,环环相扣,密切联系。

(四) 共同性

会计档案的共性突出。会计工作遍布社会的各个角落,但各个门类会计的基本核算方法是相同的,都会形成会计凭证、会计账簿、财务会计报告。

(五) 特殊性

会计档案保管形式特殊。会计凭证、账簿和报表都有特定的统一格式和项目,与一般文件不同,因此会计档案的装订、保管也有一定的特殊性。

任务二　会计档案的归档保管

一、会计档案归档

各单位每年形成的会计档案,都应由会计部门按照归档的要求,负责整理立卷,装订成册,编制会计档案保管清册。

会计档案归档是指财会部门将办理完毕且具有保存价值的会计核算材料经系统整理后移交档案部门或档案馆保存的过程。为保证会计档案收集的齐全、完整与准确,必须建立严格的会计档案归档制度,包括归档范围、归档时间和归档要求。

会计档案的归档范围应包括这些会计资料:①会计凭证:原始凭证、记账凭证。②会计账簿:总账、明细账、日记账、其他辅助性账簿。③财务会计报告:月度、季度、半年度、年度财务会计报告。④其他会计资料:银行存款余额调节表、银行对账单、会计档案移交清册、会计档案保管清册、会计档案销毁清册、会计档案销毁鉴定意见书、其他具有保存价值的会计资料。

会计档案归档时间是指会计机构将会计核算材料整理后,向本单位档案机构移交的时间。《会计档案管理办法》规定:当年形成的会计档案,在会计年度终了后,可暂由会计机构编制移交清册,移交本单位档案机构统一保管。未建立档案机构的,应在会计机构内部指定专人保管,出纳不得兼管会计档案。

在进行会计归档时,应满足以下要求:

(1) 收集整理应符合规范。应归档的会计核算资料要求齐全、完整、准确,且分类清楚、组卷合理、排序科学、编目清晰。

(2) 保持原封装。移交归档的会计档案,原则上应保持原卷册的封装,特殊情况需拆封、重新整理的,应当由档案机构和会计机构经办人员共同拆封整理,以分清责任。

(3) 签章要完整。会计凭证封面、账簿封面及启用页、报表封面等需由经办人员、会计主管人员、单位负责人签字盖章的,应当要完整齐全。

【例10-1】　审计人员在对某公司的会计报表进行审计时,为核实一项长期挂账的应付账款,需要查阅以前年度的会计资料,但该公司以会计资料已经归档、由专人保管为借口拒绝审计人员查阅。问该公司的理由是否充分?

【分析】　会计档案的本质就是保存备查的反映经济业务活动的重要史料和证据,是供将来必要时查阅的,因此,该公司以会计资料已经归档为借口拒绝审计人员查阅是不应该的。审计人员在审计过程中有权对被审计单位的会计资料进行审计,有权查阅会计档案,但是借阅会计档案时,应办理相应的借阅手续。

二、会计档案保管

会计档案保管期限分为永久和定期两类,定期保管分为 10 年和 30 年。会计凭证、会计账簿及会计档案移交清册保管期限为 30 年;中期财务会计报告、银行存款余额调节表、银行对账单及纳税申报表保管期限为 10 年;固定资产卡片保管期限为 5 年。年度财务会计报告、会计档案保管清册、会计档案销毁清册及会计档案鉴定意见书为永久性保管。会计档案的保管期限,从会计年度终了后的第一天算起。

《会计档案管理办法》规定的会计档案保管期限为最低保管期限,各类会计档案的保管原则上应当按照办法所列期限执行。企业和其他组织会计档案保管期限表如表 10-1 所示。

表 10-1 企业和其他组织会计档案保管期限表

序号	档案名称	保管期限	备注
一	会计凭证		
1	原始凭证	30 年	
2	记账凭证	30 年	
二	会计账簿		
3	总账	30 年	
4	明细账	30 年	
5	日记账	30 年	
6	固定资产卡片账		固定资产报废清理后保管 5 年
7	其他辅助性账簿	30 年	
三	财务会计报告		
8	月度、季度、半年度财务会计报告	10 年	
9	年度财务报告	永久	
四	其他会计资料		
10	银行存款余额调节表	10 年	
11	银行对账单	10 年	
12	纳税申报表	10 年	
13	会计档案移交清册	30 年	
14	会计档案保管清册	永久	
15	会计档案销毁清册	永久	
16	会计档案销毁鉴定意见书	永久	

三、会计档案移交

会计档案的移交是指单位会计机构或人员根据有关规定向本单位档案机构移交会计档案，或本单位档案机构按照国家规定把会计档案向地方综合档案馆移交的过程。

（一）普通情形下会计档案的归档移交

属于当年归档范围的会计资料，一般应当在会计年度终了后的半年内，由单位会计机构向档案机构或档案工作人员进行移交。因工作需要确需推迟移交、由会计机构临时保管的，应当经单位档案管理机构同意，最多不超过3年。出纳人员不得兼管会计档案。单位会计机构在办理会计档案移交时，应当编制会计档案移交清册，并按国家有关规定办理移交手续。移交的会计档案为纸质会计档案的，应当保持原卷的封装；移交的会计档案为电子会计档案的额，应当将电子会计档案及其元数据一并移交，且文件格式应当符合国家有关规定。特殊格式的电子会计档案应当与其读取平台一并移交。

（二）机构变动情形下单位会计档案的移交

单位撤销、解散、破产或其他原因而终止的，在办理手续前形成的会计档案，由终止单位的业务主管部门或财产所有者代管或移交档案馆代管。

单位分立后且存续的，会计档案由存续方统一保管，其他方可查阅、复制与其业务相关的会计档案。单位分立后原单位解散的，其会计档案须经各方协商后由其中一方代管或移交档案馆代管，各方可查阅、复制与其业务相关的会计档案。单位分立中未结清的会计事项所涉及的原始凭证，应当单独抽出由业务相关方保管。单位因业务移交其他单位办理所涉及的会计档案，应当由原单位保管，承接业务单位可以查阅、复制与其业务相关的会计档案。对其中未结清的会计事项所涉及的会计凭证，应当单独抽出由承接业务单位保存，并按照规定办理交接手续。

四、会计档案交接

单位之间交接会计档案时，交接双方应当办理会计档案交接手续。移交会计档案的单位，应编制会计档案移交清册，列明移交的会计档案名称、卷号、册数、起止年度和档案编号、应保管期限、已保管期限等内容。交接时，双方应按照移交清册所列内容逐项交接，并由交接双方的单位负责人监交。交接完毕后，交接双方经办人和监交人应在移交清册上签名或者盖章。

任务三　会计档案的借阅和销毁

一、会计档案的借阅要求

各单位保存的会计档案原则上为本公司提供利用不得借出，如有特殊需要调阅档案，应严格按照规定办理相关手续。外单位或个人调阅会计档案，须持有正式介绍信，经本单位会计主管人员和公司负责人批准后，借阅人需要认真填写《会计档案调阅登记簿》，将借阅人姓名、单位、日期、数量、内容、归期等情况登记清楚后方能调阅，调阅者不得将档案带出，不得在案卷中乱画、标记,不得拆散原卷册,也不得涂改抽换、携带外出或复制原件。如有特殊情况,须经过本单位领导和财务主管批准后方能携带外出或复制原件。借出的会计档案,会计档案管理人员要按期如数收回,并办理注销借阅手续。本单位人员调阅会计档案,也需要得到会计主管的同意。各单位应当建立、健全会计档案查阅、复制登记制度。会计档案借用单位应当妥善保管和利用借入的会计档案,确保借入会计档案的安全完整,并在规定时间内归还。

二、会计档案的销毁程序

保管期满的会计档案可以按照以下程序销毁。

1. 编造会计档案销毁清册

会计档案保管期满需要销毁时,由本单位档案机构会同会计机构提出销毁意见,编制会计档案销毁清册,列明销毁会计档案的名称、卷号、册数、起止年度和档案编号、应保管期限、已保管期限、销毁时间等内容。

2. 单位负责人签署意见

单位负责人、档案管理机构负责人、会计管理机构负责人、档案管理机构经办人、会计管理机构经办人在会计档案销毁清册上签署意见。

3. 专人负责监销

监销人在销毁会计档案前,应当按照会计档案销毁清册所列内容清点核对所要销毁的会计档案;销毁后,应当在会计档案销毁清册上签名盖章,并将监销情况报告本单位负责人。电子会计档案的销毁还应当符合国家有关电子档案的规定,并由单位档案管理机构、会计管理机构和信息系统管理机构共同派员监销。

销毁会计档案时,应当由单位档案管理机构和会计机构共同派员监销;国家机关销毁会计档案时,应当由同级财政部门、审计部门派员参加监销;财政部门销毁会计档案时,应当由同级审计部门派员监销。

此外需要注意的是,对于以下情形下的会计档案是不得销毁的:

(1) 对于保管期满但未结清的债权债务原始凭证,以及涉及其他未了事项的原始凭证,不得销毁,另行立卷,由档案部门保管到未了事项完结时为止。单独抽出立卷的会计档案,应当在会计档案销毁清册和会计档案保管清册中列明。

(2) 正在项目建设期间的建设单位,其保管期满的会计档案不得销毁,等到项目办理竣工结算后按规定的交接手续交给项目的接收单位进行妥善保管。

单位因撤销、解散、破产或其他原因而终止的,在终止和办理注销登记手续之前形成的会计档案,应当由终止单位的业务主管部门或财产所有者代管或移交有关档案馆代管,法律、行政法规另有规定的,从其规定。

【例10-2】 甲公司2023年度发生下列事项:

(1) 5月,档案管理部门会同财务部对企业会计档案进行了清理,编造会计档案销毁清册,将保管期已满的会计档案按规定程序全部销毁,其中包括一些保管期满但尚未结清债权债务的原始凭证。

(2) 7月,财务部在例行审核有关单据时,发现一张购买计算机的发票,其"金额"栏中的数字有更改迹象,经查阅相关买卖合同、单据,确认更改后的金额数字是正确的,于是要求该发票的出具单位在发票"金额"栏更改之处加盖出具单位印章。之后,该公司予以接受并据此登记入账。

(3) 11月,公司财务会计报告经主管会计工作的财务负责人、会计主管签名并盖章后报出,公司董事长刘某未在财务会计报告上签章。

要求:
(1) 该公司销毁会计档案是否符合规定?请说明理由。
(2) 该公司对购买计算机的发票的处理是否符合法律规定?请说明理由。
(3) 该公司董事长王某是否应当在对外出具的财务会计报告上签名并盖章?请说明理由。

【分析】
(1) 该公司销毁会计档案中有违法之处。依据法律规定,对于保管期满但未结清的债权债务原始凭证和涉及其他未了事项的原始凭证,不得销毁,而应单独抽出立卷,保管到未了事项完结时为止,所以并非报告期满的会计档案一律销毁。

(2) 该公司对购买计算机的发票的处理不符合法律规定。因为法律规定原始凭证记账的各项内容均不得涂改,原始凭证有错误的,应当由出具单位重开或者更正,更正处应当加盖出具单位印章,原始凭证金额有误的,应当由出具单位重开,不得在原始凭证上更正。该公司购买计算机的发票金额有错误,不能更正而应重开。

(3) 应当签名并盖章。单位负责人应当保证本单位财务会计报告真实、完整,单位负责人应当在财务会计报告上签名并盖章。

任务四　会计电子档案管理

一、会计电子档案含义及特点

(一) 会计电子档案的含义

会计电子档案是指在会计核算工作中由电子计算机形式直接形成或接收、传输、存储并归档,记录和反映单位经济业务事项,具有凭证、查考和保存价值的电子会计资料。电子会计资料包括电子凭证、电子账簿、电子报表、其他电子会计资料。

(二) 会计电子档案的特点

1. 对环境的依赖性强

会计电子档案的使用依赖于计算机的硬件和软件系统,会计电子档案的储存对周围环境的要求苛刻。磁性介质对环境的要求较高,不仅要防水、防火,还要防尘、防磁,对温度还有一定要求,从而增加了数据的脆弱性。如果不在数据安全方面加强管理,则数据丢失和毁损的可能性较之手工会计系统大大提高。

2. 缺乏直观可视性

传统的会计档案具有直观可视性,而存储在磁性介质上的会计电子档案必须在特定的计算机硬件和软件环境中才能实现。数字化的特征使会计电子档案缺乏视觉的直接感染力,导致会计电子档案与会计信息使用者之间缺乏人性化的和谐关系。

3. 具有技术性

技术文档主要是指与会计电子档案的设计和使用密切相关的技术性文档,解释会计电子档案的设计和运行情况。技术文档主要分为开发性技术文档和使用性技术文档。开发性技术文档主要描述会计电子档案系统开发过程中的各种分析、设计情况。使用性技术文档主要用来指导用户对会计电子档案系统进行操作、利用。

4. 控制的复杂性

信息化程度越高,采用的程序化控制要求也越多。目前我国常用的程序化控制有计算机软件控制、输入数据的机内检验等。会计电子档案系统控制技术的复杂性表现在系统人工控制与各类程序化控制相结合。

5. 缺乏有效的安全和保密措施

从电子数据结构来看,电子数据具有数据高度集中的特点,因而非常容易泄密。传统会计实行纸质档案管理,在网络时代,新型磁性介质档案管理将取代纸质档案管理成为新的管理方式。电子数据是以数字编码的形式存储在各种磁性介质上的,而磁性介质不但体积小而且存储量大,因而电子数据资料非常容易泄密,并且泄密的危害性大、范围广、涉及的时间长。

二、会计电子档案管理的含义及要求

(一) 会计电子档案管理的含义

会计电子档案管理由会计人员、档案人员分工负责,涉及会计核算系统、业务系统、电子会计档案管理系统等信息系统,管理过程包括电子会计资料的形成、收集、整理、归档和电子会计档案的保管、统计、利用、鉴定、处置等。电子会计档案管理流程如图10-1所示。

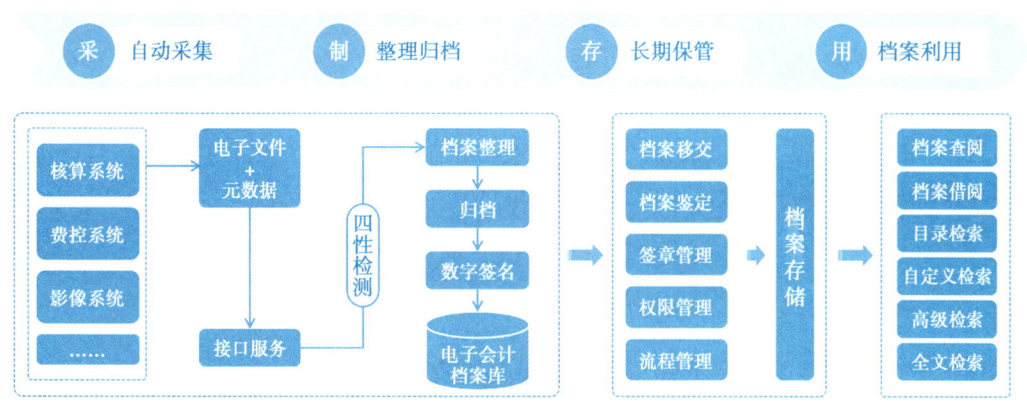

图 10-1 会计电子档案管理流程

图片来源:财智无界

电子会计资料的形成是由会计核算系统、报销系统、银企互联系统、报表系统、其他业务系统等系统生成,格式主要有 TXT、PDF、JPG、OFD、XML 等,然后进行数字化处理成为电子数据。电子会计资料收集一般通过接口在线自动收集。电子会计资料收集时应按照相关要求进行真实性、完整性、可用性和安全性检测,经检测合格的电子会计资料方可登记进入电子会计档案管理信息系统。检测不合格的,应重新收集并在检测合格后登记进入电子会计档案管理信息系统。电子会计资料收集完成后应及时整理。其中,电子会计凭证、电子会计账簿、电子固定资产卡片、电子财务会计报告及其他电子会计资料应分别在会计年度结束后1个月内、会计决算后1个月内、固定资产报废后1年内、电子财务会计报告生成后1个月内、会计年度结束后3个月内完成整理。经整理的电子会计资料在会计年度终了后,可由单位会计管理机构临时保管1年,再移交单位档案管理机构保管。因工作需要确需推迟移交的,应经单位档案管理机构同意,但最长不超过3年。临时保管期间,电子会计档案的保管应符合国家档案管理的有关规定,且出纳人员不应兼管电子会计档案。电子会计档案移交与接收时,交接双方应通过线上或线下及时办理交接手续。

(二) 会计电子档案管理的要求

为确保会计电子档案的真实、完整、可用、安全,对于电子会计资料仅仅以电子形式归档保存的方式,《会计档案管理办法》提出如下要求:

(1) 形成的电子会计资料来源真实有效,由计算机等电子设备形成和传输。

(2) 使用的会计核算系统能够准确、完整、有效接收和读取电子会计资料,能够输出符合国家标准归档格式的会计凭证、会计账簿、会计报表等会计资料,设定了经办、审核、审批等必要的审签程序。

(3) 使用的电子档案管理系统能够有效接收、管理、利用电子会计档案,符合电子档案的长期保管要求,并建立了电子会计档案与相关联的其他纸质会计档案的检索关系。

(4) 采取有效措施,防止电子档案被篡改。

(5) 建立电子会计档案备份制度,能够有效防范自然灾害、意外事故和人为破坏的影响。

(6) 形成的电子会计资料不属于具有永久保存价值或者其他重要保存价值的会计档案。

(7) 电子会计资料附有符合《中华人民共和国电子签名法》规定的电子签名。

以上要求中,(1)(7)是确保电子会计档案的真实,(2)(3)(6)是确保电子会计档案的准确、完整、可用,(4)(5)是确保电子会计档案的安全。单位内部生成的电子会计资料仅以电子形式归档保存必须同时满足(1)至(6)规定;单位外部接收的电子会计资料仅以电子形式归档保存必须同时满足(1)至(7)规定。

三、会计电子档案管理的意义

在国家政策及数字业务的驱动下,档案工作也进入数字化阶段,会计档案趋向于电子化管理。会计电子档案作为会计档案管理的一个大变革,在企业数字化经营管理、数字化管理决策方面具有重大意义,主要表现在以下四个方面。

(一) 节约打印及归档管理成本,产生了巨大的经济效益

电子会计档案的出现使得纸质档案大幅度减少,节约纸质会计档案传递、保管成本,从而大幅度节约会计成本,产生巨大的经济效益。据计算,一张纸质会计凭证从接收开始,经过报销、入账、归档,再到最后销毁,其管理成本是1.6元。例如,按照中国石油天然气集团有限公司(简称中石油)一年3亿张电子凭证计算,一年可节省各项费用4.8亿元。

（二）线上即可查看只读文件，便于索引和借阅，节约人力的时间成本，更有利于培养人才

电子会计资料存储在计算机，计算机可以全天24小时待机工作，只要具备了计算机相应的工作条件就随时可以进行查阅。同时可根据索引号或者编号进行多维查询，避免了长时间的检索，减少了查找时间，解放了财会人员，帮助财会人员将精力投入更有价值的工作中去。

（三）降低档案丢失和损毁风险，提高企业会计档案的利用和管理的规范性

相较于传统纸质会计档案存在安全隐患的问题，会计电子档案做了极大的改进。会计电子档案存储在磁性介质上，其安全管控和信息保密更加规范。在做好安全管理的前提下，避免了资料丢失和损毁，降低了档案管理的难度，提高了档案的利用率。

（四）实现信息数据共享，实现业务和财务数据的互联互通，分析数据更加高效

新的云技术、大数据、物联网技术、人工智能等技术，在实现高效的档案管理的同时，也使得企业档案管理实现其价值。最大的体现就是对于数据的充分利用。企业财务信息以电子化数据形式出现，一方面，有利于数据实现共享，企业内部管理者和外部使用者都可以通过互联网查阅数据，助力企业风险洞察和管理提升；另一方面，更利于数据统计分析，随时随地进行财务数据分析，帮助企业管理者实现快速决策，让经营管理更加高效。

四、会计电子档案管理发展趋势

近年来，信息技术的飞速发展不断推动财务行业迈向数字化、自然化、智能化，企业管理中信息技术的运用也不断朝着电子化趋势发展，作为企业生产经营活动最直接反映的会计档案自然也会受到影响，因此企业的档案管理将逐步从"信息化阶段"向"新技术阶段"过渡，如图10-2所示。

图10-2 档案管理方式的演变

数字化时代中，会计信息资料将成为企业管理的重要"资产"，企业未来一定会更加提高电子会计档案占比，在会计电子档案管理工作中实现以下目标。

(一) 档案归档方面

在档案归档方面,将由半自动化归档发展成高度自动化归档。当前,因为原始凭证格式(纸质文件、纸质文件影像复印件、PDF 版式文件、OFD 版式文件、XML 结构化数据等)的多样性、原始凭证存储方式(部分企业采用 Excel 台账和文件夹管理的方式,还有企业尚未存储电子原始会计凭证的原生电子文件)的不成熟因素,会计档案归档环节尚未需要大量人工干预,多数企业还处于手工归档的状态,先进的企业可以达到半自动化归档。未来伴随着票据电子化格式的相对统一(如数电发票就把普通发票和专用发票统一为同一格式,用发票上的标签来解决特定行业、特殊商品服务及特定应用场景的问题)、原始凭证存储方式的逐渐统一(如引进智能保障系统、电子会计档案系统等)及企业财务数字化建设的逐渐成熟,会计档案的归档过程可由半自动化发展为高度自动化。

(二) 档案保管方面

在档案保管方面,将由纸电双套制发展为电子单套制。档案保管的无纸化主要取决于两个因素:一是会计资料能否满足无纸化归档的条件,二是会计档案用户能否接受和利用会计电子档案。其中,无纸化归档条件相对容易。伴随着企业内部信息系统的建设和完善,企业内部生成的会计资料比较容易满足无纸化归档条件;而伴随着我国发票等票据电子化、合同电子化整体进程的推进,以及企业智能报账系统、电子会计档案系统等电子档案管理相关系统的建设与优化,企业从外部接收的会计资料会越来越容易满足无纸化归档条件。根据《管理办法》和《报销入账归档通知》,会计资料一旦满足无纸化归档条件即可实现无纸化归档,进行电子单套制保管。而会计档案用户的使用习惯改变则是一大难题。对于企业内部的会计档案用户,企业尚可通过制度发文、专题培训等方式有效解决;而对于企业外部的会计档案用户,特别是巡视、财会监督、税务督查等外部监督检查人员对于电子会计档案的接受程度和利用能力则不在企业有效控制范围之内,只有待监管部门监管平台和监管手段的大幅提升,以及监管人员数字化素质和监管能力的大幅度提高后方能实现。

(三) 档案利用方面

在档案利用方面,由常规的监督检查配合发展为主动的合规风险防范。电子会计档案系统中汇集了企业所有的会计凭证、会计账簿、财务会计报告和其他会计资料,是财务视角的企业全景业务的真实反映。企业可通过多种维度(如不同的业务维度)的灵活查询、多种方式(如同时提供档案文件索引和档案文件)的合规(如电子签章和水印的运用、利用目的和利用时间的自动控制等)下载、清晰明了的自助分析(如支持通过拖、拉、拽等方式自动生成统计图表)等方式,提高内外部用户利用电子会计档案的便利性和有效性,充分发挥会计档案的保管价值和利用价值。

资料来源:节选自《财务与会计》发布于中国财政杂志社 2022 年第 21 期专题"推动电子会计档案管理创新实践助力数字经济时代财务工作绿色发展"。

思政德育

【关键词】 "财务信息保密""档案管理工作""国家信息安全""会计职业道德""保密义务"
【政策方向】
(1) 习近平总书记强调,数据基础制度建设事关国家发展和安全大局,要维护国家数据安全,保护个人信息和商业秘密,促进数据高效流通使用、赋能实体经济,统筹推进数据产权、流通交易、收益分配、安全治理,加快构建数据基础制度体系。

(2) 中国证券监督管理委员会连同财政部、国家保密局、国家档案局发布了《关于加强境内企业境外发行证券和上市相关保密和档案管理工作的规定》(证监会公告〔2023〕44号)(以下简称保密新规),于2023年3月31日与境外上市备案新规同步施行。保密新规旨在加强境内企业境外发行上市相关的保密和档案管理工作,明确上市公司信息安全责任,维护国家信息安全,深化跨境监管合作。

(3) 财政部印发的《会计人员职业道德规范》提到:"坚持准则,守责敬业。严格执行准则制度,保证会计信息真实完整。勤勉尽责、爱岗敬业、忠于职守、敢于斗争,自觉抵制会计造假行为,维护国家财经纪律和经济秩序。"

情境

滴滴被罚80.26亿元,危害国家安全

国家互联网信息办公室发布公告:经查实,滴滴全球股份有限公司违反《网络安全法》《数据安全法》《个人信息保护法》的违法违规行为事实清楚、证据确凿、情节严重、性质恶劣。2022年7月21日,国家互联网信息办公室依据相关法律法规,对滴滴全球股份有限公司(以下简称"滴滴公司")处人民币80.26亿元罚款,对滴滴全球股份有限公司董事长兼CEO程维、总裁柳青各处人民币100万元罚款。

经查明,滴滴公司共存在16项违法事实,归纳起来主要是以下8个方面。

(1) 违法收集用户手机相册中的截图信息1 196.39万条。

(2) 过度收集用户剪切板信息、应用列表信息83.23亿条。

(3) 过度收集乘客人脸识别信息1.07亿条、年龄段信息5 350.92万条、职业信息1 633.56万条、亲情关系信息138.29万条、"家"和"公司"打车地址信息1.53亿条。

(4) 过度收集乘客评价代驾服务时、App后台运行时、手机连接桔视记录仪设备时的精准位置(经纬度)信息1.67亿条。

(5) 过度收集司机学历信息14.29万条,以明文形式存储司机身份证号信息5 780.26万条。

(6) 在未明确告知乘客情况下分析乘客出行意图信息539.76亿条、常驻城市信息15.38亿条、异地商务/异地旅游信息3.04亿条。

(7) 在乘客使用顺风车服务时频繁索取无关的"电话权限"。

(8) 未准确、清晰说明用户设备信息等19项个人信息处理目的。

此前,网络安全审查还发现,滴滴公司存在严重影响国家安全的数据处理活动,以及拒不履行监管部门的明确要求,阳奉阴违、恶意逃避监管等其他违法违规问题。滴滴公司违法违规运营给国家关键信息基础设施安全和数据安全带来严重安全风险隐患。因涉及国家安全,依法不公开。

【启示】

当前数字化时代,数据安全是第一要义和底线问题,企业应当做好数据保密工作,尤其是作为重要资产的"会计资料",提升数据安全保障。

作为财务工作者应当恪守职业道德,履行保密协议,在工作中严格遵守纪律,维护公司信息安全,保障公司利益。

资料来源:节选自光明日报《滴滴被罚80.26亿元》。

 项目小结

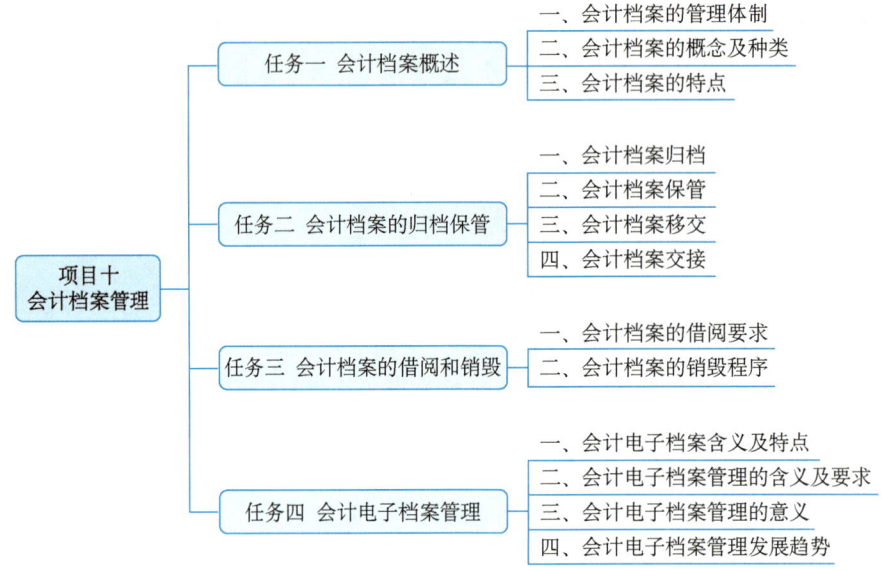

附录　业务核算案例

【实训目的】

通过模拟一家工业企业的一个会计循环,结合会计凭证、会计账簿、会计报表和账务处理程序相关知识,进行完整、系统的基础会计技能训练,体验会计工作中对不同会计技能的操作要求,以提高和增强各项会计操作技能的综合应用能力。

【实训目标】

(1) 了解企业会计业务的一般处理程序与企业会计具体的工作过程及基本内容。
(2) 熟悉企业会计核算方法七项技术方法的关系及衔接。
(3) 掌握科目汇总表账务处理程序。
(4) 能够运用所学知识,独立完成一个会计循环中全部的会计操作。

【实训要求】

根据下文给出的实训案例资料,采用科目汇总表账务处理程序,对该企业2023年12月发生的经济业务进行账务处理。

1. 设置总账与明细账并登记期初余额。
2. 对所发生的经济业务,根据原始凭证填制记账凭证、登记日记账、明细账等一系列账务处理,直至完成期末的结账。
   (1) 根据原始凭证编制通用记账凭证。
   (2) 根据记账凭证登记日记账和相关明细账。
   (3) 根据记账凭证编制科目汇总表。
   (4) 根据科目汇总表登记相关的总账并结出各账户本期发生额及期末余额。
3. 根据各总分类账户记录编制本期发生额及余额试算平衡表。
4. 结出各明细分类账户的期末余额,与有关总分类账户核对;将现金日记账和银行存款日记账分别与库存现金和银行存款总分类账核对。
5. 根据期末余额试算平衡表及有关明细账编制资产负债表,根据总账损益类账户的发生额编制利润表。
6. 装订凭证,相关的会计资料存档。

【实训案例】

一、企业背景及主要会计政策

(一) 企业基本信息

企业名称:重庆市鼎兴精密机械有限公司(简称鼎兴精密有限公司)
地址:重庆市渝北区龙兴镇明远路113号
电话:023-86001688
企业性质:民营企业
主要产品:标准机械手、专用机械手
主要原材料:不锈钢、铝合金、线材、电机
开户银行:交通银行渝北支行
基本存款账号:103393013857856489
纳税人登记号:915001118602635119
法人代表:张云

鼎兴精密有限公司为增值税一般纳税人,增值税税率为13%,企业所得税税率为25%,城市维护建设税税率为7%,教育费附加征收率为3%,地方教育附加征收率为2%。

(二) 企业会计政策及会计核算方法

1. 企业会计核算基础

鼎兴精密有限公司以持续经营为基础,遵循企业会计基本假设,依据《企业会计准则》进行会计核算。

2. 会计期间

会计期间为公历1月1日至12月31日。

3. 财务核算方法

(1) 记账凭证:通用记账凭证,记账凭证编号不分类,统一按顺序编号,如"记"字××号。

(2) 账务处理程序:科目汇总表账务处理程序。(每月汇总一次)

(3) 材料采购运杂费用按材料重量分配,原材料采用永续盘存制。

(4) 采用品种法核算产品成本。月末制造费用按产品产量进行分配;月末集中计算完工产品实际成本。本期完工产品总成本的计算公式为:

本期完工产品总成本 = 期初在产品成本 + 本期发生的生产费用 − 期末在产品成本

假定12月末所有产品全部完工入库,月末在产品成本为零。

(5) 库存商品按实际成本核算,采用永续盘存制。库存商品明细账平时登记入库、发出商品的数量,随时在账面结出库存商品结余的数量;月末集中计算完工入库商品成本和已售商品成本。已售商品单位成本采用月末一次加权平均法计算。已售商品成本的计算公式为:

已售商品成本＝已售商品数量×该商品加权平均单价

某商品加权平均单位成本＝(该商品期初结余金额＋本期完工入库该商品总成本)÷
(该库存商品期初结余数量＋本期完工入库库存商品总数量)

(6) 采用直线法计提折旧。

(7) 企业按10%计提法定盈余公积金,并按剩余利润的40%向投资者分配利润。

(8) 不考虑纳税调整因素。

(三) 财务部岗位设置

财务负责人:王志强

财务主管:李浩

会计1刘东:负责编制记账凭证等工作

会计2李祥:负责审核凭证、登记账簿及编制报表等工作

出纳王婧怡:负责出纳工作

二、实训资料

实训资料

参考文献

[1] 中华人民共和国财政部. 企业会计准则[M]. 上海:立信会计出版社,2021.
[2] 中华人民共和国财政部会计财务评价中心. 初级会计实务.[M]北京:经济科学出版社,2023.
[3] 徐哲,李贺. 基础会计(思政·德育·实务·实训)[M]. 2版. 上海:立信会计出版社,2020.
[4] 陈国辉,陈文铭. 基础会计[M]. 5版. 北京:清华大学出版社,2020.
[5] 董西红. 基础会计[M]. 重庆:重庆大学出版社,2023.
[6] 常洁,高慧云. 基础会计[M]. 7版. 大连:东北财经大学出版社,2022.
[7] 蒋泽生. 基础会计[M]. 6版. 北京:中国人民大学出版社,2023.
[8] 任延冬,景冬梅. 基础会计[M]. 10版. 大连:大连理工大学出版社,2022.
[9] 陈伟清. 基础会计[M]. 6版. 北京:高等教育出版社,2023.
[10] 饶水林,刘婧,孙雪梅. 基础会计[M]. 北京:中国经济出版社,2022.
[11] 孟永峰,王莉莉. 财务会计(初级)[M]. 北京:中国财政经济出版社,2023.
[12] 王艳茹,刘泉军. 基础会计[M]. 5版. 北京:中国人民大学出版社,2022.
[13] 朱小平,秦玉熙,袁蓉丽. 基础会计[M]. 11版. 北京:中国人民大学出版社,2021.
[14] 胡群英. 会计基础实务操作教程[M]. 4版. 上海:立信会计出版社,2023.
[15] 缪启军. 会计基础与实务[M]. 6版. 上海:立信会计出版社,2022.